ROME

PETIT IN-FOLIO.

Propriété des Éditeurs.

ROME
SOUVERAINE DU MONDE
ET
VILLE-ÉTERNELLE

SES PREMIERS AGES, SES GLOIRES ET SA DECADENCE

PAR ALFRED DRIOU

DEUXIÈME ÉDITION REVUE.

LIMOGES
EUGÈNE ARDANT ET Cⁱᵉ, ÉDITEURS.

ROME.

> Salve, sancta parens, rerum Saturnia Tellus!
> (Virg., *Énéide.*)
> Tantæ molis erat Romanam condere gentem!
> (Virg., *Énéide.*)
> Tu es Petrus, et super hanc petram edificabo Ecclesiam meam, et porta inferi non prævalebunt adversus eam.
> (*Biblia sacra.*)

Salut à toi, Rome, incomparable cité, ville des vertus sublimes, patrie des grands hommes, merveilleuse agglomération des plus splendides monuments, salut à toi!

Que tu aies reçu ce nom de Rome, de Romulus, ton fondateur, ou que tu lui aies donné le tien, *Rômê*, puissance!

Que l'on t'appelle Amor, anagramme de *Roma*, et mystérieuse appellation que tu ne permets pas de divulguer!

Ou bien encore que l'on te nomme Flora, comme le faisaient les Flamines, en se voilant le visage de leur manteau de pourpre!

Que tu sois simplement la *Roma Quadrata*, aux murs de terre et aux toits de roseaux dont l'enceinte carrée fut tracée, il y a 2500 ans, autour du Palatin, sur les bords du Tibre, par un attelage de bœufs au blanc pelage et une charrue d'airain, ou le lumineux foyer de la

Vérité divine, dont les rayons éblouissants jaillissent du palais de marbre de la Cité Léonine, pour se répandre sur le monde!

Salut à toi encore, salut à toi toujours et à jamais!

Tu es notre Mère-Patrie, ô Rome!

Enfants, n'avons-nous pas appris à balbutier ton nom? Adolescents, avec quelle ardeur nous avons étudié ta langue et les hauts faits de tes annales! Citoyens, que de fois nous avons envié la gloire de tes étendards! Catholiques, oh! c'est avec un tendre amour et le plus profond respect que nous nous prosternons devant le tombeau de tes saints apôtres!

Avec toi, par toi, en toi, comme on vit de la grande vie du Passé! car quel est le peuple du monde qui n'a pas eu affaire à ton autorité, à ta souveraine puissance, ô Rome?

Aussi, qui de nous, à ses heures de veille, ne se surprend souvent, très souvent, errant le soir, dans l'ombre, à l'aventure, l'imagination brûlante, à travers ton antique Forum; au pied de ton glorieux Capitole; sous tes Arcs de Triomphe; parmi ton peuple de Statues; du sommet de la Roche-Tarpéïenne aux ruines de tes Palais des Césars; le long du Tibre, de la Voie-Triomphale et de la Voie-Sacrée; dans le dédale de ton Champ-de-Mars; aux environs de ton admirable et gigantesque Colisée, dont les arceaux aériens tamisent avec tant de poésie les rayons du soleil le jour, et la nuit les reflets de la lune? Qui de nous ne cherche pas ainsi tes secrets au sein des décombres de ta Maison d'Or, des Thermes de Caracalla, ou parmi les fûts de colonnes des temples en ruines, des Carines aux Esquilies, de Subure au Vélabre?

Aussi, combien de fois, dans nos rêves éveillés, ne voyons-nous pas cheminer, dans un lointain vaporeux, tes légions formidables, tes aigles d'or brillantes comme des étoiles, tes triomphateurs sillonnant les voies consulaires, tes centurions traçant les limites d'un campement : ou bien, passer ici et là tes fiers licteurs aux haches d'acier précédant les décemvirs, vêtus de la trabée, ou tes dictateurs en laticlaves, venant siéger aux Comices ou présider les Curies? Et puis apparaissent dans les ténèbres des visions sinistres ou majestueuses. C'est le fantôme de l'implacable Brutus faisant décapiter, sous ses yeux de père, ses fils rebelles à la patrie! C'est Virginius, le légionnaire de l'Algide, venant dans tes murs tout exprès pour immoler la jeune fiancée d'Icilius, sa fille, afin de l'arracher au déshonneur. C'est Collatin criant haine aux tyrans sur la dépouille sanglante de la pudique Lucrèce. Ce sont les ombres d'Horatius-Coclès, de Mucius-Scævola, de l'ardente Clélie, des Décius, des Cincinnatus, des Fabricius, se dévouant pour toi, Rome; et puis les imposantes physionomies des Régulus, des Scipions, des Pompée, des César, écartant de leurs glaives les dangers qui te menacent, ou des Hortensius et des Cicéron foudroyant tes ennemis du feu de leur parole.

Enfin, quand sonne l'heure de ta décadence, alors que ton austère république s'effondre; que les turpitudes et les honteuses lâchetés de tes empereurs appellent les Barbares; que tes monuments sont éventrés par le fer des Huns, des Vandales, des Hérules, des Lombards; quand les dieux de ton Olympe s'évanouissent et que tombent dans la poussière les idoles de tes temples; quand tu creuses dans les ténèbres tes immenses Catacombes pour les adorateurs du Christ, et que tu élèves au grand jour des sanctuaires au vrai Dieu, qui de nous encore ne convies-tu pas aux mystères sacrés de tes prêtres et aux fraternelles agapes de ton Eglise divine, sous l'impérissable autorité du Vicaire de J.-C.?

Oui, nous te saluons, ô Rome, nous te vénérons, nous t'aimons de toute la puissance de notre âme!

Est-il des enseignements de l'Histoire que tu ne livres aux méditations des philosophes? Est-il des magnificences de l'art que tu n'exposes aux regards émus de l'artiste? Est-il des splendeurs de nature dont tu ne satures l'enthousiasme du poëte et du touriste, sous ton ciel toujours bleu, dans tes horizons toujours nuancés des teintes de l'iris, dans la verdoyante et poétique Campagne qui te sert d'encadrement?

Et pour l'archéologue, quelle moisson de découvertes dans tes ruines innombrables et grandioses!

Certes, on a le cœur serré, on pleure, lorsque, en visitant ton enceinte solitaire, on chemine entre des édifices tombés et des aqueducs rompus; le long de voies désertes, usées par la roue de chars antiques, sous des cyprès, parmi des tombeaux. Mais, du Forum au Panthéon, du Capitole au Grand-Cirque, du Temple rond de Vesta au Colisée, ton histoire est écrite en bas-reliefs sublimes, tes héros nous apparaissent sous la forme idéale que leur prêta la statuaire grecque. Ils sont là, partout, comme un peuple immobile au milieu d'un peuple en mouvement.

Dans tes murs, l'art est en tout lieu : tout appartient à son génie. On le rencontre dans la rue, sur le trottoir, au grand air, ou bien au sein des ombres, dans les Catacombes, parmi les décombres des monuments de l'antiquité.

Et les œuvres modernes! Est-il besoin de rappeler et d'énumérer la basilique de Saint-Pierre, métropole de l'Univers catholique? A quoi bon citer les innombrables églises et musées, palais et galeries, peintures et statues qui, dans Rome, composent tout un monde artistique de chefs-d'œuvre : Sainte-Marie-Majeure, Saint-Jean-de-Latran, Saint-Paul-Extra-Muros, etc., et le Capitole, et le Vatican, et la chapelle Sixtine avec son *Jugement dernier*, de Michel-Ange Buonarotti, et les *Chambres de Raphaël*, et le palais du Quirinal, et les galeries Borghèse, Chigi, Doria, Farnèse, Corsini, Spada, Barberini, Torlonia, etc., etc. ?

Ai-je besoin de faire luire aux yeux, comme l'étoile des Mages, les noms des immortels artistes dont tu te glorifies : Michel-Ange et Raphaël, que je viens de signaler, tout à la fois architectes, statuaires, peintres et poètes ? Faut-il placer sous les yeux du lecteur la nombreuse pléiade de tous les autres artistes dont le nom mérite la gloire de ton Panthéon : Bramante, Guido Reni, Jules Romain, les deux Penni, Perino del Vaga, Jean d'Udine, G. Ferrari, Bernardino Luini, Pistoia, Andrea del Salerno, S. Sacco, Peruzzi, Campana, Michel Coxis et B. Van Orley, deux Flamands appelés à Rome par leur talent, Caravage, Pérugin, Garofalo, San-Gallo, et bien d'autres encore.

Et quelles merveilles que leurs œuvres! La *Transfiguration*, Raphaël; la *Pieta*, Caravage; la *Communion de saint Jérôme*, le Dominiquin; le *Repos en Egypte*, Buroccio; la *Vierge de Foligno*, *la Vision de saint Romuald*, etc.

Ouvre-nous donc tes portes, auguste, admirable et vénérée cité de Rome, Ville-Eternelle après avoir été Souveraine du Monde ; et, tout humble que nous sommes, laisse-nous résumer tes gloires et assister à tes triomphes!

La suave harmonie des fraîches brises de l'Italie pousse et accompagne notre esquif vers les charmants rivages d'une région sans rivale, cher lecteur. Vous plaît-il de me suivre pour l'étudier avec moi?

Alors, allons ensemble rafraîchir en nous le souvenir de ses drames, sur le théâtre même qui en fut le témoin, et en présence des grandeurs d'art et de nature qui lui ont servi d'encadrement.

Ensemble nous souffrirons sans doute des lamentables transformations de Rome; mais, ensemble aussi, nous serons souvent en extase devant les sublimes splendeurs qui lui restent, et les olympiennes magnificences que Dieu ne permettra pas qu'on lui enlève encore...

ALFRED DRIOU.

ROME

SOUVERAINE DU MONDE

ET VILLE-ETERNELLE.

I

L'Italie au début des âges. — Golfe antéhistorique. — Côtes et rivages de la future Campagne de Rome. — Effets produits par les volcans sous-marins. — Comment sort des eaux l'Agro-Romano. — Paysages charmants. — Cataractes de l'Anio. — Majestueux courant du Tibre. — Horizons splendides. — Vaste amphithéâtre de montagnes. — Soulèvement des Sept-Collines historiques de Rome, ou *Septimontium*. — Mont Saturnin ou Capitolin. — Quirinal. — Viminal. — Esquilin. — Cœlius. — Aventin. — Palatin. — Cratère de volcan devenu le célèbre Forum Romanum. — Autres collines comprises plus tard dans Rome. — Janicule. — Vatican. — Collines des Jardins ou Pincio. — Autres collines *extra-muros*. — Mont Mario, etc. — Champ-de-Mars. — Marais de la Chèvre. — Latium ou pays des Latins. — Peuplades aborigènes. — Volsques. — Rutules. — Marses. — Osques. — Herniques. — Samnites. — Sabins. — Etrusques, etc.

Bien longtemps avant l'époque historique, si déjà l'homme eût été en possession de la terre, des navigateurs évoluant vers les côtes occidentales de la péninsule italique auraient joui d'un spectacle magique, d'une féerie merveilleuse.

Au lieu de trouver l'immense plage mamelonnée se développant jusqu'au pied du dernier rameau de l'Apennin, laquelle plage s'étend du Soracte à Tibur et compose la Campagne de Rome actuelle, dans une profondeur de huit lieues sur un circuit de vingt-cinq, ces hommes auraient pénétré dans un golfe profond, décrivant une immense parabole, à partir du point où se trouve Civita-Vecchia, jusqu'à celui où Terracine se dresse sur son rocher blanc.

Au sein de cette vaste échancrure, bouillonnait le livide Océan tyrrhénien, roulant ses lourdes lames, grondant de la plainte sans fin de son ressac et dressant ses légions de vagues aux crêtes écumantes, pour aller déferler avec rage contre les assises rocheuses des montagnes de la Sabine, destinées à porter, un jour, la brillante Tibur, et, avec de confuses et sauvages clameurs, mordre l'enceinte du golfe.

A l'horizon, du nord au sud, le mont Soracte et le Circeo, isolés l'un de l'autre par toute l'étendue de ce golfe, émergeaient des eaux, comme deux écueils géants, gardiens vigilants de cette éblouissante mer intérieure, et semblant désigner à l'avance les limites du Latium et de la future Campagne de Rome, encore enfouie sous les flots.

Entre ces deux éminences, du sommet de la chaîne de montagnes sillonnant l'éther bleu de leurs croupes dentelées, le charmant Anio arrivait de l'Apennin, et trouvant le vide au-dessous du lit qui l'encaissait, du haut des massifs de rochers que couronne actuellement le vieux temple de la Sibylle-Tiburtine, se précipitait soudain en larges cascades scintillantes, mêlant leurs eaux blanches aux lames d'azur du golfe.

Plus majestueux dans son allure, mais non moins poétique dans le cortége d'opulente végétation qui entourait ses rives, le Tibre coulait à pleins bords, en contournant la base fleurie du Soracte aux talus verdoyants, et apportait solennellement le tribut de ses flots d'or au bassin de Tyrrhène.

Enfin ce splendide paysage se baignait dans un ciel chatoyant de toutes les suaves couleurs de l'iris, pendant que s'ébattaient au zénith de légers nuages roses et violets, épars dans l'espace. Tout était lumière et beauté. En regard de cette immense échancrure des côtes centrales italiques, les merveilles actuelles du golfe de Naples n'eussent été qu'oripeaux, car, par une étrange magie de reflets et un singulier mirage, la chaîne des collines de l'horizon semblait se mettre en mouvement et s'approcher, quand venait le soir. Ils s'embrasaient des rayons du couchant, resplendissant d'or et de pourpre. Mais peu à peu, après qu'on eût dit qu'ils allaient venir incendier la plaine, ils ralentissaient leur marche, pâlissaient insensiblement, et enfin s'arrêtaient comme pétrifiés, semblables à d'énormes blocs de braise qui s'éteignent lentement. Puis, après avoir pris des teintes de plomb, ils reparaissaient vaporeux et cavalcadant à travers la brume du crépuscule.

Ce que j'essaie d'esquisser ici des beautés de ce paysage antéhistorique, personne ne l'a vu, assurément; mais il est facile de supposer qu'il se produisait alors, puisque, aujourd'hui, chaque touriste qui s'attarde peut en jouir. En effet, en Italie en général, et dans la Campagne de Rome en particulier, ces effets de lumière qui se jouent dans les horizons frappent constamment le regard et le mettent en extase. En les admirant, on a le frisson du beau. Involontairement on recule devant ces masses et ces projections de feux qui vous foudroient de leur éclat.

Le spectacle que je décris semblait dire : C'est ici le paradis de l'Italie!

Mais non, c'était simplement le paysage circulaire, l'amphithéâtre sublime enveloppant le golfe, d'où devait, à un moment donné, surgir le sol sous-marin destiné à la gloire de porter Rome et ses hautes destinées. Aussi peut-on dire que Dieu le fit sortir du sein des eaux, tout exprès pour devenir le foyer de la cité souveraine du monde et la Ville-Eternelle, séjour de son représentant sur la terre.

En effet, vient un jour où la pression souterraine des volcans de l'Italie, en formidable effervescence, détermine une violente commotion. Sous les nappes immenses du golfe, en possession jusque-là de cette partie de la presqu'île, un soulèvement prodigieux se fait. L'enveloppe terrestre, affaissée depuis longtemps, tout-à-coup s'exhausse sous l'effort de convulsions intestinales des fournaises du Vésuve, et le lit des eaux, en s'élevant, repousse les vagues, les refoule, les rejette fort au loin. Un sol nouveau se dresse au-dessus du niveau qu'elles occupaient, forme des rivages qui s'alignent avec les autres parties du nord et du sud de la péninsule, et des profondeurs d'où surgit ce soulèvement, apparaît la *Campagne de Rome*, s'étalant à l'aise sous le brillant soleil de la région fortunée qui aura nom *Latium*.

Voilà comment, à la plage humide des temps primitifs, se substitue la plage mamelonnée qui a fait reculer les eaux de la mer à huit lieues de distance, et les remplace par le terrain volcanique actuel, qui atteste bien son origine.

La preuve est qu'il n'y a rien de plus commun que de rencontrer, dans l'Agro Romano, des traces de l'action des volcans convergeant sous la péninsule, et en communication bien évidente avec l'Etna, le Stromboli et l'Hécla de l'Islande, comme ils le furent certainement, jadis, avec les volcans de notre Auvergne. Il n'est pas un point du voisinage de Rome où l'on ne trouve des boursouflures ou extumescences du sol, plus ou moins prononcées. Tuf, lave, péperin, pouzzolane, diorite, basalte, etc., produits volcaniques incontestables, se trouvent partout. Une *solfatare*, voisine de la voie Tiburtine, révèle au loin sa présence en fatiguant l'odorat de senteurs peu agréables. Des eaux minérales, appelées *Aquæ Albulæ*, appartenant aux lacs dits des *Iles flottantes* l'un, de *San-Giovanni* l'autre, et un troisième appelé *de la Colonnelle*, eaux d'une couleur blanchâtre légèrement nuancée de bleu, et contenant de l'hydrogène sulfureux, démontrent nettement la présence de feux souterrains.

Mais ce qui explique mieux encore la révolution géologique de ce point de l'Italie, c'est le soulèvement très curieux des célèbres collines sur lesquelles nous verrons bientôt Rome prendre place, et qui, rangées en cercle, semblent faire un cortège d'honneur au vaste cratère ouvert à leur centre, et connu d'abord sous le nom de *lao*

Curtius, et ensuite de *Forum Romanum*, centre précis de la capitale latine.

En dernier lieu, de l'émergescence de cette immense plaine, remplaçant le golfe et complétant la forme de l'Italie en lui donnant la figure originale d'une botte, résulta, vers le sud et à l'extrémité de l'Agro Romano, la chaîne semi-circulaire des *monts Albains*, du *mont Algide*, et des *collines de Tusculum*. Or, les cimes de chacune de ces éminences sont couronnées de cratères volcaniques qui, pendant une période plus ou moins longue des temps préhistoriques, vomirent des laves et du feu. Des lacs, le *lac Régille*, le *lac Némi*, le *lac d'Albe*, etc., qui de nos jours ont remplacé ces cratères éteints depuis longtemps avant l'époque romaine, témoignent de la vérité du fait, car les déjections et les scories de ces volcans primitifs couvrent encore et couvriront toujours les marges de ces lacs, dont les gracieux aspects charment le regard par l'inexprimable poésie qui les décore.

Est-il besoin d'ajouter que, au pied de l'Aventin, l'une des sept collines, s'ouvre une caverne qui a nom *Antre de Cacus*? Or, par la nature ignée du sol de cette grotte, par ses parois fuligineuses, l'aspect de ses fissures, etc., cette caverne est un spécimen irrécusable de l'énergie des feux souterrains qui lui donnèrent origine.

Maintenant que nous connaissons la géologie de la nouvelle plaine à laquelle l'action volcanique a donné la place occupée par le golfe central antéhistorique, au point de vue géographique étudions la jeune et fraîche physionomie qu'elle nous présente.

Au-dessus de l'immense zône conquise à la terre ferme sur les eaux, se déploie le bleu pavillon d'un azur incomparable, dans lequel scintillent les brûlants rayons d'un soleil rarement voilé par les vapeurs du sol.

Des profondeurs de l'horizon formé par les charmantes dentelures des montagnes de l'Etrurie, de la Sabine et de l'Apennin, le Tibre et l'Anio, qui se sont fait une voie sur les terres nouvelles, s'acheminent vers la ville future, en passant, le premier grossi du second, entre les sept collines dont j'ai déjà signalé l'existence, dont les unes, le Capitolin, le Quirinal, le Viminal, l'Esquilin, l'Aventin et le Palatin, occupent sa rive gauche, tandis que, sur sa rive droite, se rangent le Janicule, qui complète le nombre sept, et un peu à l'écart, le Vatican, le mont Mario, le Pincio, etc.

En effet, au début de l'histoire de Rome, on ne comptera que les sept premières collines. Aussi lui donnera-t-on souvent le surnom de *Septimontium*, ce qui veut dire la *Ville aux Sept-Collines*.

A l'entour du groupe circulaire de ces éminences, se développe à perte de vue la verte oasis de la plaine, encadrée, au nord, par la gracieuse chevauchée des montagnes Etrusques et Sabines; au levant, de la longue chaîne bleuâtre des Apennins; au sud, par les cimes vigoureusement estompées des monts du Latium, mont Albain, mont Algide et collines de Tusculum; et enfin, au couchant, par l'inflexible ligne sombre de la mer Méditerranée.

Au centre de ce pittoresque et poétique encadrement, du nord-est au sud-ouest serpentent, s'agitent et rutilent, telles que d'immenses écharpes d'or jetées capricieusement sur un océan de verdure, le Tibre, venant de l'Etrurie, et l'Anio, descendant de l'Apennin.

On les admire de loin sillonnant les prés verts, on les voit se rapprocher, s'éloigner, finir par se rejoindre, passer ensemble près de l'Allia, et tous ensemble, confondant leurs eaux en un seul courant, baigner de leurs flots le pied des sept collines, et s'acheminer enfin résolument vers la mer.

L'épure imparfaite de ces délicieuses perspectives ne donne qu'une faible idée de la féerie des sites.

J'ai déjà essayé, plus haut, de décrire la magie des horizons de l'Italie, mais peut-être le lecteur a-t-il supposé que l'imagination du narrateur faisait toute la richesse du décor. Il n'en est rien, et mes faibles esquisses seront bien au-dessous de la réalité. Aussi je tiens à ce qu'on ajoute foi à la fidélité de mes tableaux. Pour bien se rendre compte des paysages, des monuments, des aspects d'une cité, des effets de ruines, il est essentiel de savoir à l'avance et de comprendre quels charmes, quelles nuances, quelle suavité de tons, de teintes, de couleurs, impriment aux choses de l'art et à la physionomie de la nature, le matin, le soir, la nuit, le jour, le soleil, la lune, la pluie, le ciel bleu, le calme, la rafale, etc., en un mot les conditions atmosphériques d'une région fortunée.

Je répète donc encore ceci : En Italie, si admirablement placée entre deux mers, et si heureusement assise à l'extrémité de notre zône tempérée, une imperceptible gradation de couleurs, particulière à cette situation climatérique, s'étend sur l'incommensurable horizon de la plaine mamelonnée qui nous occupe, et se mélange de telle sorte qu'on ne peut déterminer où commencent et où finissent les nuances délicates du violet, du carmin, de l'orangé, du cinabre et de l'azur qui en moirent les profondeurs. Une brume, exquise de douce transparence, répandue dans le lointain, adoucit les contours des objets et des paysages; aussi n'offrent-ils rien de heurté, rien d'anguleux. Partout, inclinaisons mollement fuyantes de plans qui se superposent, s'abaissent ou se relèvent, ayant pour repoussoir les admirables et riches teintes des montagnes qui occupent le fond.

Mais ce qui charme davantage le regard, à l'endroit où le Tibre se courbe et se recourbe en replis tortueux, c'est le groupe si heureusement harmonié des collines du centre de la plaine. Disposées en un massif circulaire, dont le futur Forum ou lac du Cratère est le point milieu, elles se baignent, elles aussi, dans les chaudes effluves d'une lumière ambiante qui fait ressortir plus encore et leurs aspects opposés, et leurs reliefs si variés. Les unes sont élevées, sauvages, abruptes; les autres, plus basses, couvertes d'arbustes et de broussailles. Celle-ci forme un plateau, dont un rocher formidable, entouré de précipices, compose la base; celle-là, chauve, dénudée, contraste avec la richesse verdoyante de ses sœurs. Toutes sont isolées et entrecoupées de vallons que ponctuent les eaux de marécages, car le Tibre, dont aucun endiguement ne contient le courant, couvre ses rives du trop-plein de son lit. Or, sur ce vaste massif de renflements d'un sol volcanique, qu'une splendide végétation décore en maint endroit de son opulent feuillage, peu ou prou d'ombres noires, lourdes, choquantes. Rampes dénudées ou taillis verdoyants, sommets arrondis en cônes plantureux ou rochers à pic, éminences ou vallées, tout cet ensemble de paysage est placé dans de telles conditions que l'air, un air vivifiant, circule tout autour, et, avec l'air, s'infiltrent de vifs rayonnements de lumière qui rendent parfaitement nets et distincts à l'œil les moindres accidents du sol.

Au nord-est se dresse la première de ces collines, la plus sauvage, la plus abrupte, mais aussi la plus fameuse. Elle est composée d'un énorme rocher à pic qui se dresse à une hauteur de cent cinquante pieds. Déprimée vers le centre, elle se termine à l'est et à l'ouest par deux cimes arrondies. C'est le *mont Saturnien*, qui deviendra le *mont Capitolin*, quand il portera le glorieux Capitole.

A l'orient du mont Capitolin, se dessine le dôme verdoyant de la seconde colline, qui prendra le nom de *Quirinal* des Quirites ou Sabins, quand cette peuplade sera soumise par Rome.

A cette éminence succède la troisième. C'est le *Viminal*, dont les pentes douces sont capitonnées de bocages d'oseraies flexibles, *vimen* dans la langue des Latins, et ces arbustes donnent leur appellation à la colline qu'ils décorent.

Vient ensuite l'*Esquilin*, quatrième éminence, dont les versants gracieux se couronnent de deux cimes distinctes, et qui reçoit son nom d'une variété de chênes dite *esculus*, qui en couvre les contours.

La cinquième colline, au sud, qui continue à décrire le vaste cercle qui compose le Septimontium, est le *Cœlius*, du nom de *Cœles Vibenna*, chef étrusque qui s'y établira.

Baignant son pied dans le Tibre et couronnant sa tête d'arbres de toutes les essences, mais spécialement de lauriers, la sixième éminence s'appellera d'abord Lauretum. Mais cette dénomination sera convertie en celle d'*Aventin*, du moment où un roi d'Albe-la-Longue, Aventinus, fera placer son tombeau sur la pointe orientale de ce mont.

Or, le Capitolin, le Quirinal, le Viminal, l'Esquilin, le Cœlius et l'Aventin, disposés en cirque grandiose sur la rive gauche du Tibre, enferment dans leur enceinte circulaire la septième colline, à savoir le *Palatin*, mont peu élevé, mais auquel l'éruption volcanique a donné une forme quadrangulaire.

Le Palatin, qui semble recevoir volontiers les hommages des autres éminences, ses sœurs, prend son nom de Palès, divinité rustique qui présida aux premières bergeries élevées par les habitants primitifs du Latium. Palès deviendra la grande déesse des Romains, qui ne feront pas des dieux, à l'exemple des autres peuples, mais qui les accepteront sans difficulté de qui voudra bien en offrir à leur vénération.

Donc le mont Palatin occupe à peu près le centre du Septimontium, dont chaque colline est indépendante l'une de l'autre et séparée de ses voisines par une petite vallée. Mais il laisse, entre sa base et celles du Capitolin, du Quirinal, du Viminal, de l'Esquilin et du Cœlius, un espace beaucoup plus large qu'entre l'Aventin et le Janicule.

C'est l'emplacement du cratère dont l'émission volcanique donna naissance à ces collines. D'abord cette profondeur se transforma en lac et devint le lac Curtius. Mais ensuite de la vallée longue et large dont il occupait le centre, on fit le célèbre *Forum*, le *Forum Romanum*, cœur de Rome.

Telle est l'enceinte d'ondulations pittoresques composant le merveilleux théâtre qui aura la grande Rome comme décor, pour acteurs les rois, le sénat, le peuple, puis les consuls, les empereurs, et enfin les Barbares! Telle est la glorieuse capitale qui s'appellera la ville, *Urbs*, c'est-à-dire la cité par excellence, la souveraine du monde, le chef-d'œuvre de l'univers!

Il y a bien encore, sur la rive gauche du Tibre, une huitième colline, riche en verdure, d'agreste physionomie, qui a nom *Pincio*. De son plateau, vue ravissante. Mais cette éminence ne sera comprise dans Rome qu'après de nombreuses années. On l'annexera sous le nom de *Colline des Jardins*, et, en effet, à une certaine époque, les jardins de Salluste, de Lucullus, de Domitien, et *tutti quanti*, en feront l'ornement.

Sur la rive droite du fleuve, il est également d'autres éminences, tout aussi poétiques, plus élevées du moins, et formant une chaîne majestueuse qui suit le cours du Tibre, car, à leur pied, ce cours d'eau, pressentant ses grandeurs futures, se donne l'air arrogant d'un reptile qui comprend sa force et ronge de sa dent vorace l'obstacle qu'on lui oppose.

Du nord au sud, ce sont le *mont Mario*, où camperont les généraux vainqueurs, en attendant le jour du triomphe; le *Vatican*, des hauteurs duquel les Etrusques tireront leurs augures, et dont les talus seront ensuite le siége de la puissance pontificale des vicaires de Jésus; le *Janicule*, où Jupiter aura ses autels; le *mont Vert*, etc.

Nous verrons plusieurs de ces montagnes faire partie de Rome, quand la cité-reine franchira le fleuve, pour s'étendre sur ses deux rives et y porter ses splendeurs.

Ajoutons à cette topographie le détail que voici : au nord du mont Capitolin, par conséquent du côté opposé au Forum Romanum, s'étend une plaine humide que sillonne le Tibre. Ce sera le *Champ-de-Mars*, où s'exercera la jeunesse romaine aux généreux exercices de la lutte, du pugilat, de la natation, du cheval, etc., mais aussi aux périlleuses évolutions des batailles.

Disons aussi qu'on appellera *Marais de la Chèvre* les lagunes produites par les débordements du fleuve, dans cette même plaine.

Entre les hauteurs qui hérissent la rive gauche du Tibre, ai-je dit, serpentent les gazons verts de vallées, étroites les unes, les autres plus espacées, toutes maculées de laquets et de flaques d'eau, résultat du trop-plein du fleuve. C'est de l'une de ces vallées que l'on fera, un jour, l'une des plus belles rue de Rome, l'*Argilète*, dont prendront possession les libraires. Un peu plus au sud, le quartier du *Vélabre*, où seront fixés le *Forum-Boarium* ou des *bœufs*, le *Circus-Maximus*, témoin de l'enlèvement des Sabines, etc.

Après avoir décrit la contrée où nous allons voir s'élever la grande cité de Rome, ai-je besoin de dire que l'Italie, dont elle sera la tête et le cœur, est entourée par la mer et les plus hautes montagnes du continent européen, et qu'elle forme, entre l'Adriatique ou mer Supérieure, et la mer Tyrrhénienne ou mer Inférieure, une longue presqu'île qui se divise, au sud, en deux pointes, tandis que, au nord, elle s'élargit en un demi-cercle dont la chaîne supérieure des *Alpes* trace la circonférence?

Au nord et à l'ouest de cette chaîne, le sol s'élève lentement, par une suite de montagnes et de vallées transversales, jusqu'aux plus hautes cimes. Mais, sur le versant italien, la pente est rapide, escarpée, abrupte, et toutes les vallées tombent perpendiculairement dans le Pô, *Padus*, et de là dans l'Adriatique, sans qu'il y ait ni montagnes ni vallées parallèles.

A leur extrémité sud-ouest, les Alpes se recourbent dans la direction de l'est, et commencent une nouvelle chaîne, qui, peu à peu s'infléchit dans le sens de la péninsule italique, dont elle devient l'épine dorsale. C'est l'*Apennin*.

Du nord de l'Italie jusqu'à ses extrémités, on reconnaît une immense traînée souterraine de matières volcaniques, qui a donné l'origine aux soulèvements des Alpes et de l'Apennin. Mais l'activité des feux semble s'être concentrée dans le Vésuve et les Champs Phlégréens, dans le cône volcanique de l'Etna, trois mille huit cent mètres au-dessus de la Sicile, et dans les îles Lipari, dont Stromboli éprouve de continuelles éruptions.

Des torrents sans nombre, dangereux et ravageurs, descendus des montagnes neigeuses, le Pô; le Tanaro, *Tanarus*; la Trebbie, *Trebia*; le Rèno, *Renus*; le Tessin, *Ticinus*; l'Adda, *Addua*; le Mincio,

Mincius; le Timave, *Timavus;* l'Arno, *Arnus;* le Teverone, *Anio;* le Tibre, *Tiberis;* le Garigliano, *Liris;* le Vulturne, *Vulturnus;* le Sile, *Silarus;* le Métaure, *Metaurus;* et bien d'autres encore, fleuves et rivières, sillonnent la presqu'île et la fécondent.

Elle compte aussi de nombreux lacs, tous charmants, pittoresques, aux aspects romantiques, aux bords fleuris, aux lisières bordées de glaciers diamantés et de montagnes sourcilleuses, lac Majeur, *Verbanus;* lac de Como, *Larius;* lac de Garde, *Benacus;* lac de Némi, *Nemorensis;* d'Albano, *Albanus;* de Gabies, *Gabiases;* Regille, *Regillus;* de Bassano, *Vadimonius;* de Pérouse, *Trasimenus;* de Celano, *Fucinus;* et l'*Averne,* et le *Lucrin,* etc.

Montagnes, vallées, plaines, bassins, torrents, fleuves, rivières, lacs, rivages, etc., toutes les perspectives de l'Italie révèlent une région délicieuse, opulente, fortunée, toute belle, toute revêtue de la plus admirable poésie.

Elle a pourtant des *maremmes* dans l'Etrurie ou Toscane, et des marais, les *Marais Pontins*, entre Naples et Rome. On a vainement cherché à les dessécher, à cause du danger de leur voisinage. Mais le niveau très bas du sol de ces marais ne permet pas aux eaux descendues des hauteurs environnantes de s'écouler vers la mer. Elles restent stagnantes, et il s'en échappe des miasmes délétères. Le voyageur imprudent qui s'y endort la nuit, sans abri, court le risque de ne point se réveiller.

Au début de son histoire, l'Italie fut divisée en trois grandes régions :

La *Gaule-Cisalpine,* au nord;

Au milieu, l'*Italie* proprement dite;

La *Grande-Grèce,* au sud.

Vient enfin l'époque où l'homme, roi de la terre, fait son apparition. Après la dispersion des trois races, jaune, blanche et noire, dont les familles de Sem, Cham et Japhet sont les représentants, une des premières contrées où se montrent les nouveaux souverains de ce riche domaine, ce sont les Iles des Nations, c'est-à-dire la Grèce ou Hellade.

Mais les Pélasges s'y trouvent bientôt à l'étroit. Alors des portions nombreuses de cette population hellénique s'avancent vers l'ouest, gravissent la chaîne des Alpes, et, avisant dans la presqu'îles italique un séjour fortuné, se hâtent d'en prendre possession, en descendant vers le sud, qui devient ainsi une contrée grecque, ou *Grande-Grèce*.

Ces Pélasges, divisés en *Tyrrhènes* et qui donnent leur nom à la portion de la Méditerranée qui les avoisine, *mer Tyrrhénienne*, et en *Sicules*, sont bientôt chassés de l'Italie par des survenants : alors ils se réfugient en *Sicile*, du mot Sicules. C'est en l'an 1660 avant notre ère que se fait cette migration.

Tels sont les aborigènes du sol italique, c'est-à-dire les peuples qui, les premiers, se mettent en possession du pays.

Mais 400 ans avant la guerre de Troie, une nouvelle colonie de Grecs, des Arcadiens sortis du Péloponèse, vient s'établir dans la péninsule, sous la conduite d'Œnotrus, et celle-ci reçoit alors le nom d'ŒNOTRIE.

Cependant, dans cette Œnotrie, la nouvelle région sortie des eaux est occupée par Janus, fils d'Apollon, chef des colons grecs. Ce Janus fonde sa capitale dans un bois de myrtes et de lauriers, et précisément, à cause de ces essences de la forêt, l'appelle *Laurentum*.

Mais, en ce moment, Saturne, roi de Crète, et père de Jupiter, ayant été chassé de ses Etats par ce fils ingrat, aborde dans l'Œnotrie, et s'adressant à Janus, obtient de ce monarque la possession de l'une des sept collines, à laquelle il donne la dénomination de *mont Saturnien*.

Aussitôt l'Œnotrie devient la SATURNIE.

Or, comme ce prince dépossédé se tient caché dans la contrée, la future campagne de Rome et ses alentours reçoivent l'appellation de *Latium*, du mot latin *latere*, être caché.

D'aucuns prétendent que, en retour des bons procédés de Janus, aux sujets du roi des Latins Saturne apprend l'art de cultiver la vigne et le blé, *sator*, d'où Saturne.

Nécessairement, dans l'origine des choses, les fables se mêlent au réalisme des faits.

Bientôt les possesseurs du Latium ou *Pays des Latins*, se partagent la contrée, selon l'importance de leurs familles.

Les *Herniques*, placés à l'est, créent les stations de *Préneste*, de *Tibur*, de *Pedum*, de *Frégille* et d'*Algide*.

Aux *Osques* ou *Eques* échoit la région des montagnes Apennines, sises au sud-est, et *Treba*, *Carseoli*, etc., deviennent leurs résidences.

Vers le sud, les *Rutules* édifient *Velitra*, *Anagni*, et d'autres cités minuscules, qui s'agrandiront plus tard.

Les *Marses*, avec les *Vestins* et les *Marrucins*, se placent à l'entour du lac Fucinus. Ils passent pour les plus braves guerriers de ces peuplades généralement ardentes.

A l'ouest, près de la mer Tyrrhénienne, les *Volsques* plantent leurs tentes, et élèvent les cités d'*Ardée*, d'*Anxur*, d'*Antium*, etc.

Aux *Ausones*, on donne le pays de *Suessa-Pometia*, leur station principale, et, souvent, de leur nom, l'Italie est appelée Ausonie par les poètes et les historiens.

Janus, ai-je dit, est le premier roi du Latium.

Picus, fils de Janus, qui embellit Laurentum, devient le second.

Faunus monte ensuite sur le trône ;

Et Latinus régnera à son tour, quand commencera la légende romaine.

Cependant, dans la Grande-Grèce, l'un des successeurs de l'Arcadien Œnotrus, le jeune guerrier Italus, se rend célèbre par la force de son autorité, et définitivement fait prendre à l'Œnotrie ou Saturnie le nom d'Italie, qui lui reste à jamais. La première ville qu'il fonde, en 1050 avant J.-C., est celle qui a nom *Suma*.

En ces temps heureux de paix et de concorde, la vie de ces premiers souverains de la belle et jeune Italie se passe au milieu de leurs troupeaux de bœufs au blanc pelage, aux cornes démesurées, de buffles à demi sauvages, d'onagres, de cavales, de chèvres et de brebis. Ces nombreux animaux domestiques ponctuent de leurs bandes éparses l'océan de verdure du Latium, les talus de ses montagnes, les pacages de ses vallées, et vont s'abreuver aux sources et près des cours d'eau de ses plaines. Les échos répètent sans cesse les mugissements des uns, les bêlements et les hennissements des autres.

Mais de nouvelles migrations viennent, peu après, troubler ces paisibles travailleurs.

Vers 1200, au temps de la guerre de Troie, à peu près, un autre Arcadien, Evandre, se présente avec une seconde colonie grecque, et prend possession de la colline centrale du Septimontium, à savoir du mont Palatin.

Il y construit aussitôt la ville de *Pallantum.*

Du court séjour d'Evandre et des Arcadiens sur le Palatin, resteront dans Rome, quand elle sera fondée, un autel, **Ara Maxima**, élevé en l'honneur d'Hercule. En effet, ce héros, après avoir reçu l'hospitalité d'Evandre, le délivra de la présence du géant Cacus, retranché dans la caverne de l'Aventin dont j'ai parlé. Il restera aussi, à l'endroit qui sera occupé par le Forum-Boarium, le *temple d'Hercule triomphant*, dans lequel Evandre dressa une statue en airain doré, représentant le demi-dieu, et qui deviendra chère à la plèbe de Rome, au point que, aux jours de triomphe de ses généraux, on couvrira cette statue du *paludamentum* du triomphateur.

J'ajoute sans retard que ce vieux spécimen de l'art du fondeur, qui date de quinze siècles avant J.-C., occupe, de nos jours, une place dans le musée du Capitole.

Enfin signalons aussi, comme appartenant à la même époque, le *tombeau de Carmenta*, mère d'Evandre, au pied du mont Saturnien et à la base de la Roche-Tarpéïenne.

En dernier lieu, surviennent des peuplades d'*Etrusques* ou **Tusques**, arrivant encore de la Hellade. Trop à l'étroit dans leur pays d'origine, ces nouvelles tribus franchissent les Alpes, et s'adjugent des domaines dans la partie occidentale de l'Italie, qui prendra le nom d'*Etrurie*, et sera plus tard la Toscane.

A peine en possession de ce territoire, les *Rasena*, peuple sauvage descendu de la Rhétie, asservit les nouveau-venus. Alors, vainqueurs et vaincus construisent douze cités : *Cœré, Tarquinies, Véies, Vulsinies, Cortone, Vétulonie, Clusium, Perusia, Russelle, Arretium, Volaterra, Populonie*, et, plus tard, *Faléries, Florence, Pise* et *Lucques*, etc.

Déjà, auparavant, ils ont édifié, dans le bassin du Pô, *Vérone, Brescia, Mantoue, Bononia, Mespum, Hadria*, qui prête son nom à l'Adriatique.

Ils créent ensuite, entre le Vulturne et le Silarus, *Nola, Vulturne, Atellæ, Acerres*, etc.

Dans chacune des douze cités, nommées plus haut, et qu'ils appellent *Lucumonies*, ils fixent la résidence de leurs lars ou chefs, et, de toutes ces lucumonies, composent une confédération générale dont le siège est à Vulsinies, sur le bord de la mer.

Alors le commerce, les arts, l'agriculture, occupent ces peuplades nouvelles, dont l'Italie entière reçoit les produits, et sous l'influence desquelles les autres tribus se courbent volontiers.

Enfin, à l'orient de la presqu'île italique, sous le nom de *Sabins*, Sabins qui donnent leur nom aux montagnes de la Sabine, près desquelles ils ont fixé leur séjour, gens agrestes, simples, aux mœurs vertueuses et sévères, s'échelonne une nouvelle peuplade et fait alliance avec ses voisins les Etrusques, d'une part, les Osques, les Marses, les Herniques et les Latins de l'autre.

Leurs stations les plus importantes sont *Cures, Crustumère, Collatie, Gabie, Spolete*, etc.

Au-dessus d'eux, vers le nord, au septentrion du Pô, se fixent les

Gaulois Insubriens, les *Ligures*, et, au sud, les *Ombriens*, et les *Vénètes*, sur les rivages de l'Adriatique.

Ainsi l'Italie reçoit des colonies de tous les pays qui l'entourent : Sicules et Ligures; Celtes Ombriens, Insubriens et Cénomans; Etrusques de la Rhétie, et tribus pélasgiques venues de l'Illyrie; colonies helléniques de la Grèce, et Tyrrhéniens de l'Asie-Mineure.

Citons encore, dans les montagnes et les vallées de l'Algide, les *Sabelli*, ou plutôt les frères des Sabins, les *Samnites*. Ces derniers s'embusquent dans les défilés, et c'est sur la croupe de leurs éminences qu'ils élèvent les acropoles d'*Anfidène*, d'*Esernie*, de *Clavia*, de *Caudium*, dont les fourches caudines seront un jour fameuses. Les Samnites composent un peuple brave, mais ignorant et grossier. Il se livre surtout à la vie pastorale : au besoin il est toujours prêt à la bataille. Les filles les plus belles et les plus riches, comme aussi les plus sages, deviennent, par le mariage, la récompense des services rendus à la famille commune.

Dans le même temps, vers 1150, deux nouvelles colonies grecques, l'une venant de Cyme, dans l'Asie-Mineure, et l'autre de Chalcis, en Eubée, fondent la ville de *Cumes*, sur les rivages de l'Atlantique. C'est là que s'établit la Sibylle qui fait descendre Enée aux enfers, et ces enfers ne sont autre chose que les champs de feu volcanique du voisinage du Vésuve.

A leur tour, les colons de Cumes édifient *Parthénope*, ou plutôt *Neapoli*, — Naples, — en face du plus beau golfe du monde, au pied du même Vésuve.

Alors sont édifiées les cités de *Suma*, de *Bénévent* fondée par Diomède, quand il vient d'Argos dans la Pouille.

De tous ces colons de la belle Italie, le peuple étrusque est le plus étrange et le plus industrieux. Pendant que les autres tribus n'ont pas de dieux et honorent tout au plus Palès, la patronne des bergeries, les Etrusques sont en possession d'une religion cruelle et sanguinaire. Ils immolent à leurs idoles des victimes humaines. Leurs prêtres jouissent d'une haute réputation de science. Ce sont eux qui inventent les augures, l'art des aruspices, et qui emploient certaines formules secrètes.

C'est aux Etrusques que nous verrons les Romains emprunter leurs rites religieux et toutes les *cérémonies* du culte, culte qui a ses ministres et son code dans la lucumonie de *Cœré*.

La civilisation des Etrusques, leurs arts, leur industrie, dont nous aurons occasion de parler, se produisent au-dehors déjà et font l'admiration des hommes; et l'Italie est couverte de tribus nombreuses adonnées aux travaux des champs, et de jeunes cités qui s'agrandissent peu à peu, que Rome n'existe pas encore.

Mais nous allons assister à la naissance de cette grande souveraine du monde!

Légendes originelles. — Enée aborde en Italie. — Latinus et sa fille Lavinia. — Combat de Turnus et d'Enée. — Fondation d'Albe-la-Longue. — Numitor et Rhea Sylvia. — La première vestale. — Romulus et Rémus sur les lagunes du Tibre. — Faustulus et Acca Laurentia, la Louve. — Comment Numitor reconnaît ses petits-fils. — Fondation de Rome. — *Roma Quadrata*, sur le Palatin. — Un fratricide. — Triple temple de Jupiter, Minerve et Junon. — Chaumière de Romulus. — Ce qu'on appelle l'*Intermontium* du Capitolin. — *Arœ* ou Citadelle. — Bois de l'Asile. — Fêtes à Rome. — *Circus-Maximus*. — Peuples conviés. — Enlèvement des Sabines. — Premières guerres. — Dépouilles opimes. — Pourquoi la belle Tarpéïa donne son nom à la Roche-Tarpéienne. — Combat formidable. — Paix scellée sur le Forum. — Voie sacrée. — Temple de Jupiter-Stator. — Numa Pompilius, deuxième roi. — Temple de Quirinus. — Palladium et feu sacré dans le temple de Vesta. — Ce que font les Etrusques dans Rome. — Où il est question du Vatican. — Tullus-Hostilius, troisième roi. — Curia Hostilia. — Ancus-Martius, quatrième roi. — Prison mamertine. — Pont Sublicius. — Guerres diverses. — Tarquin l'Ancien, cinquième roi. — Temple de Jupiter Capitolin. — *Cloaca-Maxima*. — Servius-Tullius, sixième roi. — Forteresse du Janicule. — *Agger* ou rempart oriental. — Vingt-trois portes de la nouvelle enceinte. — Meurtre de Servius par Tarquin-le-Superbe, sixième roi. — Livres sibyllins. — Siége d'Ardée. — Lucrèce. — Les rois chassés.

La mise en scène de la Campagne de Rome est au complet, et nous pouvons dire à l'avance, d'après un discours de Camille, ce que les Romains penseront du site choisi pour ériger et fonder leur capitale : « Dans un pays exposé à des miasmes délétères, dit ce général, Rome est bâtie sur des collines toujours baignées d'un air pur, au bord d'un fleuve qui amène facilement les produits de l'intérieur, et reçoit ceux qu'on apporte par mer des contrées étrangères, assez près de la mer pour avoir les avantages d'un port, assez loin pour n'avoir rien à craindre des pirates ni des flottes ennemies; au centre de l'Italie, en un lieu enfin tout disposé par la nature pour une grande cité. »

Maintenant que le théâtre est prêt, voyons les acteurs à l'œuvre.

Nous sommes en l'an 753 avant l'ère chrétienne.

Joathan, fils d'Osias, de la race de David, roi de Juda et fidèle adorateur du vrai Dieu, règne à Jérusalem.

Manahem, prince impie et cruel, occupe, à Samarie, le trône d'Israël.

En Egypte, Sabacon fonde la vingt-cinquième dynastie, qui est éthiopienne, et a pour successeur Séthos, prêtre de Vulcain.

Téglath-Phalazar, fils de Phul, premier monarque du second empire d'Assyrie, règne à Babylone et à Ninive.

La Perse est encore dans l'enfance. Les Achéménides, d'où sortiront Cyrus en 538, et Cambyse en 530, s'essaient à gouverner cette contrée.

Arbacès est le premier roi de Médie, et après lui vont régner Déjocès, Cyaxare, Astyage, etc.

Quant à la Hellade ou Grèce, elle est encore dans toute la gloire de ses vertus primitives. Lycurgue vient de mourir, laissant à Sparte ses lois austères, et, après Codrus, Athènes s'érige en république.

Mais la Grèce est le plus petit pays de l'Europe. Ses habitants sont à l'étroit dans leurs vallées, et de nombreuses colonies helléniques vont en Italie fonder des villes, dont l'ensemble formera la *Grande-Grèce*; ou dans l'Asie-Mineure, où elles élèvent tour à tour Ephèse, Phocée, Milet, Halicarnasse, Gnide, Lampsaque, etc.

De Troie et de la Troade, il n'est plus question, mais quantité de villes célèbres commencent à fleurir dans l'Asie : Sardes, Smyrne, Sinope, etc., sont de ce nombre.

Tyr et Sidon promènent leurs navires sur toutes les mers, et moissonnent l'or et les produits des nations.

Il y a cinquante ans à peine que Didon a posé les fondements de Carthage, et déjà la ville africaine naissante se livre à un commerce prodigieux et à une industrie sans pareille.

En cette année 753, tel est l'état du monde, et la terre qui doit trembler devant lui ne soupçonne guère la venue déjà prochaine d'Alexandre-le-Grand, et se doute encore moins que la cité qui va naître à cette date sera, un jour, sa souveraine et intraitable maîtresse.

Chez tous les peuples, ainsi qu'il arrive au début des temps historiques, ainsi qu'il va se faire à Rome, ceux qui commencent à balbutier le récit de leurs annales, se plaisent à entourer le berceau de leur race de légendes et de traditions merveilleuses. Or, de leur origine, voici ce que racontent les Romains :

Enée, fils d'Anchise et de Vénus, lors de la prise et de l'incendie de Troie, en 1270 avant notre ère, s'étant échappé des ruines fumantes de la ville infortunée, vient débarquer sur les côtes du Latium, avec son fils Ascagne, ses dieux pénates et le palladium de Troie, c'est-à-dire la statue de Pallas, qui, tombée du ciel, portait avec soi les destinées de la cité.

Latinus, roi du pays, accueille l'étranger, lui donne en mariage sa fille Lavinie, et, en galant époux, Enée construit une ville, sa capitale, qu'il nomme *Lavinium*.

Mais dans une bataille contre les Rutules, Enée, vainqueur de Turnus, qui avait aspiré à la main de Lavinie, disparaît dans les flots du Numicus, petit fleuve qui arrose la contrée. On fait un dieu d'Enée, et on l'honore sous le nom de Jupiter-Indigète.

La guerre avec les Rutules n'est pas mise à fin pour cela, Ascagne la continue et remporte une victoire décisive.

Abandonnant alors la côte insalubre du pays des Latins, il gravit le mont Albain, et sur les bords de son lac il édifie la ville d'*Albe-la-Longue*, ainsi nommée de sa situation entre le lac et la montagne.

Douze rois du sang d'Enée se succèdent à Albe-la-Longue. Le dernier, Procas, laisse deux fils, Numitor et Amulius. En qualité d'aîné, Numitor doit hériter du trône; mais Amulius s'en rend maître et relègue son frère dans une solitude éloignée. Puis, afin que Numitor n'ait pas de postérité qui revendique un jour ses droits, Amulius immole son fils et place sa fille, Rhéa-Sylvia, parmi les vestales. On appelle ainsi les jeunes filles consacrées au culte d'une antique divinité des peuplades italiotes. Elles doivent entretenir sur l'autel de Vesta un feu sacré perpétuel, et on enterre, vivante, celle qui le laisse s'éteindre ou qui viole son vœu de chasteté.

Or, un soir que Sylvia est allée puiser de l'eau pour le sacrifice à la source du bois sacré de Ferentum, Mars lui apparaît et promet à la vierge effrayée de divins enfants. Hélas! devenue mère, Sylvia est condamnée à mourir, et ses deux fils jumeaux sont exposés sur les lagunes du Tibre, — le *Rumon* d'alors, — qui est débordé dans la plaine.

Le berceau des deux victimes est porté par les eaux jusqu'au mont Palatin. Il s'arrête au pied d'un figuier sauvage, qui de ce moment prend le nom de *Figuier Ruminal*, longtemps conservé par les Romains, sur leur Forum, et voisin d'une fontaine, — la *Fontaine de Juturne*, — et alors un berger des troupeaux d'Amulius, Faustulus, attiré par les cris des enfants, les arrache à la mort et les fait nourrir par sa femme Acca Laurentia. Mais comme Acca Laurentia est une femme de mauvaise vie, ce que les Romains appellent *Lupa*, ils racontent que Romulus et Rémus, noms donnés aux deux fils de Rhéa-Sylvia, ont été allaités par une *louve*, lupa.

Elevés sur le Palatin, dans les chaumières de Pallantum, les fils du dieu Mars grandissent en force et en courage. Un jour, ils se prennent de querelle avec les bergers de Numitor, dont les troupeaux ont leur pâture sur l'Aventin. Surpris dans une embuscade, Rémus est traîné devant leur maître. Le visage du captif frappe Numitor. Il se fait amener Romulus, et, en sa présence, Faustulus, qui a suivi le jeune pâtre, révèle le secret de leur naissance.

Aussitôt, éclairés par Numitor sur le sort de leur mère, et aidés de leurs compagnons, Romulus et Rémus délivrent leur aïeul de la présence d'Amulius, en le faisant périr, et Albe-la-Longue rentre sous la domination de Numitor.

Comme témoignage de gratitude, Numitor abandonne à ses petits-fils tout le pays qui s'étend des montagnes d'Albe au cours du Tibre, l'espace de six mille pas. C'est là que les deux frères ont été sauvés, c'est là qu'ils ont vécu. Aussi veulent-ils y fonder une ville, à la place de Pallantum. Mais ils se disputent l'honneur de lui donner un nom. On remet la décision aux dieux. Pour cela on a recours aux rites des Étrusques, le peuple voisin, c'est-à-dire que l'on consulte le vol des oiseaux. Rémus, sur le mont Aventin, et Romulus, sur le Palatin, attendent que le ciel manifeste sa volonté par quelque signe éclatant.

Le premier voit six vautours : mais au même instant Romulus en signale douze. Leurs compagnons prononcent en faveur de Romulus, qui sera roi de la nouvelle ville, laquelle s'appellera ROME, du nom de son fondateur.

D'après les cérémonies étrusques encore, Romulus attelle un taureau blanc et une vache blanche à une charrue au soc d'airain. Puis, ayant creusé sur le Palatin une fosse carrée, image du *templum* tracé dans le ciel, dans cette fosse appelée *mundus*, et qui représente le monde souterrain, il jette les prémices de tout ce qui devra servir aux habitants de la ville nouvelle. Alors, à l'entour et à une grande distance de cette fosse, Romulus, avec son attelage, trace l'enceinte de la ville, qui se rapproche d'un carré autant que le permettent les exigences du sol.

Telle est la *Roma Quadrata* du Palatin.

Le sillon, tracé par la charrue, marque le contour des murailles. A chaque emplacement d'une porte, et les rites étrusques n'en permettent que trois, Romulus soulève le soc d'airain, et il interrompt le sillon ; de là le mot *porta*.

Ces trois portes primitives sont :

Au-dessous du Palatin, et sur le versant de cette colline qui fait face au Tibre, la *porte Mugonia*, ainsi nommée du mugissement du bétail descendant vers le fleuve pour s'y désaltérer, au marais du Vélabre;

La *porte Romanula*, qui regarde l'Aventin;

Et, en face de la Roche-Tarpéienne, la *porte Januale*, décorée du buste de Janus. Mais celle-ci ne s'ouvre qu'en temps de guerre.

Il sera construit plus tard une autre porte, la triple *porte Carmentale*, dans le but de fermer l'espace compris entre le Tibre et le Capitole, c'est-à-dire le vallon séparant le Palatin du Capitolin, ce qui sera le *Vicus-Tuscus*, la rue San-Theodoro actuelle. Cette désignation de Carmentale sera due au voisinage du tombeau de Carmenta, mère d'Evandre, le roi de Pallentum.

Le pâtre-souverain, ROMULUS, édifie aussi trois temples exigés par le code religieux des Etrusques, sur les points culminants du Palatin, de manière à dominer les chaumières de terre et de roseaux de la nouvelle cité. Ce sont les *sanctuaires de Jupiter, Junon et Minerve*. Mais le peu d'espace contraint à juxtaposer ces trois édifices, qui par là-même n'en font plus qu'un seul.

Plus tard, les Tarquins les reconstruiront avec plus de richesse sur le sommet oriental du Capitolin.

Cependant le rempart de Rome s'élève en suivant les contours du sillon. Mais voici que, un jour, par dérision et mauvaise humeur, Rémus le franchit. Horreur! Romulus égorge son frère...

— Ainsi périsse quiconque franchira ces murs! s'écrie-t-il.

Heureusement les Romains oublient l'atrocité du crime pour voir dans le sang répandu un présage d'éternelle inviolabilité pour leur ville. De là le nom de Ville-Eternelle donné à Rome, mais spécialement appliqué à Rome catholique, en conséquence de la parole du Sauveur: *Portæ inferi non prævalebunt adversus eam...*

Peu à peu, de misérables cabanes remplissent le *pomœrium* ou enceinte sacrée tracée par Romulus, et c'est ainsi que ce pâtre des troupeaux du roi d'Albe devient, sur le Palatin, le chef suprême, le roi, lui aussi, d'un nouveau peuple de bergers et de laboureurs.

Non loin de la porte Mugonia, en face de l'Ara-Maxima élevée par Évandre à Hercule, et à l'intérieur des murs de la ville, Romulus édifie pour son usage une chaumière, couverte d'une jonchée de roseaux, et qu'il habite, en donnant l'exemple de la modestie et de la sobriété. Jusqu'au moment où Auguste inaugurera l'empire, cette habitation royale sera conservée par les Romains avec une profonde vénération. Mais alors la hutte de Romulus disparaîtra pour faire place aux splendeurs des palais des Césars.

Assez près de là encore, dans un étroit souterrain creusé tout exprès, on dépose et on garde avec respect la charrue d'airain qui a tracé le *pomœrium* de la jeune cité. Un jour cette charrue sera enlevée par les Césariens, et le caveau qui la renfermait sera transformé en une luxueuse salle de bains à l'usage de Livie, l'épouse d'Auguste.

Le plateau du mont Capitolin, avons-nous dit, se distingue par deux éminences rocheuses situées à l'est et à l'ouest. Mais, entre ces deux mamelons, la nature a creusé une dépression du sol que couvre de son ombre un petit bois composé d'arbres centenaires, le bois de l'Asile. La dépression s'appelle *Intermontium*.

Sur le sommet occidental, Romulus fait élever par des artisans étrusques, car les Étrusques sont fort avancés déjà dans les arts et métiers, une citadelle, *Arx*, qui veille sur la ville et la protège, car les hauteurs du Palatin sont inférieures à celles du Capitolin.

Disons de suite que ce qui démontre que l'Arx de Romulus fut un travail étrusque dont les Romains n'étaient pas encore susceptibles, que l'enceinte de Rome, la porte Mugonia, etc., furent de même l'œuvre des Étrusques, c'est que la pioche des archéologues a rendu à la lumière de notables portions de ces monuments antiques.

Or, au milieu des jardins du palais Caffarelli, qui couvre de nos jours l'emplacement de l'Arx, on a fouillé le sol, et on a trouvé non-seulement les assises de la forteresse de Romulus, mais aussi un vaste soubassement en tuf, composé de rangs de pierres superposées de manière à établir une assiette solide pour un édifice. On y reconnaît le *temple de Juno-Moneta*, qui faisait face au Jupiter-Capitolin, sur l'autre sommet du Capitole, lequel temple de Junon était adhérent à l'Arx, que nous verrons sauvée par les oies consacrées à cette déesse, et parfaitement étrusque quant à la taille et à la disposition des pierres. De même pour l'Arx.

Sur le mamelon oriental, les Tarquins érigeront, en effet, les trois temples de Jupiter-Capitolin, de Junon et de Minerve, pour remplacer ceux, trop à l'étroit, que Romulus avait construits sur le Palatin. Mais, comme sur le Palatin, ces trois temples du Capitolin n'en composeront qu'un seul, à trois sanctuaires ou *cellas*.

Arx, temple de Juno-Moneta, sanctuaire de Jupiter-Capitolin, de Junon et de Minerve, se confondront dans l'appellation unique et tant célèbre du *Capitole*.

Enfin, du bois de l'Intermontium, placé entre l'Arx et le temple de Jupiter, par besoin de se donner de plus nombreux compagnons, Romulus fait un refuge qu'il appelle *Bois de l'Asile*. Dès-lors, tout débiteur sans conscience, dans les contrées d'alentour, tout esclave en rupture de chaîne, voire même tout meurtrier couvert du sang de ses victimes, seront reçus dans Rome et obtiendront le titre de *citoyen romain*.

Mais, alors, à cette recrue de citoyens, ne faut-il pas des épouses?

A cette occasion, je ne vais pas vous parler de l'enlèvement des Sabines, conviées, avec leurs familles, à de prétendues fêtes du dieu Consus, ou dieu du *conseil*, et destinées, dans le plan de Romulus, à devenir les femmes de ses sujets.

Pourtant, dans la pensée de vous faire connaître les monuments de Rome, qui servent de jalons et de points de repère à son histoire, je vous raconterai que pour attirer des curieux dans sa nouvelle ville, Romulus édifie, au pied du versant occidental du Palatin, dans un petit vallon portant le nom de *Murcia*, d'une divinité rustique dont le temple occupe la base du mont Aventin, un cirque immense. Ce sera le célèbre *Circus-Maximus*, en bois, mais décoré avec art. Tarquin l'Ancien le reproduira en pierres. Pour le moment, c'est un vaste amphithéâtre oblong, séparé dans sa longueur, les deux extrémités exceptées, par un mur à hauteur d'homme, appelé *spina*, sur lequel on place les statues des dieux, et entouré de gradins superposés à une grande élévation. On y élève même un petit sanctuaire, le *temple du dieu Consus*, enfoncé à moitié en terre pour montrer que les desseins des hommes doivent être tenus secrets.

Ce Cirque-Maxime, celui de Tarquin, durera autant que Rome elle-même, et, un jour, de leurs palais impériaux du Palatin, les Césars prendront plaisir à en suivre les exercices, *circenses*, des fenêtres de leur pulvinar aérien. *Circenses!* ce sera le cri du peuple romain, du moment qu'il aura perdu le sentiment de l'honneur et du travail : *Panem et circenses!* Du pain et des jeux! Et cependant, alors, il y aura bien d'autres cirques et d'autres théâtres dans Rome!

Tel est le lieu mémorable où se fait le rapt des jeunes Sabines, au nombre de cent vingt-sept. Evénement important, car du mélange des deux races résulte le type, le noble type romain, conservé jusqu'à présent, malgré les révolutions, les invasions, les guerres et les désordres.

Cette violation du droit des gens met en rumeur les peuples du Latium.

Tout d'abord Romulus repousse les Céniniens, dont il tue de sa main le roi Acron, de qui les dépouilles sont consacrées, dans un temple qu'il fonde tout exprès, sur le Capitolin, à *Jupiter-Férétrius*, c'est-à-dire *qui frappe*, sous le nom de *Dépouilles opimes*. Trois fois seulement, dans sa longue carrière militaire, Rome verra offrir de telles dépouilles, car pour les présenter au dieu, le vainqueur devait avoir immolé lui-même un chef ennemi.

Je ne vous parlerai pas non plus de la défaite des Antemnates, mais je vous signalerai le premier siége du Capitole par les Sabins irrités, venus en armes pour reprendre leurs filles. C'est alors que Tarpéïa, charmante fille de Tarpéïus, à qui est confiée la garde de l'Arx ou Citadelle, séduite par les bijoux dont sont ornés les assaillants, leur montre l'abrupte sentier qui conduit au Capitole. Mais, hélas! au lieu de recevoir la récompense promise, Tarpéïa est précipitée, par les Sabins, des hauteurs escarpées que surmonte la forteresse romaine, et de ce jour, cette falaise à pic reçoit la dénomination de *Roche-Tarpéienne*. Ce sera de sa plate-forme qu'on poussera dans le vide les traîtres et les criminels. Jusqu'alors on l'appelait *Saxum-Carmentæ*, de Carmenta, dont le sépulcre était voisin.

Les Sabins sont maîtres du Capitole. Aussi, dès l'aube, les voilà qui descendent des hauteurs de la colline, et un combat terrible s'engage dans le vallon qui sépare le Capitolin du Palatin. Un moment les Romains plient sous le nombre. Divisés par leur chef en trois *curies* de mille hommes chacune, et chaque curie en dix *décuries* de cent hommes à pied, et enfin comptant trois *centuries* de cent guerriers à cheval, chaque curie commandée par un *tribun*, et chaque décurie par un *centurion*, cette organisation militaire si forte va succomber, et Rome sera la proie de ses ennemis. Mais Romulus s'arrête au milieu des siens. D'une voix vibrante, il voue un temple à Jupiter-*Stator*, c'est-à-dire *qui arrête*... Aussitôt la ligne des soldats romains se raffermit et l'action continue avec fureur.

Mais tout-à-coup les Sabines, devenues Romaines, se précipitent dans la mêlée, malgré les traits qui volent, nonobstant les épées qui se croisent. Leurs larmes, leurs prières attendrissent les âmes farouches de leurs pères et de leurs époux. Le combat cesse; la paix se conclut. Les deux peuples se réunissent; ils n'en formeront qu'un seul. Les deux rois, Romulus et Tatius, se partagent le commandement, et Rome sera la capitale.

Romulus et les Romains occuperont le Palatin;

Les Sabins resteront en possession du Capitolin.

La place où s'est livrée la bataille restera commune, ce sera le *Forum Romanum*.

L'alliance est scellée par l'effusion du sang des deux rois, qui après s'être piqué le bras, confondent ce sang, bras contre bras. Cette cérémonie a lieu sur le chemin qui sillonne la vallée du Forum et passe près du lac, occupant le cratère dont j'ai parlé. Ce chemin reçoit désormais le nom de *Voie-Sacrée*.

A l'angle occidental du Palatin, près de la maisonnette couverte de chaume, demeure de Romulus, ce prince élève le *temple de Jupiter-Stator*, qu'il a voué au dieu, à l'heure du danger.

Mais voilà que, trois ans après, Tatius est égorgé par des habitants de Laurentum, auxquels il refuse justice d'un meurtre.

Les Sabins alors consentent à reconnaître Romulus pour roi. Ce prince établit un *sénat* composé des plus nobles vieillards de la race sabine, confondus avec d'autres vieillards choisis parmi les Romains. Puis il partage le peuple entier en trente nouvelles *curies*. Néanmoins, à raison de son amour pour la guerre, car il venait de lutter avec les peuplades de Fidènes et de Véies, un jour qu'il passe la revue de ses hommes armés près du *Marais-de-la-Chèvre*, autour duquel il a créé un *Champ-de-Mars*, un violent orage plonge les guerriers dans une profonde obscurité, les *sénateurs*, jaloux de son pouvoir, l'immolent à leurs craintes, et afin de dissimuler le meurtre, chacun d'eux emporte sous sa robe un morceau de son corps.

L'un d'eux, Proculus, dans le but d'apaiser le peuple, raconte qu'il a vu Romulus monter au ciel sur le char de Mars, au milieu de la foudre et des éclairs. Et aussitôt on proclame dieu le défunt et on prescrit de l'adorer sous le nom de Quirinus.

En même temps, on décrète l'érection du *temple de Quirinus* sur la colline orientale, qui prend le nom de Quirinal. Ce sanctuaire, qu'inaugurera Numa-Pompilius, subsistera jusqu'au règne d'Auguste, qui le fera reconstruire avec un luxe architectural inouï. En effet, le portique qui entourera ce temple sera formé de soixante-seize colonnes, nombre des années que vécut le premier empereur de Rome. Disons de suite que, le temple de Romulus ayant disparu en 1348, ces colonnes ont servi à former le grand escalier en marbre de l'église Ara Cœli, qui a remplacé le temple de Jupiter-Capitolin.

Grand débat entre les Romains et les Sabins pour l'élection du second roi de Rome. Les Romains choisissent un Sabin, et le font venir de Cures, ville voisine, au nord-est de Rome.

C'est NUMA-POMPILIUS. On le regarde comme le plus juste des hommes. Il en est au moins le plus religieux. On dit que sa sagesse lui vient des dieux, et qu'il a des entretiens secrets, dans le bois d'Aricie, avec une nymphe du nom d'Égérie.

Toujours est-il que Numa use de l'influence religieuse pour adoucir les mœurs des Romains, que les guerres continuelles de Romulus ont rendues barbares.

Ainsi Numa institue des *Pontifes*, gardiens du culte; des *Flamines*, portant un voile de pourpre sur la tête, d'où leur vient leur nom, qui sont les ministres des grands dieux; des *Augures*, qui interprètent les volontés du ciel d'après le vol des oiseaux ou les entrailles des victimes; des *Féciaux* qui mettent obstacle aux guerres criminelles en allant, avant la lutte, demander ou offrir des réparations légitimes; des *Vestales* qui conservent le *feu perpétuel*, etc.

Au pied du Palatin, et à l'ombre de l'Arx du Capitole, il élève un *temple de Vesta*, où les vestales sont chargées du culte de cette déesse. C'est là que se trouve le feu sacré. C'est là aussi que l'on dépose le célèbre *Palladium* apporté de Troie par Énée. Ce palladium n'est autre qu'une statue de Pallas que l'on dit tombée du ciel, et à laquelle sont attachées les destinées du peuple nouveau, comme on le croyait aussi à Troie. Numa l'obtient de la ville d'Albe, et on la place dans un lieu secret que le grand-pontife seul et la grande-vestale connaissent. Le sanctuaire consacré à Vesta affecte la forme circulaire, car Vesta étant la déesse du feu, tout est symbolique dans son culte. Ainsi l'édifice est sphérique, parce qu'il représente la terre, et le feu sacré que quatre vestales d'abord, puis six, devaient entretenir au milieu du temple est le symbole du feu qui vivifie la nature. A l'entour du sanctuaire se trouvent un bois sacré, la maison des jeunes prêtresses, et le cimetière qui leur est destiné.

La demeure de Numa est à quelques pas de là, sur le Palatin, et dans l'enceinte de la ville.

Ce temple de Vesta existe encore et conserve sa forme circulaire : mais il est consacré à *saint Théodore*.

La rue qui, du Forum passe devant l'édifice et va droit au Vélabre, porta le nom de Vicus-Tuscus, puis de Via-Nova, et actuellement de Saint-Théodore.

Numa donne aux Romains des dieux de tout et pour tout. Il en assigne pour la paix et la guerre; c'est Janus, auquel est consacré au pied central du Capitole un petit édicule appelé *temple de Janus*, dont les portes ouvertes indiquent que la ville est en hostilité, et, fermées, que la concorde règne; pour la santé et la maladie, pour la ville et la campagne, etc. Il en prescrit aussi pour chaque maison : ce sont les *dieux lares* ou *pénates*. On les représente par de petites figurines placées près du foyer. On leur offre des gâteaux de lait et de miel. Une lampe brûle en leur honneur.

Le nouveau souverain crée aussi un *collège de Saliens*. Ce sont des prêtres qui ont la garde d'un bouclier tombé du ciel. Le nom de Saliens veut dire que ces prêtres doivent danser devant le bouclier divin, dans les processions publiques.

Un *temple de la Bonne-Foi*, pour présider aux transactions entre les citoyens, est aussi élevé par Numa-Pompilius.

Il établit également le *culte du dieu Terme*, pour le respect des propriétés.

Enfin il encourage l'agriculture, divise l'année selon le cours de la lune, spécifie des jours *fastes* et *néfastes*; en un mot, écrit et promulgue nombre de lois qu'il emprunte aux Etrusques, ses voisins.

Le règne de Numa représente la prédominance des Sabins à Rome.

Or, les Sabins, comme les Latins, se sentant de beaucoup inférieurs aux Etrusques, leur empruntaient idées et croyances, culte et cérémonies, dont Cœré, ville du littoral, était le grand centre et le foyer. Ils leur empruntaient aussi leurs objets de commerce et d'industrie.

C'est ainsi que les bracelets d'or que les guerriers de Tatius portaient au bras, et qui tentèrent la belle Tarpéïa, ainsi que les bijoux et les parures des Sabines, étaient étrusques.

Les Etrusques avaient fondé un Forum ou *marché* dans la plaine qui forme la vallée du Tibre, entre la chaîne Céninienne et les escarpements des montagnes de la Sabine. Là, ils vendaient leurs produits à tous les peuples du voisinage qui accouraient en foule. Les Véïens, les gens de Fidènes, avaient ainsi des relations avec les Sabins. Aussi a-t-on trouvé, il y a quelques années, près d'un village du nom de Sommavilla, sur la rive sabine du Tibre, des tombes contenant des vases et des offrandes funéraires, absolument semblables aux objets que l'on exhume des nécropoles étrusques.

Au pied du Soracte, et sur les premières pentes de la montagne, dans le bois sacré de Feronia, là aussi les citoyens de Cures faisaient échange des récoltes de leurs champs ou de leurs troupeaux contre les objets de luxe qui enrichirent leur ville.

Mais à faire ainsi le commerce, on s'inocule petit à petit les mœurs des peuples avec lesquels on est en relation. Cures était trop voisine des cités étrusques de Véïes, de Fidènes, etc., et Rome de Cœré, de Tarquinies, et du mont Vatican, qui appartenait aux Etrusques et sur le sommet duquel ils venaient tirer leurs horoscopes et chercher à deviner l'avenir, *vaticinari*, dont on a fait *Vatican*, pour ne pas s'imprégner peu à peu des mœurs, des habitudes, des idées et de l'appréciation des arts de leurs voisins.

Il n'est donc pas étonnant que Numa, venant de Cures à Rome, se soit entouré dans cette ville du cérémonial étrusque.

Tite-Live s'exprime ainsi à ce sujet.

« Un augure, — c'est-à-dire un prêtre, distingué des autres par un *lituus* ou bâton recourbé comme une crosse, qu'il portait à la main droite, — le conduit sur le haut du Capitole. Là, il le fait asseoir sur une pierre, le visage tourné vers le midi; puis, se plaçant à sa gauche, la tête voilée, il prend le *lituus*, détermine divers points vers la ville ou la campagne, trace des lignes imaginaires entre l'orient et l'occident, déclare que la droite est au midi, la gauche au nord, observe les signes dans les différentes régions du ciel qu'il a découpées de son bâton augural, et, les trouvant favorables, impose les mains au prince, qui est alors acclamé roi des Romains. »

C'est des Etrusques que, par Numa, le culte de Vesta est donné, ou tout au moins le supplice des vestales infidèles, supplice dont l'atrocité est bien étrusque, certes! Etre enterrées vivantes! n'est-ce pas épouvantable? Pauvres jeunes filles, malheur à elles si elles ont un moment de faiblesse!...

Les augures n'expliquent pas seulement l'avenir. Ils interprètent aussi les phénomènes de la foudre, les prodiges célestes, etc. Leurs colléges d'augures enseignent l'art de découvrir les sources, etc.

L'augure qui, avec son *lituus*, trace des lignes dans l'air, ne fait pas seulement des passes comme le charlatan qui exhibe des somnambules, il fait du firmament un *templum*, c'est-à-dire la représentation des demeures des dieux qu'il invoque, et détermine le champ de ses observations sur le vol des oiseaux.

Dans le but de mieux faire comprendre les usages des Romains, je dois prévenir le lecteur que les *bois sacrés*, dont il est souvent question, ne sont pas le moins du monde une portion de forêt. C'est tout simplement un bocage assez épais, composé de bois taillis et de quelques grands arbres, entourant généralement un édifice religieux.

Quant aux temples, le plus souvent de forme grecque, telle que la Madeleine ou la Bourse, à Paris, qu'on se garde bien de se les représenter vastes comme nos églises. Le plus étendu de ces temples de Rome tiendrait dans le palais de la Bourse, comme un bijou dans son écrin; et la Madeleine pourrait en contenir deux ou trois. Il faut excepter certains édifices religieux, le temple de Saturne, par exemple; mais ils sont rares.

D'autres de ces temples sont à peine de la grandeur de la fontaine des Innocents, et il en est, comme l'édicule de Janus au double visage, regardant l'un le passé, l'autre l'avenir, qui ne sont pas plus grands qu'une guérite.

Du reste, nous signalerons les édifices dont la renommée mérite qu'il en soit tracé un plan et une description.

Numa Pompilius, après avoir fait le bonheur de son peuple par la paix, meurt et est inhumé sur le sommet du Janicule, voisin du Vatican, où, au temps des aborigènes, régna précisément ce Janus dont je viens de parler, et qui donna son nom à la colline.

Romulus régnait en 753 avant l'ère chrétienne.

Numa règne à son tour en 713 avant J.-C., et l'an 40 *urbis conditæ*, c'est-à-dire de la fondation de la ville, — Rome.

Tullus Hostilius devient le troisième roi, 671 ; 88 *u. c.;*

Ancus Martius, le quatrième, 639 ; 114 *u. c.;*

Tarquin l'Ancien, le cinquième, 614 ; 139 *u. c.;*

Servius Tullius, le sixième, 578 ; 175 *u. c.;*

Et Tarquin-le-Superbe, le septième et dernier, 533 ; 220 *u. c.;*

A Numa, prince pacifique, succède donc le belliqueux Tullus Hostilius.

Le fait le plus important de son règne est la destruction d'Albe-la-Longue, et la réunion aux Romains des Albains, qui s'établissent sur le mont Cœlius.

Albe est la mère de Rome : mais les fils ne respectent pas beaucoup celle qui leur a donné l'origine, et la mère s'inquiète peu de ses enfants. C'est dire que les deux villes, l'une située sur le mont Albain, l'autre dans la plaine, sur les bords du Tibre, se déclarent la guerre par suite de mutuels pillages de bergers sur les pâturages qui ne leur appartiennent pas.

Je ne vais pas vous raconter le *combat des Horaces et des Curiaces*. Qui ne connaît ce drame, l'un des plus célèbres de l'antiquité?

Drame suivi d'une autre tragédie, car lorsque Horace rentre dans Rome, fier de sa victoire, sa sœur Camille, fiancée de l'un des Curiaces, éclate en plaintes et en imprécations. Et alors, le farouche vainqueur la frappe de son épée, à l'entrée même de la ville, sur la route qui deviendra la *Via Appia*.

C'était sur cette même voie, à trois milles de Rome, qu'avait eu lieu le combat, et ce champ de bataille est respectueusement conservé par la postérité.

En avant du temple de Vesta, et plus près du Forum, à l'angle du Palatin, voisin du Capitole, Tullus Hostilius fait élever un palais destiné aux séances des sénateurs, dont le nombre est augmenté de plusieurs membres choisis parmi les Albains. *Curia Hostilia*, tel est le nom donné à ce palais du sénat. On y monte par un escalier de plusieurs marches.

Un coup de foudre termine la vie de Tullus Hostilius.

ANCUS MARTIUS, un Sabin, lui succède. On le dit petit-fils de Numa.

Ancus Martius rétablit la religion, fort négligée sous le règne du farouche Hostilius. Il faut même l'avouer, les crimes se multiplient dans Rome, dont la population augmente considérablement et n'est pas composée de citoyens bien civilisés. Aussi le roi fait-il creuser un cachot dans le rocher qui sert de base au mont Capitolin, à l'est, et lui donne-t-il le nom de *Prison Mamertine*, de son nom à lui, Martius, ou plutôt *Mamertius* en langue osque.

Il fait ensuite la guerre aux Latins, jaloux des progrès et de l'accroissement de Rome.

Bien avant le siége de Troie, les Sicules, qui occupaient déjà le centre de l'Italie, avaient fondé les villes de *Tellène*, d'*Apiola* et de *Mugilla*, à trois ou quatre milles de Rome, vers le couchant et à droite de la future Via Appia, en allant vers Albe. Ils les entourèrent de murs cyclopéens qui les rendaient formidables. Néanmoins Tellène, Apiola et Mugilla ne tinrent pas contre les Latins, qui s'en emparèrent, et ceux-ci les perdirent à leur tour devant l'ardeur belliqueuse des Romains, commandés par Ancus.

Leurs habitants sont envoyés à Rome et on les établit sur le mont Aventin.

A la suite de ces victoires, le territoire de Rome s'étend jusqu'à la mer, et Ancus fonde le *port d'Ostie*, à l'embouchure du Tibre, afin de mettre sa capitale en relation avec les contrées riveraines de la Méditerranée.

Dans le but de couvrir Rome contre les attaques possibles des Etrusques, le prince fortifie le Janicule en l'entourant d'une muraille qui le rattache à la ville.

Et, en même temps, il construit, en bois, sur le Tibre, le *pont Sublicius*, au pied de l'Aventin et en face du quartier qui sera appelé Transtevère. Ce pont sera rendu fameux par Horatius-Coclès : mais les premiers Romains l'admirent parce que toutes ses parties se tiennent jointes sans le secours du fer ni d'aucun autre métal.

Croira-t-on que, de ce pont, de nos jours, quand les eaux du Tibre sont basses, on voit encore des pièces de bois debout, quelques-unes réellement bien conservées?

Le pays des Sabins a donné à Rome des rois. Voici venu le tour des Etrusques. C'est de Tarquinies, ville qui préside à la confédération des douze lucumonies étrusques, que vient le cinquième roi de Rome.

Il a nom Tarquin et appartient à la nombreuse famille des *Tarchnas, Tarchvnies*, dont on a fait *Tarquins*.

L'histoire le désigne sous le nom de TARQUIN L'ANCIEN.

Tarquin est venu s'établir à Rome sous Ancus Martius. On raconte même qu'à son entrée dans la ville, avec ses bagages, et sa femme Tanaquil assise à ses côtés sur un char, un aigle, s'approchant de lui, après avoir décrit des cercles au-dessus du char, souleva sa coiffure, et voltigeant à l'entour de sa tête, avec de grands cris, lui remit le bonnet de peau sur le front et s'éloigna. Aussitôt Tanaquil, embrassant son mari, de lui annoncer qu'il sera roi, et roi de Rome.

Le fait est que, une fois citoyen romain, Tarquin devient le confident et l'ami d'Ancus, et que celui-ci lui laisse, en mourant, la tutelle de ses deux fils et l'amour du peuple, qui le proclame souverain.

Aussitôt Tarquin inaugure, dans sa capitale, les pompes et les coutumes de l'Etrurie. Tout d'abord il revêt la longue robe de pourpre des lucumons. Comme eux, il se fait précéder de douze licteurs, armés de haches et de faisceaux de verges; comme eux, il adopte pour siége royal une chaise curule en ivoire, et il institue le *Triomphe*, solennité dans laquelle un vainqueur rentre dans sa ville, assis sur un char attelé de quatre chevaux blancs.

Puis il fait venir nombre d'artisans étrusques. Les uns dessèchent le cratère du Forum, autant marais que lac, et on creuse, pour l'écoulement des eaux provenant des hauteurs voisines, l'immense égout aboutissant au Tibre, qui a nom, de nos jours encore, de *Cloaca-Maxima*. Les autres entourent cette vaste place publique ou marché forain, plus longue que large, et qui s'étend entre toutes les collines, de splendides portiques à plein-cintre, préservant les promeneurs et les affairés du soleil et de la pluie.

Rome est ensuite ceinte de murailles de pierres, qui comprennent déjà les collines du Palatin, du Capitolin, du Quirinal, du Cœlius et de l'Aventin.

Tarquin fonde en même temps les *temples de Jupiter-Capitolin, Junon et Minerve*, pour remplacer, sur la cime orientale du Capitolin, les trois temples étrusques prescrits par les rites de Cœré, et provisoirement juxtaposés sur la plate-forme du Palatin, par Romulus, le premier roi de Rome, soit le fameux *Capitole*.

Bientôt les dieux de l'Etrurie pénètrent dans Rome, comme ses artistes : mais ce n'est pas sans résistance de la part des anciennes divinités, car le dieu de la Jeunesse et le dieu Terme refusent d'abandonner le Capitolin, disent les chroniques. Toutefois, d'après ses prêtres, c'est un signe que le peuple romain ne doit ni vieillir ni jamais voir reculer ses limites.

Tarquin fait la guerre aux Sabins et les soumet. Aussi reçoit-il les honneurs du triomphe et rentre-t-il dans Rome, monté sur un char tiré par quatre chevaux blancs comme ceux du soleil.

Il est assis sur le trône d'Ancus-Martius depuis trente-huit ans, lorsque, un jour, deux pâtres feignent de se prendre de querelle en face de la demeure du roi. On les introduit devant le prince, qui tient à rendre la justice à qui de droit. Mais l'un des bergers lui fend la tête d'un coup de hache, pendant que l'autre explique le motif de la rixe. Ce sont des hommes apostés par les fils d'Ancus qui tirent vengeance de l'usurpation du roi. Celui-ci tombe mort. Les portes du palais sont fermées soudain, et Tanaquil apprend au peuple que Tarquin, légèrement blessé, délègue ses pouvoirs à Servius-Tullius.

SERVIUS-TULLIUS! Quel est ce personnage? Les annales de ces vieux temps sont tellement pleines d'incertitudes, que l'on serait tenté de supposer que ce nouveau roi n'est autre chose qu'un chef étrusque, du nom de Mastarna, qui se rend maître de Rome, mais que les Romains n'avouent pas comme étant leur vainqueur. D'après leurs historiens, Servius-Tullius est le fils d'une esclave, femme du souverain de Corniculum, ville sabine, tombée au pouvoir de Rome. La mère de Servius, de reine était devenue la servante de Tarquin. Toutefois, on raconte que l'enfance de Servius-Tullius est signalée par des prodiges. Ainsi, on a vu des flammes voltiger autour de sa tête pendant son sommeil. Aussi Tanaquil, l'adroite augure, qui affectionne cet enfant, lui assure le pouvoir souverain, à la mort de son mari.

Préparée par des attaches si nombreuses, la domination politique des Etrusques s'établit dans Rome. Un peuple qui leur doit toute sa civilisation est amené naturellement à accepter leurs lois.

D'abord les temples élevés pendant les époques légendaires de Romulus et de Numa, sont étrusques.

Le triple temple de Jupiter-Capitolin est, en tout, conforme aux temples étrusques.

La prison Mamertine, la Cloaca-Maxima, l'émissaire du lac Albano, sont étrusques.

Une des plus belles rues de la Rome nouvelle, qui part du Forum et passe entre le Palatin et le Capitolin, pour aller au Vélabre, est étrusque et s'appelle *Vicus Tuscus*.

Puis, l'enceinte donnée à Rome, par Tarquin l'Ancien, et qu'on avait d'abord supposée d'appareil cyclopéen et attribuée aux Pélasgos, est étrusque, car les fouilles récentes le démontrent.

La science de bâtir est transmise aux Romains par les Etrusques. L'art d'élever des sanctuaires, de les décorer de peintures, de reliefs en terre cuite, de statues dorées qui surmontent les frontons et couronnent l'angle des toitures et les acrotères; les voûtes, les pleins-cintres, tout vient des Etrusques chez les Romains. Aussi donne-t-on, dans Rome, le nom d'ordre *toscan*, au seul ordre d'architecture qui puisse lutter contre les ordres grecs. La teneur des habitations, depuis l'*Atrium*, nom d'une ville étrusque, appartient également à l'Etrurie.

C'est à l'Etrurie que Rome doit les dieux lares, les effigies des dieux, le sénat, ses patriciens revêtus du sacerdoce, les clients, la monnaie de cuivre, le partage duodécimal de l'année, les poids, les mesures, les chiffres, l'agriculture, la navigation, les éperons des navires, les cloches, les trompettes, les flûtes, les moulins à bras, les métiers, les jeux publics, les historiens, les gladiateurs, les funérailles, les festins, les armes, la robe prétexte, les bulles d'or des enfants, le sceptre augural, l'aigle, la chaise d'ivoire, etc.

Tout est tiré de l'Etrurie, à partir de la *Louve* de bronze, symbole si cher aux Romains au point de vue de leur origine, et qui marque, sur le Vélabre, la place où Romulus et Rémus ont été allaités, Louve qui existe encore et que l'on voit au musée du Capitole.

Aussi, les Romains envoient-ils leurs jeunes patriciens faire leur éducation politique et religieuse dans les villes étrusques, à Cœré notamment, tout comme Faustulus, dit la légende, envoya Romulus se former dans la cité de Gabies, semi-étrusque.

Seulement, dans la pensée de sauver leur orgueil national, les Romains prétendent-ils qu'une colonie étrusque est venue à Rome se fixer sur le Cœlius, que son chef, *Cœles*-Vibenna, baptise de son propre nom.

Maître du pouvoir, Servius-Tullius ne se contente pas des fortifications dont son prédécesseur a entouré quelques collines de Rome. C'est le Septimonium tout entier, c'est-à-dire les sept collines historiques, qu'il enveloppe d'un manteau de pierres, dans un circuit de huit milles, étendue que la cité conservera pendant la durée de la République. Déjà Rome était protégée par l'Arx de Romulus, debout sur le Capitole, comme un gardien vigilant. Ancus-Martius, lui aussi, avait construit une citadelle sur le sommet du Janicule, à l'endroit même où fut martyrisé saint Pierre et où l'on a élevé San-Pietro-in-Montorio, et cette Arx se rattachait à la ville au moyen de deux murs en courtine qui descendaient, en élargissant leur enceinte, jusqu'au fleuve, protégeant ainsi le pont Sublicius, qui se trouvait entre les deux murs. Servius-Tullius, pour mieux défendre Rome sur un troisième point, le nord-est, fit disposer un *Agger* ou rempart muni d'un fossé, de cent pieds de largeur sur trente de profondeur, sur la pente orientale du Quirinal. On en voit encore des portions notables dans la *Vigna Barberini*, à l'entour de la maison du fermier, là où l'on admira en leur temps les fameux jardins de Salluste, et près du petit champ, appelé *Campo Scellerato*, où furent enterrées vives, dans une chambre sépulcrale que j'ai visitée, maintes infortunées vestales infidèles à leur vœu.

Ainsi Rome est défendue de trois côtés : au nord, par le Capitole; à l'ouest, par l'Arx du Janicule; au nord-est, par l'Agger de Servius. Le mur d'enceinte passe extérieurement au pied des sept collines, et laisse au-dehors le mont Pincio, le Vatican, et toute la vaste plaine du Champ-de-Mars, où s'élève la Rome moderne.

Ce mur d'enceinte est percé de vingt-trois portes, dans l'ordre suivant, en partant de la rive droite du Tibre. En vous les signalant ici, avec leurs noms, vous remarquerez que les Romains ne donnent jamais aux choses des dénominations sans valeur. Elles expriment toutes une idée qui se rattache au sol, aux rites, aux habitudes, etc.

La *porte Flumentane* ou *Argilète* est la plus voisine du fleuve, et donne accès à la rue de l'Argilète, une des plus belles de la cité, celle qui possède le plus de beaux magasins, et où l'on trouve nombre de libraires.

Vient ensuite la *porte Triomphale*, par laquelle les généraux qui reçoivent les honneurs du triomphe entrent en pompe dans la ville. Elle occupait l'emplacement voisin de l'église de la Bocca della Verita.

Au pied du Capitole s'ouvre la *porte Carmentale*, dont je vous ai déjà parlé, l'une des trois portes de Romulus. On l'appelait aussi *porte Scélérate*, parce qu'elle vit sortir les trois cents Fabius, qui trouvèrent la mort en allant combattre les Véiens.

La *porte Ratumena*, à un autre angle du Capitole, l'angle oriental, reçoit son nom d'un cocher qui, venant de Véies, fut entraîné jusque-là par ses chevaux et y périt, ce qui devint d'un bon augure pour Rome, qui vit dans cet événement la chute de Véies, sa rivale. Le tombeau de Bibulus signale à présent la position de cette porte.

De la Carmentale à la porte Ratumène, du côté du Champ-de-Mars, comme sur son autre face, le Capitole offre alors une roche à pic de plus de cent pieds d'altitude.

Encore à la base du Capitole, plus à l'est, la *porte Catularia*, du mot *catula*, chienne, donne issue pour aller dans un bois consacré à la déesse Robigo, à laquelle on immolait une chienne et une brebis, afin d'obtenir qu'elle préservât les céréales des ardeurs de la canicule.

Au pied du Quirinal, dans la direction du pays des Sabins, s'ouvre la *porte Sanquale*, du mot *sanqualis*, orfraie, oiseau consacré à Sanco, l'Hercule des Sabins.

La *porte Salutare* succède, à l'autre extrémité du Quirinal, là où se trouvent de nos jours les jardins du Saint-Père, et reçoit son nom du temple de la Salute, qui est voisin.

A quelque distance du même Quirinal, il est un champ destiné aux expiations. Pour y conduire, on ouvre la *porte Piaculare*, de *piaculum*, expiation.

Le sommet du Quirinal possède aussi une entrée qui s'appelle *porte Colline*, près de la Porta Pia actuelle. C'est le côté de plus facile accès dans Rome. Aussi, c'est là que commence l'Agger de Servius-Tullius.

Néanmoins, c'est par cette porte que, le 18 juillet de l'an 365, Brennus et ses Gaulois pénètrent dans la ville.

C'est aussi près de cette même porte qu'Annibal, en 545, vient camper dans le but de s'emparer de Rome.

Au milieu du même Agger, à la base du Viminal, se présente ensuite la *porte Viminale*, dont on voit quelques débris près des Thermes de Dioclétien.

Le mont Esquilin a aussi sa *porte Esquiline*, à l'extrémité de l'Agger, à peu près à l'endroit occupé de nos jours par l'Arc Galien.

En tournant ensuite vers le Cœlius, on rencontre la *porte Metia*, qui reçoit ce nom d'un chef albain, Metius, traître envers Rome, dans la guerre que faisait alors Tullus-Hostilius aux nationalités latines, et qui subit un cruel châtiment.

C'est par cette porte, de mauvais augure, que les criminels sont conduits à la mort, dans la vallée qui sépare l'Esquilin du Cœlius.

Paraît ensuite la *porte Querquetolane*, ainsi désignée à cause des chênes, *quercus*, très nombreux, qui verdoient dans cette même vallée. On en retrouve des traces près des églises modernes de San-Pietro et San-Marcellino.

A cette entrée de Rome succède la *porte Cœlimontana*, au pied du

Cœlius : l'hôpital Saint-Jean-de-Latran actuel est à peu près le lieu qu'elle occupait.

La *porte Fontinale* vient ensuite, sur le versant oriental du Cœlius. On l'appelle ainsi à cause des *fêtes Fontinalia*, que l'on célèbre le 18 octobre, dans la plaine, hors de cette issue, en couronnant les puits et les fontaines.

Près de la ville actuelle de Marino, se trouve encore un bois de *Ferentinum*, sacré du temps des Romains primitifs, et dans lequel on rencontre une source où fut précipité, par Romulus, un chef latin qui refusait de se soumettre à l'autorité du prince. La porte qui ouvre de ce côté et conduit de Rome au bois sacré de Ferentinum, au pied du mont Albain, reçoit la dénomination de *porte Ferentine*.

Nous nous rapprochons du Tibre, car voici venir la *porte Capène*, du nom des Muses, *Camœnœ*, qui ont un temple et un bois sacré assez près de là. L'emplacement de la porte Capène a été témoin du meurtre de Camille par son frère Horace; et c'est à partir de cette porte que commencera bientôt la tant célèbre Voie Appienne, qui conduira jusqu'à l'extrémité de la presqu'île italique.

Elle est située au pied du Cœlius, et se trouve encore à peu près debout.

Au pied d'un mamelon qui fait partie de l'Aventin, se montre la *porte Nœvia*, du nom d'une petite forêt voisine.

Puis vient la *porte Rudusculane*, mot qui signifie *bronze*, parce qu'on plaça, en cet endroit, le buste en métal d'un Romain qui s'exila volontairement pour ne pas accomplir la prédiction de l'oracle annonçant qu'il serait roi, si jamais il rentrait dans la ville.

Porte Lavernale, d'un autel consacré à Laverna, déesse des voleurs et des filous, était le nom de la vingtième porte, près de l'Aventin.

Et sur une sorte de crique ou port du Tibre, appelé *Navalia*, au pied de l'Aventin, *porte Navale*.

Sur la rive gauche du fleuve encore, *porte Minuccia*, du nom d'une famille qui avait élevé plusieurs monuments en cet endroit.

Et enfin, entre le Tibre et l'Aventin, en face de la caverne de Cacus, près de l'Arc Salara, la *porte Trigenina*, du nom des trois Horaces.

Aux abords de la rive droite du Tibre, nulle trace de portes; et cependant on estime qu'il devait s'en trouver au moins trois : deux sur le fleuve, à l'extrémité des courtines, et une autre au sommet du Janicule, là où s'élevait l'Arx d'Ancus-Martius.

Peut-être ces détails sont-ils bien étendus : mais pourtant, cher lecteur, dans le but de vous mettre sous les yeux la grande cité de Rome, la future capitale du monde, et de vous faire juger sa forme première, ses développements ensuite, et plus tard ses magnificences, il est indispensable de vous la montrer d'abord dans son état de nudité primitive, dans ses langes ensuite, et enfin dans sa beauté pittoresque.

Car Rome offre déjà la physionomie la plus pittoresque. Ses collines se couvrent de temples et d'édifices noyés dans la verdure des bois sacrés. Voici que s'enlace autour de sa taille une ceinture de murailles montant, descendant, se hissant sur les protubérances du sol ou se plongeant dans les ravins des vallées.

Puisque je vous ai signalé les portes ouvertes dans l'enceinte de Servius-Tullius, pourquoi ne vous désignerais-je pas les ponts qui commencent à chevaucher sur le fleuve?

C'est d'abord le *pont Sublicius*, situé au pied de l'Aventin, dont je vous ai parlé, et qui met cette colline et le Janicule en communication avec la grande partie de la ville sise sur la rive droite.

C'est ensuite le *pont Palatin*, aujourd'hui Ponte-Rotto, en face du Palatin. On le construit en pierres, en l'an 573, ce qui montre que le pont en bois dit Sublicius, est pendant longtemps l'unique moyen de communication entre les deux rives.

Plus tard, seront édifiés d'autres ponts : nous en parlerons en temps et lieu.

Une des constructions qui appartiennent encore à Servius-Tullius, c'est le *Tullianum*, qui prend le nom de son fondateur.

Dans la pensée d'arrêter l'essor des crimes, vols, meurtres et rapines qui se multiplient dans Rome, au fur et à mesure que s'accroît sa population, composée des peuples vaincus et souvent très disposés à la vengeance, Servius-Tullius, sous la *prison Mamertine* que vous savez, fait creuser le rocher jusqu'à une profondeur de douze pieds. Il ne donne d'autre accès à ce noir cachot qu'une ouverture ronde, pratiquée dans la voûte. C'est dans cette sinistre prison que seront jetés les condamnés à mort : c'est là qu'on les étranglera. Puis leurs cadavres seront retirés avec des crocs et exposés sur les marches d'un escalier qui gravit le Capitole.

Les *Gémonies*, du mot *gemere*, gémir, telle sera la dénomination de cet escalier destiné à l'exhibition des cadavres, escalier que l'on appelle souvent *Centum Gradus*, les cent degrés.

Quant à la prison Mamertine et au Tullianum, le peuple les nomme en les réunissant dans sa pensée, *Latomiæ*, c'est-à-dire Carrières.

Combien d'illustres personnages viendront terminer là leur existence! Le roi Jugurtha y mourra de faim! Séjan, le favori de Tibère, y sera étranglé! Persée, roi de Macédoine, y sera décapité! Les complices de Catilina y subiront tous le dernier supplice!

Et saint Pierre, le prince des apôtres, le fondateur de notre religion divine, sera longtemps enchaîné dans la profonde obscurité de ces murailles sans écho, comme sans lumière. C'est là que le premier évêque convertira ses deux geôliers, Processus et Martinianus...

Il ne suffit pas à Servius-Tullius de mettre un frein aux désordres de son peuple : il veut aussi rallier au pied des autels les différentes nationalités latines, vaincues et soumises par ses prédécesseurs. Il sait que le temple de Diane, à Ephèse, est un centre commun où les Grecs de toutes les contrées de la Hellade se confondent dans une concorde parfaite. Il imagine alors, par esprit d'imitation, d'édifier, sur le plateau de l'Aventin, un *temple de Diane* qui, lui aussi, devien dra un sanctuaire fédéral. Tous les peuples du Latium seront conviés à venir prier sous ces voûtes sacrées, élevées à frais communs, et, en effet, bientôt le temple profile sa riche façade et ses masses imposantes sur l'éther bleu dans lequel nagent les cimes de l'Aventin.

Telle est la dernière œuvre de Servius-Tullius.

Il vient de mettre fin à une guerre contre les Etrusques et les Véiens, en partageant leurs terres aux plébéiens déshérités. Rendus jaloux, les patriciens conspirent contre ce prince, que le peuple chérit. Aussi, un jour, tandis que la plèbe est aux champs, pour la moisson, et alors que le vieux roi préside le sénat dans la Curia Hostilia, il voit venir à lui l'un de ses gendres, Lucius Tarquin, surnommé l'Orgueilleux, le Superbe. Fils de Tarquin l'Ancien, Lucius a épousé Tullie, une des filles de Servius, aussi impérieuse que lui-même. Tarquin-le-Superbe apparaît revêtu des insignes de la royauté, que l'on accuse Servius de vouloir convertir en République. Le monstre saisit le prince débile, le pousse, le précipite du haut du perron de la Curie, et le fait égorger par ses complices. En même temps, Tullie, fille dénaturée, accourt pour saluer roi son époux criminel. Mais elle rencontre le cadavre de son père, que les meurtriers traînent dans la poussière. A cette vue, elle donne l'ordre à celui qui conduit son char d'écraser sous les roues le corps inanimé de l'infortuné vieillard.

La rue voisine du Forum où se consomme cet affreux parricide, reçoit dès-lors le nom de *Via Scelerata*, et un horrible souvenir reste désormais attaché à ce théâtre d'un crime sans nom. Après s'être appelée ensuite *Vicus Virbius*, cette rue infâme porte le nom de *San-Francesco-di-Paola*.

A un roi généreux succède un odieux tyran, TARQUIN-LE-SUPERBE.

Avant tout, le prince défiant se fait entourer d'une garde qui veille sur ses jours. Puis, en flattant les passions des sénateurs, il obtient d'eux de pouvoir gouverner sans souci des lois et de la justice.

Dans la pensée d'affermir son autorité, il cherche l'alliance des étrangers. C'est ainsi qu'il donne sa fille en mariage à Manilius, dictateur de Tusculum.

A vrai dire, jusqu'à ce moment les Latins ne sont que des alliés. Tarquin en fait des sujets et les condamne au servage.

A l'orient de Rome, il est une ville latine qui a nom *Gabies*. La nature lui a donné un lac et des carrières de pierre d'une grande beauté. Mais l'art a gratifié cette ville d'un célèbre *temple de Junon*, dont on admire encore les ruines. Or, Gabies menace de se révolter contre la tyrannie de Tarquin, malgré la présence de l'un des fils du roi. Effrayé, le jeune prince fait consulter son père. Tarquin ne répond pas, mais il conduit l'envoyé dans son jardin, et là, tout en se promenant, il fait tomber avec une verge les plus hautes têtes des pavots. Le fils comprend le terrible apologue du père, et décapite les plus notables habitants de la ville.

Cependant les grands ouvrages commencés dans Rome par l'art étrusque ne sont pas encore achevés. Tarquin, qui aime la splendeur, fait venir les plus habiles artisans, et on termine le Capitole d'abord, puis les égouts. C'est alors que, dans les fouilles de la colline du Capitolin, on trouve une tête fraîchement coupée, sur le front de laquelle on lit : *Caput Tolli*. Est-ce un rite mystérieusement accompli? Ne serait-ce pas plutôt une imagination du nouveau roi pour donner occasion aux augures de déclarer que le nouveau temple sera la tête du monde. En tout cas, de Caput Tolli on a fait *Capitole*.

Ce sanctuaire de marbre blanc, surmonté d'une élégante toiture de tuiles d'or resplendissant au soleil, dont la façade regarde entre l'orient et le midi, qui a trois nefs à l'extrémité desquelles se montre la *Cella*, occupée par les trois divinités romaines, debout sur le sommet de la colline, dresse dans les airs son faîte élancé. Mais il sera détruit plusieurs fois par le feu. Néanmoins la statue d'or de Jupiter, *Optimus-Maximus*, y rentrera toujours, avec celles de Junon à sa droite, et de Minerve à sa gauche, en ivoire, dans de nouveaux temples de plus en plus magnifiques.

Domitien le fera reconstruire une dernière fois avec un tel luxe de matières précieuses que, par sa richesse et sa grandeur, ce sanctuaire deviendra le premier temple du monde païen. Détruit enfin par les Barbares, le catholicisme le remplacera par la modeste église d'*Ara Cœli*, l'autel du ciel.

C'est dans les murs de la Cella que, chaque année, le grand-prêtre enfoncera, en grande pompe, le *clavus annalis*, dans le but de compter les années écoulées par celui des clous plantés ainsi dans les édifices religieux.

On dépose ensuite dans ce temple la lance, *quiris*, symbole de Mars, la statue de la Jeunesse, et l'image du dieu Terme, *Terminus*, représenté par une pierre brute.

A l'entour du temple s'étend une place vide, *Area*, fermée par un mur, et dans laquelle se trouvent des objets d'art, tels que deux statues colossales en bronze, puis celles de Jupiter et d'Hercule, cette dernière par *Lisippe*, etc.

Mais, pour élever cet édifice, il a fallu d'énormes murailles de soutènement, que l'on voit encore. On a profité des vides de ces murs, pour établir de vastes caveaux. C'est dans l'un d'eux, et enfermés dans un coffre de pierre, que l'on transporte du Janicule, où ils avaient été déposés d'abord, les fameux *Livres Sibyllins*, recueil de phrases obscures où l'on s'ingéniait à trouver un sens prophétique.

Une prophétesse, la Sibylle de Cumes, croit-on, vient un jour, sous les traits d'une bien vieille femme, offrir à Tarquin-le-Superbe de lui vendre neuf livres. Tarquin refuse. La Sibylle jette au feu trois de ces volumes. Puis, elle demande la même somme pour les six autres livres. Tarquin refuse encore, et la Sibylle brûle trois autres volumes. Etonné, le roi achète les trois derniers livres, au prix qu'exige la Cumaine, et les confie à la garde de deux patriciens.

Un jour que l'empereur Auguste voudra consulter ces Livres Sibyllins et savoir s'il doit paraître dans le monde un personnage plus haut placé que lui, le voilà qui descend dans les caveaux où sont cachés ces mystérieux volumes. Mais, alors, dans l'obscurité se produit l'image du soleil, entouré d'un grand cercle lumineux, et au centre il montre une femme d'un aspect majestueux, qui tient un enfant dans ses bras. En même temps, une voix s'écrie : « *Hæc est Ara Cœli!* » Cette vision aura lieu précisément au moment de la naissance du Sauveur. Auguste en consacrera le souvenir en élevant un autel sous le titre de *Ara Primogeniti Dei.* Aussi, actuellement, au même lieu, se trouve un autel chrétien, et le temple de Jupiter est devenu l'église Ara Cœli.

Cependant des signes menaçants effraient la famille de Tarquin. Afin d'aviser aux moyens d'apaiser les dieux, le roi envoie ses deux fils et son neveu Brutus, qui, pour échapper aux soupçons du tyran, contrefait l'insensé, consulter l'oracle de Delphes.

— Quel est le fils du roi Tarquin dont la tête recevra la couronne de son père?... demandent les jeunes ambitieux.

— Celui-là, répond la Pythonisse, qui, le premier, embrassera sa mère...

Brutus a compris le sens caché de l'oracle : il se laisse choir et baise la terre, notre mère commune. Adroit et rusé déjà, pour toute offrande, notre jeune voyageur a fait hommage aux prêtres d'un bâton grossier. Mais pendant que ses cousins rient de l'offrande du pauvre fou, lui, Brutus, se gausse de leur niaiserie, car le bâton est creux, et il dissimule le lingot d'or qu'il tient enfermé.

Revenus à Rome, nos pèlerins apprennent que Tarquin fait le siége d'Ardée, capitale des Rutules. C'est une ville fondée par Danaé, fille d'Acrisius, roi d'Argos, au milieu d'une contrée fertile, mais assise sur une roche volcanique d'une hauteur de cent pieds, qui la protège contre toute attaque, car le roc est taillé à pic, d'accès difficile, et ses habitants sont pleins de bravoure. Encore à présent, on y retrouve une grande partie des murs de ses premiers fondateurs.

Les opérations du siége traînent donc en longueur, et les fils du Superbe cherchent dans les plaisirs et les jeux à tromper les ennuis de la guerre. Un soir, dans la tente de l'un deux et autour de la table du festin, les voilà qui se disputent sur le mérite de leurs femmes. Aussitôt on propose de monter à cheval et d'aller les surprendre dans leurs demeures, afin de juger chacune d'elles. D'abord on court à Rome. Là, on trouve les princesses au milieu des joies d'une fête. On se rend ensuite à Collatie, autre cité fondée par les rois d'Albe-la-Longue, à l'orient de Rome, et à moitié détruite par Tullus-Hostilius. On en voit encore de nos jours de notables ruines. A Collatie, Lucrèce, épouse de Tarquin-Collatin, file au milieu de ses suivantes et veille aux soins domestiques. Elle est alors proclamée la plus sage. Mais cette vertu même fait naître une pensée coupable dans le cœur de Sextus, l'un des fils du roi de Rome. La nuit suivante, il quitte Ardée de nouveau, revient seul et armé à Collatie, et fait violence à la chaste Lucrèce. Celle-ci se tue pour ne pas survivre à son déshonneur.

Mais le sang de l'infortunée victime retombe sur la tête des Tarquins. En apprenant l'attentat, Brutus s'empresse de mettre fin à cette abominable tyrannie. Il proclame la République. Puis, portant à Rome, au milieu même du Forum, le corps sanglant de Lucrèce, il appelle à la vengeance le sénat, que Tarquin a humilié, qu'il a décimé; il soulève le peuple, qu'il a écrasé d'impôts pour satisfaire son amour de l'or et faire face à ses dépenses. Enfin, il déclare Tarquin déchu; il décrète son exil et celui de sa famille. Puis courant à Ardée, il en ramène les légions, qu'il convie à la rébellion, et poursuit Tarquin jusque chez les Etrusques.

C'en est fait du dernier roi de Rome! La République remplace le règne du tyran.

Nous sommes en l'an 510 avant J.-C., et c'est le moment où, dans la Hellade, Athènes se délivre de la tyrannie des fils de Pisistrate.

III

Ce que font les peuples quand ils expulsent leurs rois. — Origine de l'île du Tibre. — La vérité sur Rome et ses prétendus triomphes. — Rome vaincue, soumise et domptée par les Etrusques. — Brutus, premier consul. — Victoire du lac Régille. — Deux peuples dans Rome, patriciens et plébéiens. — Lutte incessante. — Valerius Publicola. — Le peuple sur le mont Sacré. — L'armée sur l'Aventin. — Institution des tribuns du peuple. — Spurius-Cassius et la loi agraire. — Les Fabius sur la Cremera. — Coriolan et les Volsques. — Rome sauvée par une mère. — Les Romains bloqués par les Osques. — Le dictateur Cincinnatus. — Victoires et triomphes. — Succès des plébéiens. — Le rôle de Sicinius Dentatus. — Lois des douze tables. — Appius Claudius le décemvir. — Virginius et Virginie. — Censeurs. — Tribuns consulaires. — Furius Camillus. — Temple de la Concorde. — Le Tubularium. — Siège et prise de Véies. — Les Gaulois en Italie. — Imprudence des Romains. — Les Gaulois dans Rome. — Comment des oies sauvent le Capitole. — *Væ victis!* — Les Romains sous les fourches caudines, dans la guerre avec les Samnites. — Victoires définitives. — Les grandes voies de l'Italie. — Mœurs romaines, etc.

Les peuples sont partout les mêmes. Une révolution se fait-elle chez eux, ce ne sont pas seulement les souverains qu'ils expulsent, c'est tout ce qui appartient à ces maîtres disgraciés qu'ils saccagent, qu'ils brûlent, qu'ils détruisent. Et avec quelle rage, avec quelle fureur!

La plaine qui entoure le Champ-de-Mars et le Marais de la Chèvre, ou plutôt le Champ-de-Mars lui-même, composent le domaine, un domaine de vingt mille pieds de circonférence, des rois de Rome, qui le cultivent pour leur entretien et à leur profit. Or, on est en pleine moisson, lorsque les Tarquins sont chassés de Rome. Aussi, les biens des rois confisqués et leur palais livré aux flammes, — les Tarquins demeuraient sur l'Esquilin, — le peuple furieux se précipite vers leurs terres. Il en arrache tous les produits, légumes, plantes et céréales, et les jette dans le Tibre, qui passe à côté. Embarrassé de ces dépouilles, le fleuve pénètre dans la ville sans trop d'obstacle : mais la masse des gerbes rencontrant ensuite, au troisième tiers de son parcours dans la cité, un atterrissement quelconque, s'arrête, s'accumule, et s'empare du milieu du Tibre. En y pourrissant, elle y forme une agglomération qui, peu à peu, à l'aide d'alluvions successives, compose une île, l'*Isola Tiberina*.

Puis, viendra un jour, en 461, la peste désolant la ville de Rome, où l'on enverra des ambassadeurs à Epidaure, dans le Péloponèse, pour en ramener Esculape, le dieu de la médecine. Esculape sera véhiculé sur un navire. Ce dieu, — un affreux serpent! — s'échappant du vaisseau, se réfugiera dans l'île du Tibre. Dès-lors cette île lui sera consacrée, et pour perpétuer la mémoire de l'événement, on donnera à l'île la forme d'un navire, à l'aide de pierres de taille disposées avec le plus grand art. Du côté de la poupe, à l'endroit choisi par le serpent, *temple à Esculape*. Au centre, *obélisque* représentant le mât d'un vaisseau. A la proue, autre *temple de Faune*, dieu champêtre, frère de Latinus, ancien roi du Latium. Au milieu, adossé à l'obélisque, édicule en l'honneur de Jupiter. N'oubliez pas que, dans Rome, généralement les temples ont fort peu d'étendue.

C'est dans cette île que les Romains mettront à mort les pauvres esclaves atteints de maladie, et que l'on emprisonnera ceux qui seront condamnés à la peine capitale.

Notez que, de nos jours, les revêtements en pierres de taille de l'île et les sculptures qui imitent la poupe d'un navire, existent encore à la pointe de l'île. Ils sont bien un peu ensablés au moment des grandes crues, mais on en voit assez pour s'assurer que le récit des historiens n'est pas une fable.

Ce qui est une fable, par exemple, et cela va vous étonner, lecteur, habitué que vous êtes aux racontages naïfs du *De Viris*, c'est la fin de la légende royale de Rome.

L'orgueil des Romains était porté à sa dernière puissance. Ils ne pouvaient convenir d'avoir jamais été vaincus et soumis par un peuple quelconque. Et cependant, plus on étudie à fond l'histoire, plus on arrive à se trouver convaincu que les trois derniers rois de Rome, qui étaient Etrusques, n'ont été rois que... parce qu'ils avaient dompté les Romains et s'étaient emparés de leur capitale.

Comment! Rome devient peu à peu une cité formidable, maîtresse du Latium, dont elle absorbe les nationalités sabines, osques, herniques, samnites, volsques, rutules, marses, etc., et les Etrusques, leurs voisins, très civilisés déjà, qui possèdent en Italie douze lucumonies et autant de *lars* ou chefs, lucumonies dont une partie est au nord, mais une autre partie au sud, c'est-à-dire au-delà du territoire romain; les Etrusques, dis-je, les laisseront, les auront laissé faire, en leur donnant en outre la prime de leurs lois, de leur religion, de leurs arts, de leurs connaissances?

Non, non, certes! Rome, à peine fondée, est devenue une ville étrusque, étrusque par la religion, la civilisation, les arts, et, avouez-le donc, Romains, et aussi... par la conquête!...

Ce n'est pas amoindrir le génie latin que de reconnaître qu'il a reçu une éducation, subi un joug, accepté des modèles. La vitalité et l'originalité de la race latine ont survécu à ces épreuves. Bien mieux, en les traversant, elles ont grandi.

En effet, Rome réagit bientôt. Aussi absorbera-t-elle enfin l'Etrurie, comme elle absorba le Latium, comme elle absorbera la Grèce. Sa gloire sera-t-elle donc diminuée pour avoir subi des maîtres avant de devenir la souveraine du monde?

Comment s'est opérée la conquête étrusque? impossible de le

savoir, les historiens de Rome y ont mis obstacle. Ce que l'on peut dire, c'est le fait général, à savoir que Rome a fait partie de la confédération étrusque, sans perdre pour cela sa vie propre et sa nationalité, ce qui est le bienfait des confédérations.

Tarquin l'Ancien d'abord, puis Mastarna, ce fils de la reine esclave Oxiadra, chef de bandes qui prit le nom de Servius-Tullius, et enfin Tarquin-le-Superbe, ne furent donc pas, comme le prétendirent les Romains, des aventuriers heureux obtenant le trône coup sur coup, quoique étrusques, par le suffrage libre du peuple : ils furent des maîtres imposés par la puissante ville de Tarquinies, qui présidait alors à la confédération.

Mais le crime de Sextus Tarquin produit la réaction dans Rome. La vue du cadavre sanglant de Lucrèce décide l'expulsion des Etrusques, et Tarquin-le-Superbe est contraint de se réfugier à Cœré, avec ses deux fils.

Rome, cependant, n'a pas été capable jusque-là de vaincre complètement les Osques et les Herniques. Elle n'a pas su résister aux Sabins. Le Latium, c'est-à-dire les deux cent soixante-douze kilomètres carrés de ce pays, — à peine l'un de nos départements, — elle ne le possède pas tout entier. Comment donc pourra-t-elle résister aux Etrusques, que l'expulsion des Tarquins va mettre en rumeur?

Heureusement pour la jeune République, les Etrusques sont travaillés par des idées nouvelles que leur suggèrent le bien-être, le luxe, le goût de la mollesse et l'amour des plaisirs. La constitution séculaire de leurs lucomonies s'altère. Des guerres civiles s'élèvent au sein de leurs cités les plus florissantes, Tarquinies, Véïes, Clusium, Ruscellæ, Vulcinies, Cosa, Vulie, etc. Les Romains le savent, et le lien fédéral se relâchant, les troubles qui en suspendent l'action leur paraissent favorables.

Lorsque les portes de Rome lui sont fermées et que l'armée si bien organisée par Servius-Tullius se tourne contre lui, Tarquin s'adresse aux lars des lucumonies, mais il ne peut obtenir que l'appui de Véies et de Tarquinies.

Dès-lors il attend, dans l'impatience, pendant que la République romaine s'installe et se forme, et que les premiers consuls, Junius Brutus et Tarquin-Collatin, gouvernent avec le sénat et les patriciens la turbulente population de Rome.

L'année suivante, la rébellion des Romains ayant apaisé les dissensions des Etrusques, leur armée, forte de tous ses contingents, vient placer son camp au pied de l'Aventin et assiége Rome. C'est le lars de Clusium, Porsenna, qui est à la tête de l'expédition.

Vainement, hélas! l'orgueil romain se révolte, et vainement les historiens, dissimulant leur honte amère, nous montrent :

Mutius Scœvola pénétrant dans le camp des Etrusques, afin de mettre fin à la guerre, en immolant Porsenna;

Clélie s'indignant d'être aux mains des ennemis de sa race, comme otage, et persuadant à ses compagnes de risquer tous les périls pour recouvrer leur liberté; Clélie s'échappant du camp des Etrusques à la tête des autres jeunes filles, et traversant le Tibre à la nage, sous une grêle de flèches ennemies;

Horatius Coclès défendant, seul, l'entrée de Rome, à la tête du pont Sublicius, que l'on coupe derrière lui, contre l'armée entière des assiégeants;

Vainement, pour mieux égarer l'opinion de l'avenir, le sénat et les consuls font dresser des statues aux deux premiers de ces héros, sur le Forum-Romanum, et, sur la Voie-Sacrée, qui le traverse, l'effigie équestre en bronze de l'ardente Clélie;

Rome est prise, trop bien prise, car Porsenna lui dicte des lois, et la soumet au joug de ses exigences...

Les Romains, dans leurs annales, ne disent mot, pendant longtemps, de ce revers néfaste. Toutefois viendra un jour où ils avoueront, — il est vrai que ce sera sous l'empire, — ils avoueront, dis-je, que le sénat de Rome fut contraint d'envoyer à Porsenna le trône d'ivoire, le sceptre, la couronne, la robe de pourpre, en un mot les insignes de la royauté.

D'autre part, Tacite, le véridique annaliste, en déplorant l'incendie du Capitole par la faction de Vitellius, s'écriera que jamais semblable profanation n'avait été commise ni par les Gaulois ni par les Etrusques, *lorsque Rome avait été prise par Porsenna.*

Pline est plus explicite encore : *Dans le traité que Porsenna fit avec Rome,* dit-il, *il y a une clause expresse par laquelle les Romains s'engagent à renoncer à l'usage du fer, excepté pour cultiver la terre.*

Dès-lors, laissant aux Romains la liberté de se gouverner comme ils l'entendent, et ne voulant pas mettre obstacle aux communications entre les deux confédérations étrusques du centre et du sud de la Péninsule, en se faisant un ennemi du peuple romain, Porsenna renonce à leur imposer Tarquin, qu'il abandonne aux regrets de sa déchéance, et il s'éloigne.

Je ne vais pas raconter ici ce qu'il fallut de temps à Rome pour réparer un désastre aussi terrible, ni entrer dans les détails de l'histoire de la République romaine; cet ouvrage n'y suffirait pas. Je me contente de signaler à votre attention, lecteur, les faits principaux, ceux qui peignent le mieux le caractère des premiers Romains de cette époque.

Par exemple, quelle inflexibilité d'âme dans ce Brutus, qui, prévenu par l'esclave Vindex de la conspiration de ses propres fils en faveur des Tarquins, étouffe dans son cœur les sentiments de la nature, pour n'écouter que la voix du devoir, et qui, en présence d'une foule émue et silencieuse, tout en pleurs, mais admirant ce grand acte de soumission à la loi, fait décapiter ses enfants sous ses yeux. Puis, quand le juge a rempli sa mission, le consul redevient père et s'abandonne à sa profonde douleur. Dans la solitude de sa demeure, il sanglote aux pieds de l'image de la Patrie, sur les dépouilles sanglantes de ses fils. Il les suit bientôt dans la tombe, du reste.

Sorti avec l'armée romaine, afin de repousser les partisans de Tarquin, qui les a recrutés dans le Latium, et qui descend du mont Albain, Brutus rencontre les ennemis sous les murs d'Aricie. Soudain le consul se précipite à la rencontre d'Aruns, fils de Porsenna, qu'il voit au premier rang. Hélas! il tombe mortellement blessé; mais, en même temps, Brutus transperce son adversaire de son glaive.

Si jamais vous allez à Rome, lecteur, vous irez aussi visiter ses alentours. Vous verrez donc Aricie. Or, à l'entrée orientale de cette ville, vous rencontrerez un monument funèbre fort ancien. C'est le *tombeau d'Aruns*. Très original dans son architecture étrusque, ce monument ressemble parfaitement au tombeau de Porsenna, que l'on vit longtemps à Clusium, — Chiusi actuel, — et que Pline a décrit.

A la tête des clans du Latium que lui amène son gendre, Octavius Mamilius, dictateur de Tusculum, Tarquin cependant se livre à un dernier effort. Aussi, en voyant ces vieux ennemis que Rome a déjà fait plier sous son joug, au moins en partie, les citoyens réunis en légions demandent à grands cris le combat. Un nouveau consul, Aulus Postumius, les conduit donc à travers les châtaigniers et les pierres volcaniques de Tusculum sur les pentes du mont Algide. De là, les légionnaires aperçoivent à leurs pieds, sur les talus de la montagne, auprès du lac Régille, que, de nos jours, les ajoncs convertissent en marais, l'armée des Tarquiniens, des Véiens et des tribuns du Latium. La bataille s'engage, les trompettes sonnent, les flèches sifflent, les boucliers se choquent. Le sol est disputé pied à pied; mais enfin, la *victoire du lac Régille* appartient aux Romains. Le dernier fils de Tarquin succombe, et le maître de la cavalerie romaine est aussi compté parmi les morts. C'en est fait de la couronne du vieux roi. Blessé dans l'action, Tarquin renonçant à tout pouvoir se réfugie auprès du tyran de Cumes, et c'est là qu'il achève sa misérable vieillesse et qu'il obtient un tombeau, dont on voit encore quelques traces.

Dirai-je que Rome, à grand'peine délivrée des Etrusques, doit ensuite combattre contre les Sabins? Elle en triomphe; mais ces guerres sans fin, faites avec l'argent et le sang des plébéiens, les épuisent, leur créent des dettes et les conduisent à la ruine, et de la ruine à l'esclavage, car un créancier, chez les Romains, peut faire un esclave d'un débiteur. Les dettes les mènent même à la mort, puisque, d'après la loi, plusieurs créanciers peuvent égorger un débiteur et s'en partager le cadavre.

Avouons-le de suite : dans Rome, il y a deux peuples, les *patriciens* et les *plébéiens*. Les premiers sont les descendants des fondateurs de la ville, les fils des compagnons de Romulus et de Tatius. Ils forment le peuple souverain, *populus*, et, réunis sur le Forum, ils font les lois, décident de la paix ou de la guerre, nomment les magistrats et jugent en dernier ressort. Mais comme l'assemblée générale ne peut se réunir à chaque instant, on a institué une assemblée particulière ou *sénat*, qui veille aux intérêts de la cité et qui se compose des chefs des familles patriciennes, ou *gens*, famille. Les seconds, c'est-à-dire les plébéiens, *plebs*, populace, sont les anciens habitants des lieux où Rome s'est élevée, des hommes attirés dans le bois de l'Asile, des gens du voisinage qui ont fui les pays où ils avaient des dettes, où ils avaient commis des crimes, des vaincus transportés dans la ville, qui vivent à l'abri de ses murs et ne prennent aucune part aux affaires publiques, ne votent pas, ne peuvent arriver aux magistratures.

Aussi la division qui sépare le *populus* de la *plebs*, les patriciens des plébéiens, est si profonde, qu'il est interdit aux plébéiens d'épouser des patriciennes, et *vice versa*. De sorte que presque toute l'histoire intérieure de Rome se rapporte aux efforts faits par les plébéiens pour obtenir l'égalité avec les patriciens.

Pourtant les gens pauvres peuvent se mettre sous la protection de familles patriciennes, dont alors ils deviennent les *clients*, et à la fortune desquelles ils s'attachent. Ainsi, sur le champ de bataille, le client doit défendre son patron : à la ville, il lui fait cortége. A son tour, le patron défend son client en justice, lui explique la loi, le soutient de son crédit, et même lui donne un petit champ sur ses terres.

Néanmoins les plébéiens jalousent les patriciens, et le *plebs* est en rivalité constante avec le *populus*.

Vous montrerai-je le vertueux Valérius, surnommé *Publicola*, parce qu'il aime et favorise la plèbe, devenant consul à son tour? Ce magistrat intègre fait construire une maison sur le Capitolin. Mais s'apercevant bientôt que les tours en péperin de cette demeure patricienne, qui dominent le Forum, blessent les yeux de la foule, et qu'on suppose qu'il veut en faire une forteresse pour opprimer la liberté publique, en une nuit, Publicola rase son palais et descend dans la plaine pour y édifier une habitation moins orgueilleuse.

Réduits à végéter dans Rome et à vivre de privations, bientôt les plébéiens refusent de s'enrôler dans les légions. Pour les y contraindre, le sénat crée un nouveau pouvoir sans contrôle et sans limites : c'est celui de la *Dictature*. Le dictateur ne paraît que précédé de vingt-quatre licteurs, tandis que le consul n'en a que douze. Ces licteurs, dans l'enceinte même de Rome, gardent les haches de leurs faisceaux, ce qui veut dire que le dictateur est un maître souverain qui a droit de vie et de mort, sans appel.

Nous atteignons l'an 493 avant notre ère. Le succès de Rome au lac Régille a rendu les patriciens plus durs vis-à-vis des plébéiens. Aussi, que fait le bas peuple? il se retire sur le *mont Vélia*, qui reçoit à cette occasion la dénomination de *mont Sacré*, à quelques milles de la cité, sur les rives de l'Anio. L'armée quitte l'enceinte de Rome, à l'exemple de la plèbe, et s'empare de l'Aventin, où elle se retranche. Heureusement, un homme de bien, Ménénius Agrippa, va droit aux révoltés, et grâce à l'apologue des *Membres et de l'Estomac*, il ramène le peuple à de sages idées, et sa fable réconcilie les patriciens avec les plébéiens.

A cette démonstration, toutefois, les derniers gagnent l'institution de la magistrature des *Tribuns du Peuple*. Ces tribuns, désormais, n'auront qu'à opposer leur *veto* pour faire suspendre les décisions du sénat défavorables à la vile multitude.

Puis, Spurius Cassius, un citoyen trois fois consul et triomphateur, présente la première *loi agraire*, qui a pour but d'assigner des terres aux déshérités de la fortune. Mais le sénat s'insurge contre les prétentions de Cassius, l'accuse d'aspirer à la royauté en adulant la foule, et lui inflige le supplice des verges et de la hache.

C'est une défaite pour les plébéiens. Toutefois, un revers cruel ramène pour eux l'occasion d'un succès. Les *Fabius*, c'est-à-dire trois cent six hommes de ce nom qui composent la *gens* ou famille *Fabia*, avec quatre mille de leurs clients, sortent de Rome, un matin, par la porte Carmentale. Ils se dévouent pour aller combattre les Véïens sur les rives de la rivière *Cremera*. Mais, vainqueurs d'abord, les Fabius tombent ensuite dans une embuscade où ils laissent tous la vie. Un seul, un enfant resté à Rome, empêche l'extinction de cette race de héros. C'est de ce jour fatal que l'on donne à la porte Carmentale le surnom de *Porta Scelerata*.

Tous ces traits d'une énergie sauvage et surhumaine, d'un courage porté jusqu'au fanatisme et d'une fermeté sans égale des Brutus, des Horatius Coclès, des Mutius Scœvola, des Clélie, des Ménénius, des Publicola, des Fabius, etc., démontrent ce que l'on doit attendre d'une race d'hommes aussi énergiquement trempée que celle du peuple romain.

Cependant les tribuns du peuple profitent de la douleur publique, pour accuser de trahison le consul Ménénius, qui, se trouvant près de la Cremera, n'a rien fait pour sauver les victimes des Véïens. Ensuite, d'autres tribuns, Volero et Létorius, obtiennent que les assemblées du peuple par *tribus* pourront rendre des décrets appelés *plébiscites*, qui deviendront obligatoires pour tous les citoyens, patriciens aussi bien que plébéiens.

Ce sont là des luttes domestiques qui ne feront que s'accroître et se perpétuer. Mais de l'extérieur aussi voici venir de nouveaux dangers.

Un patricien du nom de Mucius, plus volontiers appelé *Coriolan*, parce qu'il a franchi le premier les murs de *Corioles*, à la prise de cette ville au pays des Volsques. Coriolan croit avoir bien mérité de la patrie et demande fièrement le consulat. Offensé, le peuple refuse de l'élire. Alors le candidat dédaigné intrigue pour ruiner le tribunat. Grande colère des tribuns! Coriolan est condamné à l'exil. Où le farouche patricien porte-t-il ses pas? Chez les Volsques, les ennemis de Rome, les vaillants qu'il a vaincus. Aussitôt, guidant les hardis maraudeurs des monts *Repini*, l'irascible Mucius fait de fréquentes incursions sur les terres abandonnées aux plébéiens; il brûle leurs moissons, il incendie leurs maisons. Puis, à la tête des hordes volsques, le voici qui marche sur Rome, sans qu'une seule légion l'arrête, et il place son camp à cinq milles de la ville natale. Hélas! la grande rumeur de la guerre n'étouffe pas la voix de la liberté. Les plébéiens jettent leurs armes devant l'ennemi : ils voient les consuls, les prêtres des dieux et les matrones en deuil aller implorer la clémence de l'inexorable soldat. C'est en vain que Rome essaie de le fléchir; Rome va périr! Mais non. Le cœur indomptable de Coriolan s'ouvre enfin devant les larmes de Volumnie, son épouse, et de Véturie, sa mère. Il pardonne à sa patrie. Il pardonne; mais rentré chez les Volsques, il meurt supplicié par ceux qu'il a enrichis des dépouilles de ses frères.

— Mieux vaut mourir, en effet, s'écrie-t-il, car l'exil loin de son pays est trop dur pour un vieillard!...

A côté de la Voie Appienne, à cinq milles de Rome, on signale les vestiges du campement des Volsques et de Coriolan. Ces ruines se nomment *Roma Vecchia*.

Peu après, les Osques bloquent dans leurs repaires le consul Minucius et ses légions. Qui donc aura le courage de courir sus à ces audacieux montagnards? On nomme tout bas Cincinnatus.

A l'occident de Rome, au-delà du Tibre, dans la plaine qui s'étend entre le fleuve et les rampes du Vatican et du mont Mario, là où s'étendent les terrains offerts à Horatius Coclès, pour le récompenser de sa bravoure, là où seront dressés les promenoirs de la vertueuse Agrippine, femme de Germanicus, où s'étaleront les jardins et le cirque de Caligula, son fils, cirque qui appartint ensuite à Néron, et que cet empereur rougit de tant de sang chrétien; là enfin où s'élèvera la métropole du catholicisme, la merveilleuse basilique de Saint-Pierre, un soir, par les lourdes chaleurs de l'été, un homme en simple robe, blanc de poussière, mouillé de sueur, laboure péniblement le sol. Mais il s'arrête tout-à-coup, étonné. Des Romains de la ville, députés par le sénat, s'approchent de ce rustique personnage qu'ils saluent avec respect, et lui demandent de sauver Rome.

— La patrie est-elle donc en danger? répond-il.

Et il entre aussitôt dans sa demeure champêtre, et, avec l'aide de sa femme, échangeant la tunique du laboureur contre la toge de laine blanche du citoyen :

— Que veut de moi le sénat? demande-t-il en se présentant de nouveau.

Les députés le saluent *maître du peuple,* et le proclament dictateur.

Le soir même, Quinctius Cincinnatus marche contre les Osques. Par d'habiles manœuvres il réussit à les envelopper, et enfin les fait tous passer sous le joug. Puis, rentré dans Rome, le vaillant dictateur reçoit les honneurs du triomphe, suivi de l'armée qu'il a sauvée, suivi du consul qu'il a délivré. Enfin, le seizième jour de sa dictature, il dépose son pouvoir et retourne à ses champs délaissés.

Les *champs Quinctiens,* tel est le nom du domaine d'un héros dont on rappelle encore la gloire, après vingt siècles passés.

C'est en 457 que se passe ce drame mémorable.

Ces guerres du dehors sont entremêlées de luttes au-dedans.

Vous avez vu les plébéiens se défendre énergiquement contre les patriciens : maintenant vous allez les voir passer de la résistance à l'attaque.

En 450, ils obtiendront l'égalité civile;

En 367, l'égalité politique;
En 339, l'égalité judiciaire;
Enfin, en 302, l'égalité religieuse.

Jusque-là, pas de lois. Les usages, les coutumes sont le point de départ admis. Mais en 461, le tribun Terentillus Arsa demande un *Code de lois*. Le sénat refuse, et surtout le patricien Céson, fils de Cincinnatus.

A la tête des jeunes nobles romains, Céson, sur le Forum, se remue tant et si fort qu'il rend impossible l'autorité tribunitienne. Un jour, il blesse à mort un vieillard plébéien, dans la rue **Suburrane**. La populace s'émeut : Céson sera condamné aux Gémonies; mais il s'échappe et se réfugie dans l'Etrurie. Pour payer l'amende qui lui est imposée, le vénérable Cincinnatus rend tous ses biens et ne garde que ses champs Quinctiens. Mais, dans l'ombre, Céson s'associe au Sabin Hordonius, et, une nuit, avec quatre mille bannis, n'ont-ils pas l'audace de s'emparer du Capitole? Le consul populaire Valérius reprend la forteresse; la mort l'arrête dans sa victoire. On le remplace par Cincinnatus, et alors, dans son esprit de réaction, celui-ci pendant longtemps s'oppose à la proposition Terentilla.

Mais il y a dans Rome un vieux centurion qui a pris part à cent vingt batailles : aussi est-il criblé de quarante-cinq blessures. Il a suivi neuf triomphes, tué neuf ennemis en combat singulier; le peuple le chérit, et l'armée l'a décoré de quatre-vingt-trois colliers, de cinquante bracelets d'or, de dix-huit lances d'honneur, de vingt-cinq harnais de guerre. Il a nom Sicinius Dentatus.

Un matin, on le voit s'avancer lentement sur le Forum, blême, sanglant, décharné. Il annonce d'une voix tremblante que dans la guerre contre les Sabins, il vient d'avoir sa maison brûlée, sa récolte et son petit troupeau pris par les ennemis. Puis il ajoute que l'usure de ses créanciers, cette harpie impitoyable, après s'être emparée de son corps, n'en a fait qu'une plaie sous le fouet des esclaves... Chacun est avide de voir l'infortuné centurion : on compte en frémissant ses blessures; on baise avec respect cette noble poitrine : le vieux soldat mutilé est porté en triomphe; on nomme Sicinius Dentatus tribun du peuple.

Tout d'abord Sicinius Dentatus fait condamner deux consuls à l'amende; puis il demande de nouveau le Code de lois.

Cette fois, le sénat cède. Aux ides de mai 450, dix personnages, presque tous consulaires, entrent en charge, sous le nom de *Décemvirs*. A la fin de la même année, les *Douze Tables de Lois* sont placées sur le Forum, pour être soumises au jugement du peuple entier. Dans ces lois, Rome de 448 s'y réfléchit avec ses murs de terre et ses toits de chaume, telle qu'elle se réfléchissait au début dans les eaux du Tibre. On y revoit sa population agricole, pastorale et à demi barbare. C'est-à-dire que dans ces lois on retrouve les vieilles coutumes de Rome ou de l'Italie primitive, mêlées à quelques emprunts faits à la législation des villes de la Grèce :

« Si quelqu'un commet un vol de nuit, et qu'il soit tué, le meurtrier ne sera passible d'aucune peine. Si le vol se fait de jour et qu'on saisisse le larron, qu'il soit battu de verges et livré à celui qu'il volait, pour devenir son esclave.

» Si le voleur est un esclave, après l'avoir battu de verges jusqu'au sang, qu'on le précipite du haut de la Roche-Tarpéienne.

» Si quelqu'un coupe méchamment ou par vengeance les arbres d'autrui, qu'il paie vingt-cinq livres d'airain par chaque arbre.

» Que celui qui entre de nuit dans un champ, pour égrener ou couper les récoltes, qu'il soit pendu à un arbre, s'il est pubère.

» Le mari pourra répudier sa femme, si elle boit du vin, si elle cause tout bas avec une affranchie, si elle assiste aux jeux à l'insu de son époux, ou si elle franchit nu-tête le seuil de sa demeure.

» Qu'il subisse la loi du talion, celui qui casse un membre à un autre, ou qu'il s'arrange avec le blessé.

» On bâillonnera le parricide avec une longe de cuir, on le coudra dans un sac avec un chien, un singe et des serpents; il sera traîné sur le bord de l'eau par des bœufs noirs, et on le précipitera dans le Tibre.

» Le peuple élira des *questeurs*, pour connaître des causes capitales. Ils pourront punir de mort : ceux qui tiennent des assemblées nocturnes; les traîtres à la patrie; les faux témoins, etc.

» Point de dépenses dans les obsèques; point de lamentations dans le deuil... Qu'on se garde bien de tailler le bois du bûcher funèbre... Défense aux femmes de pousser des cris immodérés... »

Que signifiaient de telles lois dans de pareilles circonstances?...

Parmi les décemvirs sortants, car les membres du décemvirat devaient être renouvelés, se trouve Appius Claudius, homme souverainement orgueilleux et farouche. Il combat la candidature de Cincinnatus et de Capitolinus, et cherche des suffrages pour lui-même, bien que, comme président des *Comices* ou assemblées du Forum, il ne puisse être réélu.

Ses nouveaux collègues, gens obscurs, quelques-uns plébéiens, subissent son ascendant. Précédés de leurs cent vingt licteurs, ils semblent tous des souverains au milieu d'un cortége royal. Ces décemvirs de récente création publient bientôt deux nouvelles tables de lois que Cicéron, dans ses écrits, signale comme très iniques. Aussi le peuple demeure-t-il stupéfait. Puis, l'année révolue, les décemvirs ne parlent nullement d'abdiquer.

Rome s'était-elle donc donné des maîtres?

Survient une guerre imprévue. Les Sabins d'Eretum et les Osques marchent sur les frontières du territoire. Le sénat est convoqué.

Un patricien populaire, Valérius, se lève, et malgré Appius qui lui refuse la parole, dénonce la conjuration des décemvirs contre la liberté.

— Ce sont les Valérius et les Horatius qui ont chassé les rois, s'écrie Barbatus; leurs descendants ne courberont pas la tête sous des Tarquins!...

Les décemvirs l'interrompent : ils le menacent de la Roche-Tarpaïenne. Mais les conseils timides ont le dessus, et à la fin de cette orageuse séance, dix légions sont confiées aux décemvirs.

On les divise en deux armées : les ennemis les battent honteusement l'une après l'autre.

Dans l'une de ces armées, Sicinius Dentatus a combattu : mais il ne dissimule pas sa haine. Que font les décemvirs? Ils l'envoient choisir l'emplacement d'un camp; et pour l'accompagner, une escorte de soldats est chargée de l'assassiner. Dentatus succombe, mais il ne meurt qu'après avoir égorgé quinze de ses meurtriers.

Un autre crime met le peuple de Rome en fureur.

Appius Claudius charge un de ses clients de réclamer, comme son esclave, Virginie, fille de l'un des plébéiens les plus remarquables de l'armée. Virginius est prévenu à temps du danger qui menace son enfant. Il accourt. Qu'on juge de la tempête qui éclate dans le Forum, lorsqu'on y voit arriver la jeune Virginie, vêtue de noir et toute en larmes, entre le brave centurion, son père, et son fiancé, le tribun Scilius! Ils demandent justice au peuple. Quoi! un infâme Appius, n'ayant pu séduire la fille du soldat, la fait réclamer, comme esclave, pour la déshonorer? La foule est immense et s'agite en désordre. Calme et fier sur son tribunal, autour duquel étincellent les haches de ses cent vingt licteurs, le plus odieux des hommes, le président des Comices, le tyrannique Appius brave le peuple de son regard altier. Puis, d'une voix tonnante, il adjuge à son complice l'infortunée Virginie, qui appelle en vain à son secours les deux protecteurs de sa famille. Mais alors Virginius, pâle, haletant, le regard plein d'éclairs, s'écarte un moment : il court s'emparer d'un couteau sur l'étal d'un boucher placé sous les galeries du Forum, et marchant droit à sa fille qui gémit, il la frappe au cœur, en s'écriant qu'il l'aime mieux morte que déshonorée.

Puis, protégé par le peuple, il s'échappe et va rejoindre l'armée campée sur le mont Algide.

Ce coup de couteau de Virginius tue les décemvirs. A la vue dsang de la jeune et innocente vierge, la multitude, hommes, femmes et enfants s'enfuient de Rome, et tous vont, en courant pendant trois milles, chercher une seconde fois refuge sur le mont Sacré.

En même temps, Virginius, par ses larmes, par le sang qui le couvre, par le récit que ses lèvres articulent avec rage, soulève les soldats.

Heureusement les patriciens ne sont pas assez insensés pour soutenir les décemvirs. Abandonnés de tous, ces hommes misérables sont contraints d'abdiquer. Deux sénateurs aimés du peuple sont envoyés aux plébéiens. Valérius et Horatius promettent à la plèbe le rétablissement du tribunat et du droit d'appel, avec une amnistie pour ceux qui ont pris part à la révolte. A ces conditions, les plébéiens rentrent dans la ville, et la concorde, une fois encore, est rétablie.

Appius est alors cité en justice par Virginius : mais le coupable n'attend pas son jugement, il se donne la mort dans son cachot.

Les autres décemvirs sont envoyés en exil.

La loi des Douze Tables établit enfin l'égalité civile entre les deux ordres de l'Etat. On crée alors la *censure*. Une partie des fonctions consulaires sont données, en 444, pour cinq ans d'abord, puis pour dix-huit mois, à deux magistrats nouveaux, les *censeurs*. Cette charge devient la première de Rome; aussi est-elle confiée aux plus illustres personnages. Les censeurs établissent le *cens*, c'est-à-dire le dénombrement des citoyens; ils règlent les classes des ordres, dressent les listes du sénat et des chevaliers, veillent au maintien des bonnes mœurs, font la police de la ville.

Les prérogatives militaires du consulat sont données à trois, quatre et six généraux, qui prennent les noms de *Tribuns consulaires*. Les plébéiens mêmes peuvent devenir tribuns consulaires. Du reste, la plèbe marche à grands pas vers l'égalité politique.

En effet, surviennent Licinius Stolon et Sextius, qui, véritables réformateurs, demandent et obtiennent le partage du consulat entre les deux ordres. Le sénat adhère, et Sextius est le premier consul plébéien.

A cette occasion, Marcus Furius Camillus voue un *temple à la Concorde*, au pied du Capitole, au-dessous du Tabularium et en face du Forum. C'est ainsi que les Romains personnifient les choses les plus abstraites. Ce temple sera reconstruit en marbre sous les empereurs. Il servit, tel que l'édifia Camille, aux réunions du sénat, et ce sera dans son enceinte que Cicéron fera condamner le révolutionnaire Catilina. Les Barbares le feront tomber un jour : mais il en reste encore son dallage de marbre blanc et deux gradins en pierre de *Pietrasanta*.

Je viens d'écrire le mot *Tabularium*. Or, le Tabularium est l'édifice que l'on construit tout exprès pour servir de sanctuaire aux Douze Tables de la loi, aux décrets du peuple, aux actes publics, le tout gravé sur des tablettes d'airain. C'est un immense palais composé de deux galeries superposées et à jour du côté du Forum, et placé immédiatement au-dessous de l'Intermontium du Capitole. Il est décoré de colonnes doriques engagées, en pierre tiburtine ou travertin, et en pierres de Gabies. La description en est rendue plus facile, car ce monument existe encore en grande partie. Les substructions que voit le visiteur sont anciennes et parfaitement conservées. Elles servaient de base au Tabularium. On trouve encore debout une arcade entière du portique inférieur, et on peut suivre la trace de presque toutes les autres. Ce portique est pavé en gros polygones, comme les rues antiques de la ville, car il servait jadis de communication d'un côté à l'autre du Capitole. Le portique supérieur a disparu sous de nouvelles constructions. Il n'y avait à l'époque ancienne que deux accès pour atteindre le Capitole, un de chaque côté du Tabularium. A droite, la voie conduisait à l'Intermontium par une montée à lacets, comme celle qui la remplace aujourd'hui : c'était le *Clivus Sacré*, ou *Clivus de l'Asile*. A gauche, la montée se soudait à la *Voie Sacrée*, et c'était là le *Clivus Capitolinus*, qui servait aux triomphateurs, pour aller rendre grâces de leurs victoires au temple de Jupiter-Capitolin. L'escalier des Gémonies était à deux pas de ce dernier Clivus. Aussi dit-on encore, comme on disait sans doute alors : Les gloires et les honneurs du Capitole sont bien voisines des Gémonies et de la Roche-Tarpéienne ! La Roche-Tarpéienne faisait et fait encore le pendant des Gémonies, de l'autre côté du Capitole, toujours en face du Forum.

De ce que nous avons dit jusqu'à présent, voici la conclusion :

Sous les rois, Rome se compose de deux portions de peuples, étrangères l'une à l'autre ; sous la République, ces deux portions de peuple deviennent deux ordres distincts d'un même Etat.

Mais la loi de Licinius Stolon et de Sextius les transforme en un seul et même peuple, le *Peuple romain*.

Après cette métamorphose commence la grandeur de Rome, et cette grandeur durera autant que Rome elle-même.

Nous avons dit quelque part, et rien n'était plus vrai :

TANTÆ MOLIS ERAT ROMANAM CONDERE GENTEM !

Maintenant, le territoire de Rome est voisin du territoire de Véïes, importante cité de l'Etrurie, dont la puissance égale la sienne.

A l'est, il est limitrophe des Sabins, qui tentent rarement quelque incursion au-delà de l'Anio.

Mais les Osques ou Eques, montagnards pauvres et par-là même avides, prétendent vivre aux dépens des habitants de la plaine. Aussi descendent-ils, chaque année, par les collines boisées de l'Algide, afin de rançonner les terres du Latium et de moissonner les champs de Rome et des Latins.

Au sud, les Volsques occupent des villes importantes, et ils sont en quête de motifs de guerre : l'expédition de Coriolan a démontré ce que l'on peut attendre d'eux.

Pour les mâter et les tenir à l'écart, Rome fait un traité avec les Marses et les Herniques, qui deviennent ainsi le rempart de son territoire.

Et cependant ces peuples ennemis arrivent de temps à autre en vue de l'enceinte de Rome, les Véïens, par exemple, jusque sur le Janicule, après l'échec des Fabius sur les rives de la Crémera. Les Osques et les Volsques, partout où ces envahisseurs flairent une proie. Les Sabins même surprennent une fois le Capitole.

Mais que sont ces luttes, pour Rome? Une occasion d'exercer son ardente jeunesse et de connaître les ennemis qu'elle doit vaincre. Aussi commence-t-elle à donner plus d'attention sérieuse à la guerre du dehors et à frapper des coups plus assurés.

D'abord, en 436, Tolumnius, roi de Véïes, est immolé par un tribun militaire, Cornélius Cassius. A lui donc les secondes dépouilles opimes.

En 406, la brillante cité d'Anxur, — Terracine d'à présent, — tombe au pouvoir de Rome.

En 404, Véïes, toujours en hostilité contre la République, est assiégée par Camille, qui voue un *temple à Junon Véïenne*, sur l'Aventin, s'il triomphe de la résistance de cette ville. Comme le siége de Troie, le *siége de Véïes* dure dix ans. C'est le premier grand fait d'armes des Romains.

Mais le lac d'Albe déborde, au milieu des chaleurs de l'été. Sinistre augure! Rome périra si les eaux arrivent à la mer. On les divise en cent canaux; le sol absorbe les eaux, Rome triomphera. Rome triomphe en effet, car Camille fait creuser une mine qui aboutit au temple même de Junon. Il n'y a plus qu'une dalle à soulever, lorsqu'on entend l'aruspice du sanctuaire s'écrier:

— Le vainqueur sera celui qui offrira sur l'autel les entrailles de la victime!...

— A moi la victime! tonne Camille, qui se précipite dans le sanctuaire, effraie les croyants et achève le sacrifice.

Immense butin. Peuple de Rome convié au pillage. Véïens vendus à l'encan. Ruine complète de la ville rivale de Rome.

Et du haut de la citadelle, Camille contemple avec orgueil la grandeur de la cité qu'il vient de soumettre. Mais, soudain, l'*Imperator* se voile la tête... Il prie les dieux de détourner de la République et de lui-même les peines réservées à tant de prospérité. Il heurte une pierre en ce moment, et il tombe... Mais, se relevant joyeux :

— Les dieux sont satisfaits, dit-il, cette chute expie ma victoire !

Camille monte au Capitole sur un char attelé de quatre chevaux blancs, blancs comme les coursiers d'Apollon, et la statue de Junon Véienne suit, d'elle-même, dit la légende, les jeunes chevaliers, revêtus d'habits de fête, qui la conduisent sur le sommet de l'Aventin, où l'attend son temple.

De ce temple, plus rien. L'Aventin est de nos jours le point le plus désert de Rome !

Dans cette guerre contre Véies, pour la première fois les légions romaines restent pendant l'hiver sous les drapeaux et reçoivent une paie fixe. Jusqu'alors, c'était le butin, le pillage et les contributions de guerre qui servaient de solde.

Mais par leurs démêlés avec l'Etrurie, et en s'occupant ensuite des affaires de leurs voisins, les Romains attirent sur leur tête une violente tempête.

Trop pressés dans la Haute-Italie et n'ayant pas des terres en suffisance, trente mille Gaulois, établis sur les bords du Pô, franchissent l'Apennin et viennent demander aux Etrusques le sol que ne peuvent labourer leurs charrues. Les habitants de Clusium les accueillent à coups de frondes, et Rome étant déjà quelque peu leur souveraine, ils lui demandent son secours. Trois patriciens de la famille Fabia, la plus altière de la cité, vont au-devant des Gaulois et interpellent le brenn avec une arrogance qui change la sympathie des étrangers en violente colère. Alors l'un des Fabius, oubliant son **titre d'ambassadeur**, endosse sa brillante cotte de mailles et se mêle aux guerriers de Clusium pour combattre les Gaulois. Ceux-ci demandent qu'on leur livre le perfide Romain, et sur le refus de l'armée d'Etrurie, s'avancent incontinent vers Rome.

Rome tremble. Les Romains se lèvent néanmoins. Ils **prétendent** arrêter la marche de l'ennemi. Mais de toutes parts on les effraie. Ceux qui ont vu les Gaulois vantent leur haute taille, leur force prodigieuse, représentent comme terribles leurs armes de cuivre. Aussi tout fuit devant eux. On se réfugie dans les bois. Les gens des villes les regardent passer au loin du sommet de leurs tours. La terreur est à son comble.

— Ennemis de Rome, amis de toutes les autres villes! hurlent ces hommes à demi sauvages.

Cependant les Romains sont embusqués derrière l'*Allia*, petite rivière sortie des collines de Crustumère, et qui vient se jeter dans le Tibre, à l'orient et à quelques milles de Rome. Cérémonies religieuses, aruspices, prières dans le camp des Romains. Mais les Gaulois s'inquiètent bien des rites étrusques avant le combat! Ils poussent leur cri de guerre à la vue des soldats de Rome, et heurtent soudain les légions avec une telle furie que les Romains se débandent. La *bataille de l'Allia* est perdue. Les légionnaires se réfugient, en courant, à Véies les uns; les autres, au pas de charge, vont à Rome, et montent au Capitole, majestueux et fiers. C'est par leur silence que l'on apprend que tout est perdu, ainsi que l'a proclamé, dans les ténèbres, une voix mystérieuse sortie d'un bois sacré.

Personne dans la Curia Hostilia! Pas un homme d'armes dans les rues! On ne songe même pas à fermer les portes... Partout désespoir et morne accablement!

Heureusement le brenn et ses hordes ne paraissent pas encore.

La nuit passée, on se rassure. On se hâte alors de porter dans le Capitole les ornements sacrés des temples, les choses saintes, tout ce que possède de plus précieux chaque citoyen. Le sénat s'y enferme. Les vestales transportent processionnellement, en voiles blancs, le Feu-Sacré à Cœré. Les autres pontifes refusent de s'éloigner.

On attend ensuite. Plus personne dans la ville, du reste : les habitants se sont tous enfuis dans les campagnes voisines. Hélas! le soir même, alors que les derniers rayons du soleil rougissent le Tibre, on entrevoit, galopant sur sa rive gauche, des cavaliers dont les selles sont ornées de têtes sanglantes attachées par les cheveux. Puis rien. C'est une simple reconnaissance.

Mais, le lendemain, au point du jour, inimaginable tumulte à la porte Colline... Ce sont les Gaulois qui envahissent la cité.

Rues et carrefours déserts. Nos ancêtres s'avancent pas à pas, cauteleusement, en soldats prudents qui redoutent quelque embûche. Arrivés enfin sur le Forum, au pied du Capitole, ils lèvent la tête. Le soleil fait étinceler les armes des sentinelles... Temps d'arrêt.

Quelques bandes tentent bien le pillage; mais effrayées du grand silence qui plane, et comme en proie à une terreur superstitieuse, elles regagnent la vaste place du Forum. Toutefois des chefs ont avisé, béantes, des maisons de belle apparence. Ils franchissent le seuil de ces demeures. Là, ils se trouvent face à face avec des vieillards, en robes de pourpre, immobiles comme les siéges curules qu'ils occupent, muets, l'œil fixe, majestueux et sombres. Emus, les Gaulois les contemplent, indécis. Puis, l'un d'eux, pour s'assurer qu'il n'a pas affaire à une statue, passe sa main sur la barbe du personnage qu'il admire. Papirius, — c'est le nom du patricien, — le frappe violemment de son sceptre d'ivoire...

— Ce sont des hommes, et non des dieux !... s'écrient nos pères.

Et soudain commence un indescriptible massacre, une boucherie sans nom, que suit le pillage, avec ses épouvantes. Les maisons saccagées et les temples profanés, l'incendie se répand. Rome est en flammes, ses maisons brûlent, les murailles s'écroulent...

Quel horrible spectacle du haut du Capitole : l'agonie de la patrie !

Le *siége du Capitole* se fait; l'investissement du Capitolin est complet. Et cependant, chaque matin, un jeune flamine, son voile de pourpre au vent, descend de la citadelle, portant dans ses mains les objets du culte, traverse les longues rangées de tentes des Gaulois, sans souci des rires, des clameurs et des menaces, et, s'avançant au milieu des ruines fumantes, gravit le Quirinal pour y offrir le sacrifice, puis remonte au Capitole avec la même gravité.

Comme les sauvages, les peuples barbares sont fins et subtils, lorsqu'ils marchent dans les sentiers de la guerre. Par une nuit noire, les Gaulois entendent un clapotement du Tibre qui ressemble au bruit d'un homme qui traverse les eaux à la nage. Au crépuscule, ils observent les pentes du Capitolin voisines du fleuve, et, sur la roche à laquelle s'appuie la porte Carmentale, ils reconnaissent l'empreinte de pas humains. Bien plus, ici, voilà des terres éboulées; là, des herbes et des arbrisseaux fraîchement arrachés. Devinant que le Capitole est en communication avec le dehors, le brenn donne des ordres, et, la nuit suivante, si les Romains n'avaient pas dormi, ils auraient vu une longue ligne de fantômes escaladant en silence l'escarpement de la colline et s'acheminant vers le Capitole.

Déjà les Gaulois atteignent les créneaux du rempart extérieur, lorsqu'il survient un incident. Il y a là, derrière la muraille, des chiens employés d'ordinaire à la garde des temples. Ils sont couchés devant la porte de celui de Junon-Moneta. A quelques pas, sont entassées des oies consacrées à la déesse. Les Gaulois jettent du pain aux chiens, qui à demi morts de faim, depuis le siége, font aussitôt ripaille. Tenues éveillées par le même besoin, les oies se précipitent sur le pain qu'elles disputent aux chiens. Mais cette orgie ne se fait pas sans que les oies ne la trahissent par de tels battements d'ailes, et des cris si furibonds, qu'en un instant tout ce qui vit et respire dans le Capitole ne soit sur pied et n'accoure aux remparts.

Manlius se met à la tête des Romains. Il abat d'un coup de hache la main d'un Gaulois qui déjà pénètre dans la forteresse; avec son bouclier il repousse dans le vide un autre assaillant. Aussitôt ceux qui suivent, accablés par une grêle de pierres et de traits, les audacieux assiégeants roulent les uns sur les autres, se repoussant mutuellement, et tombent morts ou blessés à la base du rocher.

Rome est sauvée! Manlius reçoit, comme récompense, le surnom de

Capitolinus, et désormais, tous les ans, pour célébrer cette délivrance, des oies seront portées en triomphe à une cérémonie publique, tandis que de pauvres chiens seront livrés à de cruels tourments.

Rome est sauvée! mais elle paie bien cher l'insolence de l'ambassadeur Fabius, à Clusium. Elle est contrainte par le brenn et ses Gaulois, qui s'écrient ironiquement : « *Væ victis!* » à donner mille livres pesant d'or, à faire nourrir ceux qui la ruinent, et à leur fournir des bœufs et des chars pour emporter les produits du pillage et les dépouilles des citoyens.

Aussi, combien ce nom de Gaulois donnera de frissons au peuple romain, et, dans la suite, quelles ne seront pas les épouvantes de Rome, lorsqu'elle entendra dire qu'il se fait, en Gaule, un *Tumultus Gallicus*, c'est-à-dire que les Gaulois menacent l'Italie d'une invasion !

Hélas! cette guerre des Gaulois contre Rome ne rappelle-t-elle pas d'une façon frappante l'invasion de la France par les Prussiens, et les désastres qu'eut à subir notre bien-aimée patrie?...

La plus grande honte dans le traité fait avec les Gaulois, c'est que les Romains, dans la ville qu'ils vont reconstruire, devront laisser toujours une porte ouverte, en mémoire de la valeur gauloise. Aussi Sulpitius, en subissant un tel opprobre, est-il mal venu à reprendre le brenn sur la façon dont il tient les balances qui pèsent les mille livres d'or. En guise de réponse, le fils des Celtes ajoute aux poids son épée de cuivre et son lourd baudrier, et c'est alors qu'il prononce son fameux : *Væ victis!* Malheur aux vaincus!...

Qu'était donc devenu le bouillant Camille, pendant ces désastres? Il était loin de sa patrie, et quand il arrive et qu'il voit Rome brûlée, ses maisons en cendres, ses temples détruits, et, dans les rues, des cadavres putréfiés, des monceaux de ruines, etc., il annule le traité, il ordonne aux alliés de fermer leurs portes et d'attaquer les bandes ennemies. La plupart sont, en effet, taillées en pièces. Néanmoins nombre de ces incommodes étrangers se maintiennent dans les montagnes de la Sabine, à Tibur, d'où, pendant cinquante ans, ils prennent part à presque toutes les guerres que Rome entreprend pour relever sa puissance.

C'est alors que se passent les deux faits d'armes de Manlius-Torquatus, combattant avec gloire contre un Gaulois géant, sur les rives de l'Anio, et lui enlevant la vie et son collier d'or, *torques*, ce qui lui vaut le surnom qu'il porte; et de Valérius *Corvus*, se signalant par une victoire et une récompense semblables, tandis que sur son casque se place un corbeau, *corvus*, qui déchire de son bec le visage du Barbare.

Les malheurs de Rome entraînent la défection des Latins, que la République a traités avec hauteur, au temps de sa prospérité. Les légions semblent avoir perdu leur intrépidité première. Heureusement le consul Décius Mus, en se dévouant comme victime aux dieux de la patrie, et en se précipitant avec fureur, la tête voilée, au milieu des bataillons ennemis, à la *bataille de Véséris*, au-dessous du Vésuve, relève le courage des Romains et leur fraie le chemin de la victoire. Le Pays-Latin se range de nouveau sous les lois de Rome, qui étend alors ses conquêtes jusqu'à l'Adriatique. Ces événements se passent en 338.

Cependant la Campanie, l'une des plus riches provinces méridionales de l'Italie, se met sous la protection de Rome. De ses villes nombreuses, Naples et Capoue sont celles qui jouissent de la plus grande prospérité. Mais Cumes, où est mort Tarquin-le-Superbe, a perdu son éclat depuis que l'astucieux tyran Aristodème a favorisé la noblesse pour régner plus despotiquement.

Le désir de posséder tout entière cette opulente Campanie fait entreprendre aux Romains la *guerre du Samnium*.

Les Samnites, peuple montagnard et sauvage de l'Apennin, habitué à la guerre défensive, s'étendent jusqu'à l'Adriatique. Ils se sont rendus redoutables à leurs voisins qui cultivent les riches plaines situées au pied des monts et de la mer. Des hauteurs du Tifata, ces terribles maraudeurs menacent Capoue, et c'est alors que les Campaniens, déjà battus, implorent le secours de Rome.

— Refuserez-vous, disent les ambassadeurs, de secourir ceux qui vous appartiennent? La Campanie se donne à vous!...

Le sénat romain accepte, et alors commence cette guerre qui n'aura pas moins de soixante-dix ans de durée. Les Samnites la soutiennent avec un grand courage, mais elle devient aussi pour les Romains une excellente école.

Toutefois, un jour, leur armée se trouve renfermée par les ennemis dans le défilé de Caudium. Le vieux père du général samnite conseille alors ou d'accorder aux Romains une paix honorable pour gagner leur amitié, ou de frapper sans pitié tous les soldats pour porter à Rome un coup mortel. Les Samnites n'osent prendre un parti extrême : ils se bornent à offenser ignominieusement leurs ennemis en les forçant à subir les *Fourches Caudines*, c'est-à-dire à passer tous sous un soliveau placé très bas en travers du chemin, et à conclure une capitulation honteuse.

Mais le sénat romain livre aux Samnites les consuls qui n'ont pas reculé devant un tel opprobre, annule le traité, et nomme pour dictateur Papirius Cursor, qui lave dans le sang des ennemis l'affront qu'ont éprouvé les armes romaines.

Peu après, Publilius Philo bat de nouveau les Samnites, pénètre dans l'Apulie, dont il fait la conquête, et retrouve dans Lucérie six cents otages donnés par les Romains, à Caudium, et les armes et enseignes perdues aux Fourches Caudines. Pontius-Hérennius, général samnite, est pris lui-même, et, à son tour, passe sous le joug avec sept mille des siens.

En 303, les Samnites demandent et obtiennent la paix.

Ces victoires sont suivies de la défaite et de la soumission définitive des Osques ou Éques et des Herniques, ces pillards que leur voisinage, plus que leurs forces, rendait si dangereux pour Rome.

Dès-lors, Rome n'a plus d'ennemis à ses portes. On le croit du moins, quand, tout-à-coup, on apprend dans la ville que plus de cent mille hommes, Etrusques, Ombriens et Sabins, au nord, puis les Gaulois de Tibur, — Tivoli, — et les Samnites, dans le sud, avec d'autres encore, se soulèvent dans une vaste conspiration contre leurs vainqueurs, et s'avancent dans les plaines de Sentinum, ville de l'Ombrie.

Les légions d'accourir. Le choc est terrible. L'armée romaine fléchit, et ses ennemis de chanter victoire ! Mais, soudain, le consul Décius Mus, digne fils du Décius Mus de la bataille de Véséris, s'arrête, et du haut de son coursier, prononçant une formule sacrée, se dévoue et se lance au plus épais de la mêlée. En même temps l'autre consul, Fabius Rullianus, entoure les Barbares, et les Romains gagnent cette nouvelle *bataille de Sentinum*.

La coalition est dissoute, mais la guerre ne se termine que par la *victoire d'Aquilonie*, dans le Samnium, où les *soldats du Lin*, c'est-à-dire seize mille Samnites liés par des serments sacrés, sous une tente de lin où ils s'étaient assemblés, font merveille, mais ne peuvent empêcher que les légions ne massacrent trente mille des leurs.

Cette fois le Samnium est abattu, et Curius Dentatus lui impose un traité de paix qui le range parmi les pays alliés de Rome.

Je ne vais pas vous parler de la *guerre de Pyrrhus*, roi d'Epire, en Grèce, qui, de 280 à 272, vient au secours de Tarente, ville du sud de l'Italie, se croyant, nonobstant sa mollesse, la rivale de Rome et ayant osé la provoquer.

Je passe sous silence la *bataille d'Héraclée*, où quinze mille légionnaires, commandés par le consul Lævinius, mordent la poussière, les chevaux de la cavalerie romaine ayant été effrayés par l'odeur des éléphants de Pyrrhus.

Je ne vous montrerai pas Cinéas, l'ami de Pyrrhus, venant à Rome offrir une paix honorable, essuyant un refus, recevant même l'ordre de sortir incontinent de la ville, et disant néanmoins que le sénat romain lui a paru une assemblée de rois.

Je ne dirai rien non plus du *siége* et de la *bataille d'Auscultum*, en Apulie, où un troisième Décius Mus, également consul comme son père et son aïeul, se dévoue à leur exemple, ce qui n'empêche pas Pyrrhus d'être encore une fois vainqueur.

J'omettrai enfin la *bataille de Bénévent*, où, cette fois, la défaite du roi grec par Fabricius, le contraint à repasser la mer, et livre Tarente aux Romains.

L'Italie méridionale ou Grande-Grèce est domptée, comme est domptée aussi l'Italie septentrionale, par la ruine de la ville étrusque de Vulsinies, en 265.

Le nom de Rome se répand au loin, et il n'y a que quelques années cependant qu'Alexandre-le-Grand, faisant la conquête de la Grèce, de l'Asie et du monde, entendait parler pour la première fois du peuple nouveau qui a nom Peuple Romain.

Alors le sénat de Rome fait concession du droit de cité à une partie des Italiens.

Alors les Latins reçoivent divers priviléges : élections de leurs magistrats, liberté de faire des lois d'intérêt local, etc.

Alors certaines villes, comme Tibur, comme Préneste, où les exilés romains trouvent un asile inviolable, restent étrangères au milieu du territoire ou *Ager Romanus*.

Alors, pour les autres parties de l'Italie, on établit des *Municipes*, c'est-à-dire des villes agrégées à la grande société romaine.

Alors Rome envoie des *Colonies* sur différents points de ses conquêtes, à Bénévent, à Venouse, etc., en tout au nombre de cinquante-trois, pour lui servir de boulevard contre les ennemis futurs et la couvrir contre leurs attaques.

Alors enfin on relie tous ces postes et les autres grands centrés, aussi bien que les mers, afin de transporter rapidement les légions sur les points menacés. *Voie Appienne*, par le censeur Appius, à travers les Marais-Pontins, de Rome à Capoue, puis à Brindes ; *Voie Valérienne*, s'étendant jusqu'à Corfinium, sur les confins du pays des Marses ; *Voie Au-*

rélienne, longeant les côtes de l'Etrurie; *Voie Flaminienne*, par le censeur Flaminius Nepos, allant du Champ-de-Mars à *Ariminium*, — Rimini, — sur la mer Adriatique; *Voie Emilienne*, d'Ariminium à Placentia, — Plaisance, — sur le Pô.

On donne le nom de *Consulaires* à celles de ces voies qui sont destinées aux légions ayant un consul à leur tête.

Mais ce qui vaut mieux que les forteresses ou *castella* dont les Romains couvriront bientôt l'Europe entière, ce sont les mœurs des nouveaux maîtres de l'Italie. Les Romains de cette époque ne possèdent pas encore de richesses, aussi honorent-ils la pauvreté, la discipline, le dévoûment, l'accomplissement du devoir. Et ce n'est pas seulement dans les camps et en face de l'ennemi que les Romains, Brutus, Manlius, Rutilius, les trois Décius, Camille, Cincinnatus, Possimius, Fabricius, et bientôt Régulus, montrent alors cette sévérité envers eux-mêmes. Au foyer domestique, sous le toit de roseaux de leurs chaumières et dans l'enceinte de terre de leurs maisons (car Rome a déjà quelques palais et des temples, mais les demeures des citoyens sont encore des plus modestes), quelle forte discipline! Nul divorce, pendant cent cinquante ans, et telle est la force du lien conjugal que, pour la femme du moins, le lien du mariage doit survivre à la mort même.

Vous connaissez ce repas de famille, la *Charistie*, qui se donne annuellement, afin que s'il survient quelque trouble entre les fils d'un même père, ou les parents et alliés, on puisse ramener la concorde?

Rien encore n'avait affaibli la puissance paternelle. Coriolan résiste à Rome qui le supplie, mais il fait céder sa vengeance devant les larmes de sa mère. Manlius apprend que son père peut être condamné pour l'avoir éloigné de sa maison : il accourt chez le tribun Pomponius, et, le poignard à la main, le réduit au silence. Le sénateur Fulvius apprend que son fils va rejoindre le révolutionnaire Catilina; il le fait arrêter en chemin et le punit de mort.

— Je ne t'ai pas donné le jour pour servir Catilina contre ta patrie, lui dit-il, mais ta patrie contre Catilina!...

Bientôt, hélas! le peuple romain va cesser de respecter les dieux : il s'empressera d'amonceler l'or; la pierre sera remplacée par le marbre; l'austérité par la dissolution; les lois seront foulées aux pieds; on n'aimera plus la famille; les courtisanes remplaceront les généreuses matrones; la vue du sang fera dresser des amphithéâtres sans nombre, et le peuple fera ses délices de l'agonie des gladiateurs; il lui faudra seulement du pain, pourvu qu'on lui donne des spectacles...

De ce moment Rome sera perdue!

IV

Le triomphe d'un *Imperator*, dans Rome. — Monte-Mario. — Ses perspectives. — Les légions romaines. — Organisation des armées de la République. — Infanterie et cavalerie. — Départ et marche des légions. — Campement de l'armée. — Esquisses d'un camp romain. — Constitution de la République romaine. — Equilibre des pouvoirs. — Culture intellectuelle de la nation. — Inventions. — Arts et industrie. — Fondation de Carthage. — Son développement. — Commerce incomparable. — Rivalités entre Rome et Carthage. — Les trois guerres puniques. — Annibal en Italie. — Ses victoires. — *Bataille de Cannes*. — Terreur de Rome. — Les délices de Capoue. — Scipion en Afrique. — Rappel d'Annibal. — *Bataille de Zama*. — Guerre des Romains en Grèce et en Asie. — Philippe de Macédoine. — Paul-Emile et Persée. — *Bataille de Pydna*. — Conquête des Romains. — Destruction de Carthage. — Rome, reine du monde. — Dissensions intestines dans Rome. — Les Gracques. — Jugurtha et ses audaces. — Marius. — Sylla. — Cimbres et Teutons. — Scènes sanglantes dans Rome. — Guerres des esclaves. — Guerre sociale, etc. — Pompée. — Cicéron. — Jules-César. — Chute de la République. — Avénement de l'empire. — Recensement des empereurs. — Décadence de Rome. — Ere du sang. — Règne de l'or. — Triomphe du crime. — Ruine morale. — Invasion des Barbares. — Rome tombée.

C'est un beau spectacle que celui d'un *Triomphe*, à Rome!

Dès le matin, toutes les rues et les places que doit traverser le cortége sont jonchées de fleurs. Des chœurs d'adolescents chantent des hymnes guerriers et annoncent l'ouverture de la fête. De nombreux musiciens remplissent la ville des accords de leurs instruments. Ce sont eux qui ouvrent la marche. Les bœufs du sacrifice, qui doit suivre l'arrivée au Capitole, ont les cornes dorées, la tête ornée de guirlandes. Ils s'avancent à pas lents, et après eux la masse nombreuse des vaincus et des captifs. A la suite de ces derniers se déroule une longue file de chars sur lesquels sont entassées les armes, les dépouilles, les richesses des ennemis; et, pour leur faire vider la coupe jusqu'à la lie, la coupe de la honte et de l'outrage, des pantomimes, déguisés en faunes et en satyres, insultent à leurs calamités par des gestes indécents et de brutales railleries.

Le triomphateur, qui, avec ses légions, occupe un camp placé sur les hauteurs du Monte-Mario, jusqu'au moment où le sénat lui accorde les honneurs du triomphe, descend alors par la Voie Triomphale.

Du plateau du *Monte-Mario*, d'où les légions planaient sur Rome, quel merveilleux spectacle s'offrait à leurs regards!

J'ai gravi cette colline, en suivant un sentier qui longe le Tibre jusqu'au *pont Milvius*, — le *ponte Molle* actuel, — qui est devenu célèbre dans l'histoire de l'art. En effet, c'était la promenade habituelle du *Poussin*. Le grand artiste venait chercher là les fonds et des ciels pour ses paysages. Préoccupé d'autres pensées, en quittant le ponte Molle, au pied de la montagne réputée inaccessible de ce côté, je fis l'ascension de sa muraille à pic par un sentier parfumé de plantes agrestes, à peine frayé au milieu des broussailles et des épines. La solitude était complète. Une chèvre abandonnée broutait seule l'herbe en toute liberté, là où s'était posé le pied impatient de grands conquérants. Je ne vis guère que les arbres moussus d'une villa déserte depuis longtemps, et à l'état de ruines. Mais du faîte de la colline, quelle vue magique! On peut dire que c'est vraiment là le belvédère de la Ville-Éternelle, qui, vue de ce point culminant, paraît être en plaine. Toutes les éminences s'annulent, et la majesté des sept collines s'humilie au pied de la rivale qui les domine. Enlacée par le désert, Rome, avec ses coupoles, ses tours, ses ruines, semble une oasis enchantée, une île monumentale. Saint-Pierre, géant debout, est immense dans son isolement : le Colisée, géant couché sur l'arène, est superbe dans sa chute.

Donc le triomphateur et son cortége partent du Monte-Mario, descendent par la Voie Triomphale, qui traverse tout le Champ-de-Mars, entrent dans Rome par la porte Triomphale, passent entre le Vélabre et le Palatin; à l'extrémité de cette colline, ils s'engagent entre le même Palatin et le Cœlius, et vont rejoindre la Voie Sacrée, à l'endroit même du Forum, où se dresse, sur le côté, l'Arc de Triomphe de Constantin.

Alors, sous le grand rayonnement du soleil, dans l'immense espace du Forum inondé d'air et de lumière, le cortége se déployant sans effort, permet de voir, entouré d'un nuage d'encens, le général vainqueur, l'*Imperator*, souriant à la foule qui l'entoure et qui l'acclame. Nonchalamment assis au sommet d'un char en amphithéâtre traîné par quatre chevaux, il est vêtu de la robe de pourpre brodée d'or ; son front est ceint d'une couronne de laurier; il a les joues fardées de vermillon comme les statues des dieux. Les principaux captifs marchent derrière son char, et les légions victorieuses chantent des hymnes, en poussant, comme refrain, les cris de : Triomphe! Triomphe! que le peuple répète avec enthousiasme.

On monte ainsi, jusqu'au temple de Jupiter-Capitolin, en laissant, ici et là, aux licteurs du Forum quelques captifs qui doivent être immolés avant les bœufs du sacrifice. Puis, quand le sang humain, hélas! a rougi la terre, et que les victimes aux cornes dorées sont abattues aux pieds du triomphateur, celui-ci va s'asseoir au festin offert par la patrie, et d'où il ne sort que pour retourner dans sa maison, précédé d'un flambeau et suivi d'un joueur de flûte.

Nous allons voir Rome vaincre les peuples et soumettre le monde. A quelle force dut-elle donc de pareils succès?

A sa puissante organisation militaire. La création de la *Légion*, chez les Romains, est un chef-d'œuvre admirable.

A Rome, tous les citoyens, jusqu'à quarante-six ans, sont obligés de porter les armes, soit dix ans dans la *cavalerie*, soit seize ans dans l'*infanterie*.

On n'excepte que ceux dont les ressources n'excèdent pas quatre cents drachmes, et encore sont-ils réservés pour la *marine*.

Personne n'a droit de briguer une magistrature qu'il n'ait fait au moins dix *campagnes*.

Vivante citadelle de la République romaine, la légion est une armée complète, qui d'abord compte trois mille fantassins et trois cents cavaliers, puis, plus tard, six mille hommes de pied et six cents hommes à cheval.

L'infanterie de ligne ou pesamment armée, *hastaires*, *princes* et *triaires*; l'infanterie légère ou *vélites*; de la cavalerie et des machines de guerre à la suite, telle est la légion.

Elle se divise en dix *cohortes*, en trente *manipules*, en soixante *centuries*: voilà pour l'infanterie. La cavalerie est partagée en dix *turmes*, ce que nous nommons escadrons.

A l'origine, une simple botte d'herbages, *manipulus*, avait servi d'enseignes aux Romains. Sous la République, les enseignes des légions sont l'image d'un loup, d'un sanglier, et, depuis Marius, une *aigle* d'argent tenant la foudre dans ses serres. Au-dessous de l'aigle se trouve un cartouche sur lequel on lit s. p. q. r. Ce qui veut dire *Sénat et Peuple Romain*.

Chaque légion se choisit dix *centurions*.

Elle fait de même l'élection de dix *chefs de rangs* ou *primipilaires*, qui élisent ensuite deux *vexillaires* ou porte-drapeau, et vingt officiers subalternes ou *coacteurs*.

Les chefs de la cavalerie sont des *préfets* et des *décurions*.

Notez que tous ces soldats sont non-seulement les plus braves, les mieux disciplinés de l'Italie, mais les plus agiles, les plus forts. En voici la preuve :

Figurez-vous chaque soldat citoyen sanglé à perdre haleine dans sa cuirasse de mailles ou de cuir, et coiffé de son casque d'airain. Vous

vous le représentez bien avec son épée, son javelot et son bouclier. Mais ce n'est pas tout. Sac de vivres pour dix-sept jours, marmite, panier, scie, hache, bêche, faux, corde, chaîne et pieux pour établir des palissades dans les campements, tel est l'attirail supplémentaire du légionnaire.

Pendant la paix, dans l'intervalle des campagnes, les exercices des camps ont continué au Champ-de-Mars. Les soldats ont lancé des javelots, combattu avec l'épée, couru et sauté tout armés, traversé le Tibre à la nage, et ils se sont servi, pour cette gymnastique, d'armes d'une pesanteur double. Les plus illustres personnages de la cité ont pris part à ces jeux. Des consuls, des triomphateurs y sont venus rivaliser avec les autres citoyens de force, d'adresse et d'agilité, montrant à ce peuple de soldats que les généraux qui le commandent possèdent aussi les qualités du légionnaire qui obéit.

Mais une guerre est-elle imminente? le jour du départ arrivé, les légions se rassemblent au Champ-de-Mars. Elles y attendent les alliés. A la première fanfare, les troupes se placent en ordre de marche. A la seconde, elles attachent les bagages sur les bêtes de somme. A la troisième, toute l'armée s'ébranle.

Après l'avant-garde, l'aile droite des alliés suit avec ses bagages. Puis viennent les légions, et, derrière elles, l'aile gauche des alliés.

La cavalerie marche à la suite des ailes et des légions auxquelles elles appartiennent, et, souvent aussi, sur les flancs de l'armée, pour protéger les transports.

C'est merveille de voir cette masse d'hommes et d'animaux se mouvoir avec une incroyable rapidité. Et il faut faire vingt-quatre milles en cinq heures! Pour se reposer de ces rudes avancées, les soldats ont le travail du camp, car les Romains ne s'arrêtent pas dans les villes : même pour une nuit, ils exécutent un *campement*. La nécessité de mettre les soldats à l'abri d'une attaque inopinée inspire de bonne heure aux chefs d'expéditions de préparer pour chaque nuit un camp dont la forme et la commodité dépendent des circonstances et du temps plus ou moins long que l'armée doit l'habiter.

Généralement le camp est assis sur des points élevés, ou appuyés d'un côté sur une rivière, ou entourés de vallées profondes qui leur servent de défense. Si quelque flanc du campement est inaccessible par sa pente, on n'y fait aucun travail. Sur les autres, on élève des retranchements défendus par un fossé, *vallum*, avec des terrassements en dos d'âne.

La forme quadrangulaire est celle que les généraux préfèrent, et les lignes entourées d'un fossé de neuf pieds de profondeur, tel que celui que je viens d'appeler vallum, sont revêtues d'un parapet haut de trois à quatre pieds et fortifiées d'une palissade.

Ce camp des Romains possède quatre portes : la *Prétoria*, placée du côté de l'ennemi; la *Decumana*, en face de la précédente, à l'autre extrémité du camp : et les deux portes latérales appelées l'une *Dextra*, l'autre *Sinistra*.

Deux grandes voies, larges de quatre mètres, aboutissant à ces quatre portes, divisent le camp en quatre parts, toutes couvertes de tentes, les unes ayant des peaux ou des joncs, les autres des feuillages ou de la paille pour abris. Chacune d'elles compte dix soldats.

En tête du camp, se trouve sur un point culminant le *Prétorium* ou tente du chef de l'expédition. Un drapeau blanc en temps ordinaire, et une flamme rouge, un jour de bataille, signalent ce séjour de l'Imperator.

Les tentes des officiers et de la garde du général sont placées en bordure d'un vaste carré de deux arpents, dont les deux autres côtés sont destinés, l'un au *Quæstorium* ou trésor de l'armée, l'autre au *Forum* ou marché d'approvisionnement, et le centre au Prétorium de l'Imperator.

Les vivandiers et les fournisseurs de vivres campent hors des portes.

Un ordre parfait et une vigilance incessante garantissent la sécurité du camp. Le jour, une cohorte d'infanterie garde le Prétorium. La nuit, on redouble de précautions. Le mot d'ordre est donné, des cavaliers commencent les rondes, et des vedettes observent les alentours. Qu'une sentinelle manque à son devoir, elle est battue de verges jusqu'à ce qu'elle expire. Une lance d'honneur, une coupe, un harnais, des couronnes de chêne, tels sont les dons destinés à perpétuer dans les familles l'exécution du devoir et la vaillance du soldat.

A l'heure du départ, un intervalle de quatre-vingts mètres ayant été réservé entre les tentes et les retranchements du camp, c'est là que les légions se rangent avant de se mettre en marche, comme aussi c'est sur cet emplacement qu'elles se livrent aux exercices militaires, en cas de prolongation de séjour dans un campement.

Puisque nous avons fait le tableau de l'armée, esquissons rapidement la constitution de la République romaine.

Les premiers siècles de Rome sont les temps de sa plus brillante prospérité. Elle doit soutenir alors des combats continuels qui entretiennent et raniment son énergie. Sa constitution devient peu à peu populaire, comme nous l'avons vu : toutefois, le Forum contient encore un plus grand nombre de guerriers que d'artisans. Le *sénat* sent la nécessité de ménager les citoyens et de maintenir en même temps sa dignité. Il cherche à gagner les tribuns par la douceur; mais il n'essaie pas de conserver les formes de la constitution en corrompant les mœurs.

La République a pour chefs deux *consuls*, qui président le sénat, font exécuter ses décrets, et introduisent dans son sein les ambassadeurs des nations étrangères. Ils président aussi l'assemblée du peuple et proclament le résultat du scrutin. Ils lèvent des troupes et les passent en revue. Ils demandent aux alliés leur contingent et nomment les tribuns des légions. Maîtres de la discipline militaire, ils punissent sans appel les délits commis dans les camps et sur le champ de bataille.

Les *censeurs* choisissent les sénateurs, mais leur choix est restreint aux citoyens que leur fortune rend indépendants,

Le sénat administre les finances; il examine les comptes, il ordonne les dépenses; il assigne aux censeurs la somme qu'ils doivent employer à la construction d'édifices publics, et aux établissements qui ont pour but l'embellissement et l'utilité de la ville. Il a la direction des affaires qui concernent les rapports de Rome avec le reste de l'Italie. Il décide de la guerre, il conclut les traités de paix, d'alliance et de protection; il juge en dernier ressort les conjurations, les crimes de haute trahison, les meurtres et les empoisonnements.

De leur côté, les consuls possèdent une puissance presque monarchique en temps de guerre, parce qu'alors le besoin d'une obéissance stricte et prompte dans l'exécution, rend l'unité du pouvoir nécessaire.

Les affaires considérables étant portées devant les *Comices* ou *Assemblées du peuple*, c'est le peuple qui accorde les hautes dignités. Les jeunes citoyens, afin d'obtenir l'occasion de développer leurs talents, sont donc obligés de gagner la faveur de leurs concitoyens par leur modestie et leur affabilité, et leur estime par des mœurs pures et austères. Le jour des élections, les hommes les plus illustres flattent le peuple, et celui-ci ne perd son influence et sa considération qu'après l'abolition des Comices.

Les magistrats élus ont besoin de ménager leurs concitoyens, car la durée des emplois est bornée à un an, et celui qui abuse de son autorité peut être condamné par la même assemblée populaire qui lui a confié le pouvoir.

Le droit de vie et de mort appartient à cette assemblée; mais jusqu'à ce que toutes les tribus aient voté contre l'accusé, il lui est permis de prévenir son supplice en s'exilant volontairement. L'assemblée du peuple qui dispose du pouvoir exécutif et qui en juge les dépositaires, possède la puissance législative; elle adopte ou rejette les lois proposées par les tribuns et discutées par le sénat, et ratifie les déclarations de guerre, etc.

Durant 400 ans, le peuple jouit de ces priviléges sans en abuser et sans entraver la marche des affaires. Jamais il ne refuse son assistance au sénat, dans les moments de détresse. A la guerre, dans le Forum, au Champ-de-Mars, il montre de la noblesse, de la générosité, de la fierté et du respect pour les lois et la vertu.

Les pouvoirs sont balancés, du reste. Les consuls ménagent le sénat, parce que c'est lui qui dispose des sommes nécessaires pour payer, nourrir et habiller les troupes; parce que, lui seul, peut accorder le triomphe et continuer le commandement de l'armée au consul dont l'année est à sa fin. D'un autre côté, les consuls cherchent à plaire au peuple, parce qu'ils ont besoin de l'affection de leurs soldats pour vaincre, etc. Le sénat ne peut rien contre la liberté, le *veto* d'un seul tribun arrêterait ses délibérations; et puis le peuple dispose de la vie des sénateurs et peut changer les lois sur lesquelles repose leur autorité. Nonobstant cet assujétissement, le sénat exerce une grande influence sur toutes les classes de citoyens. Les fonctions de juge dont il est revêtu le rendent d'autant plus puissant que les lois sont longtemps incomplètes, vagues et sujettes à des interprétations arbitraires. Enfin, comme c'est lui qui décide de tous les différends relatifs aux entreprises des édifices publics, des canaux, des aqueducs, des digues, des ponts, des mines, des grandes routes, etc., sa faveur est nécessaire à ceux qui les prennent à ferme.

Le plébéien, de son côté, est contraint de respecter les consuls, parce que, en temps de guerre, il dépend entièrement d'eux. En leur refusant l'obéissance, le peuple ne gagnerait autre chose que la nomination d'un *dictateur*, également redoutable aux ennemis du sénat et à ceux de Rome. Ainsi, dans les temps de détresse, la constitution de Rome donne à la République l'énergie de la démocratie, et lui imprime la marche prompte de la monarchie, modérées toutes deux par la sagesse du sénat.

En temps de paix, le frottement des deux parties occasionne des troubles fréquents, mais la pondération des pouvoirs arrête tout excès. Il y a de l'agitation, mais point de désordre, et la fermentation habituelle atteste seulement la vie du corps politique.

La réputation de Rome a bientôt pénétré jusqu'en Egypte, dont le pharaon, 333 ans avant J.-C., recherche par une ambassade l'alliance de la République.

Le principal moyen par lequel Rome assure sa domination sur les peuples vaincus, c'est l'établissement de colonies de citoyens romains, comme nous l'avons dit, et qui servent, en même temps, de garnison dans les villes soumises. Chaque colonie a son organisation propre, analogue à l'organisation romaine. Le système colonial embrasse successivement toute l'Italie. Comme nous l'avons dit aussi, de grandes routes militaires sont construites pour faciliter les communications. Quelques villes et quelques peuples d'Italie ont dans toute son étendue le droit de cité romaine, *municipia*. D'autres n'ont que le droit de colonies, *jus coloniarum*. Les autres sont ou alliés, *socii*, ou sujets, *dedititii*. Ces derniers sont gouvernés par des préfets envoyés de Rome.

La République a déjà en mer une flotte militaire, et on institue l'office des *duumviri navales*, qui ont la surveillance des affaires maritimes.

L'administration de la justice fait aussi de grands progrès par l'établissement des *préteurs*, aussi bien que la police, par celle des *édiles curules* et des *triumviri capitules*.

La culture intellectuelle commence en outre à se produire.

Fabius Pictor introduit la *peinture* à Rome.

L. Papirius Cursor y apporte le premier *cadran solaire*.

S. Curvilius fait couler en bronze une *statue de Jupiter*, 293.

Avec le culte d'Esculape, la science médicale se fait jour.

Les ouvrages d'Apollodore et le temple de la Concorde, construit par Camille, prouvent les incontestables progrès de l'architecture.

Hélas! à côté des plus beaux exemples de moralité, de modération, de patriotisme et d'équité, on voit poindre déjà néanmoins quelques exemples de luxe, de mollesse et de dégénération !

En effet, laissons le jour tomber sur les principaux événements qui signalent cette décadence de la République romaine, sur les tristes annales de l'empire, et sur les drames impurs de l'invasion des Barbares.

Nombre de villes de la Sicile, épuisées par des factions, cherchent un appui au-dehors de leur île. Ainsi les Syracusains désirent opprimer les Mamertins, qui occupent Messine, et que Rome protège. Pour cela, il lui faut l'alliance d'un peuple capable de lutter contre les légions romaines. Ce peuple, ce sera la nation carthaginoise.

De l'autre côté de la mer Méditerranée et de la Sicile, qui sépare l'Italie de l'Afrique, une ville nouvelle, *Carthage*, colonie de Tyr, fondée par Didon en l'an 800 avant l'ère chrétienne, établit sa suprématie et commande à l'Afrique, à l'Espagne, à la Sicile, à la Sardaigne, à la Corse, etc., organise dans l'intérieur de son domaine un immense commerce de caravanes, et devient la reine des mers et du littoral africain, des frontières de l'Egypte aux côtes de l'Atlantique.

Deux grandes familles, celles des Barcas et des Hannons répandent un esprit de faction dans le gouvernement de Carthage.

Les Syracusains mettent le feu aux poudres en attaquant les Mamertins, et commence la *première Guerre punique*, de 264 à 241.

Rome, maîtresse de toutes les forces de l'Italie, entreprend de combattre un Etat qui se pose en rival. Alors, n'ayant jamais fait de guerres maritimes, les Romains emploient, sur mer, la tactique qui leur a si bien réussi sur terre : ils vont droit à l'abordage, se battent corps à corps, cherchent à s'emparer des vaisseaux ennemis, et déconcertent leurs adversaires par la nouveauté et la hardiesse de cette manœuvre.

Agrigente est prise par eux. Cornélius Scipion, depuis peu consul, ose alors attaquer les Carthaginois sur mer : mais il est défait. Son collègue Duilius, au contraire, remporte une brillante victoire navale près de Myles, sur la côte de Sicile.

A Rome, on lui élève sur le Forum une *colonne rostrale*, sur laquelle on grave son nom et sa victoire, et en outre on lui donne le droit de se faire reconduire chez lui avec des flambeaux et au son des flûtes.

Cornélius Scipion, pour relever sa gloire, commence la *conquête* de la *Sardaigne* et de la *Corse*, qu'achèvera son successeur Sulpicius.

En Sicile, Calpurnius Flamma, un tribun légionnaire, se dévoue pour sauver l'armée romaine enveloppée par Hamilcar Barcas. Tous ses compagnons périssent, et c'est sous leurs cadavres qu'on le retrouve vivant encore. Une couronne de gazon devient sa récompense.

VICTOIRE D'ECNOME, à laquelle prennent part trois cent trente vaisseaux, cent mille matelots, quarante mille légionnaires, des deux parts trois cent mille combattants, remportée sur les Carthaginois par les consuls Manlius Vulso et Attilius Régulus.

Jamais encore la Méditerranée n'a été le théâtre d'un tel drame. Aussi le triomphe est-il accordé à l'unanimité à la flotte romaine.

Régulus s'élance de ses galères et paraît aux portes de Carthage. Mais le Spartiate Xantippe la délivre par son habileté, et l'intrépide consul succombe et devient le captif de ses ennemis.

Dans tous les lieux où les Carthaginois combattent sous des chefs de leur nation, ils sont vaincus. Hamilcar Barcas seul résiste : mais une défaite décisive qu'il éprouve près des *îles Eguses*, 230 avant J.-C., force Carthage à faire la paix. Elle cède la Sicile, et, peu après, les Romains s'emparent de la Sardaigne et de la Corse.

Ce qui faisait la force de Carthage, ce sont des troupes mercenaires empruntées à toutes les régions : Grecs, Egyptiens, Gaulois, archers baléares, phalanges assyriennes, etc. Or, après la paix, ces soldats indisciplinés, et qui n'aspirent qu'après l'argent, se révoltent, et Hamilcar a besoin de toute son adresse pour sauver sa patrie.

Rome, une fois en paix avec son émule, fait la conquête de la Gaule cisalpine, puis des côtes de la Liburnie et de la Dalmatie.

Bientôt après, un des plus illustres guerriers de l'antiquité vient disputer aux Romains le prix de cinq siècles de victoires.

C'est Annibal, le grand capitaine carthaginois, qui, en 220 avant J.-C., s'empare, en Espagne, de la cité de Sagonte, alliée des Romains, franchit les Pyrénées, traverse la Gaule, arrive au confluent de la Saône et du Rhône, passe au beau milieu du pays des Allobroges, — Vienne et Grenoble, — atteint les Alpes, les escalade par le Viso, en suivant des sentiers à peine tracés, et paraît tout-à-coup dans les plaines du Pô.

Des bords du Tésin jusqu'à l'Apulie, l'extrême pointe de la presqu'île, le fier soldat remporte les *victoires du Tésin*, de la *Trébie*, et celle bien autrement formidable du *lac de Trasimène*, victoires qui auraient écrasé toute autre puissance que Rome.

Puis vient le 2 août 216. Les deux armées sont en présence dans les plaines de Cannes, sur l'Aufide. L'aube se dessine à peine aux cieux que le consul Varron, profitant du jour où le sort lui donne le commandement, arbore sur sa tente le drapeau de pourpre. A ce signal les légions prennent leurs rangs et le combat s'engage. Mais la *bataille de Cannes* a lieu dans des conditions si défavorables, que des quatre-vingt mille Romains qui sont en ligne, cinquante mille mordent la poussière de la plaine. Parmi les cadavres, on compte un consul, deux proconsuls, quatre questeurs militaires, vingt-neuf tribuns des légions, quatre-vingts sénateurs, et un si grand nombre de chevaliers, que l'on remplit trois boisseaux de leurs bagues. Quant aux prisonniers, leur nombre dépasse quatorze mille. De cette magnifique armée qui suivait ses étendards le matin, Varron ne ramène que soixante-dix hommes à Venouse! Certes, si l'ombre de Hamilcar errait sur le champ de bataille, elle dut être satisfaite : Annibal homme, tenait le serment d'Annibal enfant!

Mais alors, au lieu de perdre tout espoir au moment d'être à jamais perdue, Rome donne le commandement suprême à Fabius, et, à partir de ce moment, Annibal est arrêté dans ses succès...

Cependant le savant Archimède épuise en vain toutes les ressources du génie pour défendre Syracuse contre Marcellus, alors que Simpronius Gracchus reprend la Sardaigne, et que Tibérius Néron détruit la dernière espérance d'Annibal, en repoussant le renfort que lui amène son frère Asdrubal.

En même temps, Scipion chasse les Carthaginois de toutes leurs possessions d'Espagne, passe le détroit et paraît en Afrique.

Annibal est aussitôt rappelé d'Italie. Mais la bataille *de Zama* donne la victoire aux Romains.

Les Carthaginois se trouvent réduits à demander la paix : le vainqueur les contraint à lui livrer toutes leurs galères, et à renoncer au droit de prendre les armes. Il ne leur laisse que leur ville, avec le territoire qui l'entoure. Ainsi, la Numidie est donnée à leur ennemi Massinissa, qui surveille toutes leurs démarches et les harcelle sans répit.

A la fin de cette *seconde Guerre punique*, la Sicile, la Sardaigne, une partie de la Corse et la Gaule cisalpine deviennent *Provinces romaines*, et Carthage est absolument dépendante de Rome. Quant à cette dernière, malgré ses pertes d'hommes et la dévastation de l'Italie, elle est beaucoup plus puissante. Des pays étrangers sont conquis, et la domination de la mer lui est assurée. Sans rien changer à sa constitution, le sénat obtient un pouvoir à peu près illimité. L'esprit de son gouvernement rend en outre Rome assez forte pour prétendre à la domination universelle.

En Orient, les royaumes formés des débris de l'empire d'Alexandre-le-Grand, et les Républiques grecques, forment un système d'Etats dont les relations sont fort compliquées. Jusqu'à ce moment, nul contact avec Rome. Des trois grandes puissances, la Macédoine, la Syrie et l'Egypte, les deux premières sont liguées contre la dernière, mais l'Egypte est en bonne intelligence avec Rome. Les puissances in.érieures, à savoir la Ligue étolienne, le roi de Pergame, la République de Rhodes et d'autres petits Etats, comme Athènes, sont ses alliés depuis l'alliance contre Philippe II, roi de Macédoine. La Ligue achéenne, au contraire, est liée aux intérêts de ce dernier royaume.

Alors, à peine la paix est-elle signée avec Carthage, que Rome entame la guerre contre Philippe. Tout d'abord les Romains ont le dessous, mais Quintus Flaminius gagne ensuite la célèbre bataille de Cynocéphale et fonde ainsi la puissance de sa patrie en Orient.

Philippe perd ses forces maritimes et son influence sur la Grèce, tandis que la Grèce est placée désormais sous la dépendance de Rome, par le don de sa liberté que lui fait l'adroit Flaminius.

Bientôt toutefois la Ligue étolienne et Antiochus-le-Grand, roi de Syrie, inspirés par Annibal, chassé de son pays et arrivé en Orient pour y prendre gîte, mettent l'Asie aux prises avec Rome. Mais aussitôt L. Scipion bat Antiochus aux Thermopyles, le chasse de la Grèce, remporte en outre une victoire décisive près de Magnésie, et le contraint à acheter la paix, en livrant la moitié de ses vaisseaux, et en abandonnant aux Romains l'Asie-Mineure, jusqu'au Taurus.

Je ne vais pas vous raconter les guerres sanglantes qui continuent en Espagne et dans l'Italie supérieure.

Je ne vous dirai pas non plus la reprise des démêlés avec Philippe V de Macédoine, et la mort de ce prince en 205 avant J.-C.

Je passe sous silence la lutte contre Persée, fils du même Philippe, lutte qui se termine par la *bataille de Pydna*, la victoire et le triomphe de Paul Emile, et le cruel trépas par la faim, dans la prison Mamertine, du prince infortuné, mais coupable.

Rome poursuit alors son plan de domination universelle.

Pour atteindre le résultat que se propose la République, il lui faut semer les ruines tout à l'entour de l'Italie, et répandre un sang bien innocent. Mais qu'importe aux Romains d'alors? ne leur faut-il pas l'or des nations? car ils commencent à aimer l'or, l'or qui perd et ruine les hommes! Pour obtenir la suprématie, n'est-il pas utile de décimer et d'affaiblir les peuples? Oh! Rome s'achemine vers une prompte décadence. Les vertus antiques de sagesse et de bonne foi ne vont plus à son cœur! Que lui font le *fas* et le *nefas*? Elle ferme les yeux; elle tue, elle pille, elle brûle, elle ravage...

C'est ainsi qu'elle se détermine à ruiner complètement Carthage, l'odieuse rivale dont l'ombre l'offusque encore et toujours à travers la Méditerranée. En effet, la *troisième Guerre punique* a lieu, et, au milieu des plus émouvantes péripéties, se termine par la destruction de fond en comble de cette ville perfide, mais courageuse.

C'est ainsi que Rome fait la guerre à la Macédoine encore, où Andriscos s'est mis à la tête des mécontents. Mais Marcellus, le fier Marcellus, le fait plier sous son joug de fer, et Andriscos succombe, en 148.

C'est ainsi que Mummius, le très ignorant Mummius, en fait d'art et en connaissances littéraires, met fin à la Ligue achéy... par le sac et l'incendie de la superbe Corinthe, dont les richesses en bronzes, peintures et sculptures, vont décorer Rome, à la condition, imposée par le naïf Mummius à l'entrepreneur du transport, que tout objet d'art *avarié*... sera remplacé par lui, à ses frais, etc.

C'est ainsi que la République romaine s'empare de la régence de Syrie, en supprimant le pouvoir d'Antiochus.

C'est ainsi qu'elle fait tomber dans la poussière et rend à son néant le pâtre lusitanien Viriathe, du pavois où il s'était élevé par son courage, en luttant contre elle.

Donc, pendant soixante-douze ans, promenant le fer et le feu dans les îles de l'Archipel grec, en Macédoine, aux Thermopyles, sur l'Hellespont, au pied des Alpes, au-delà des Pyrénées, les légionnaires de Rome, magnétisés par l'or de l'Asie, fascinés, entraînés par la convoitise du plus riche butin, renversent de leurs trônes Philippe V, Antiochus, Persée, Aristonie, fils d'Eumène II, roi de Pergame, qui, lui aussi, va mourir dans le Tullianum du mont Capitolin, et inspirent à la souveraine maîtresse du monde la pensée de forcer les deux vieillards qui lui font peur, Annibal et Philopœmen, à se donner la mort. Alors, Rome, avec son glaive victorieux, trace les confins de neuf provinces soumises désormais à son empire :

Macédoine, agrandie des conquêtes de ses rois;

Thessalie, Epire et Illyrie;

Achaïe, Péloponèse et îles de l'Archipel grec;

Asie, Afrique, Espagne ultérieure et Espagne citérieure.

De sorte que, en moins de 600 ans, l'influence de cette poignée de bergers, groupés sur le Palatin, autour de la cabane de Romulus, s'est développée dans de telles proportions. En ce temps-là, la puissance de la *Roma Quadrata* s'arrêtait à l'Aventin et au Janicule, et, maintenant, la voilà qui va s'élargissant de l'Océan à l'Euphrate, et des Alpes à l'Atlas.

Deux siècles de combats encore, et l'humble figuier ruminal du Forum deviendra le palmier merveilleux dont l'ombrage prodigieux couvrira l'univers, comme l'a vu en songe une vestale du *Vicus Tuscus*.

C'en est fait : Rome est désormais la reine du monde!

Son art militaire est à cette heure tellement perfectionné, qu'aucune phalange n'est capable de résister à la force de ses légions. Mais les Romains ne connaissent qu'imparfaitement la guerre maritime, et la science des siéges n'est élevée à quelque hauteur que par le second Africain.

Non-seulement la richesse privée, mais aussi les revenus publics prennent un accroissement considérable. En général, le plus rigoureux esprit d'ordre règne dans le système financier de la République.

Avec la richesse, se développent aussi la civilisation, les lettres et les sciences. C'est alors que Rome voit apparaître ses premiers auteurs d'ouvrages dramatiques et ses premiers poètes. Lucilius écrit ses satires; Fabius Pictor et Caton les annales de l'Histoire romaine. La langue y gagne et se perfectionne.

Les sciences s'élèvent d'avantage encore après les guerres avec la Grèce et l'Asie. On apprend à calculer les éclipses du soleil et de la lune. On introduit l'usage des clepsydres et des cadrans solaires.

Mais, dans les arts, les Romains sont toujours des barbares. Ils admirent ce qui est beau en architecture, en peinture, en sculpture, sans pouvoir rien créer. Ils ne savent qu'imiter.

Après la seconde guerre punique, les mœurs perdent encore de leur pureté, de leur simplicité primitive. Les funérailles sont accompagnées d'atroces combats de gladiateurs. On dépense des sommes prodigieuses pour les jeux publics, et on se livre à de folles somptuosités de table. Il faut même établir des lois restrictives du luxe, de la dépense, et interdire les ignobles bacchanales.

A Rome, dans ces temps-là, il n'est pas rare de rencontrer des hommes qui veulent à tout prix se donner le monopole de veiller sur les intérêts du peuple, de soutenir le peuple dans sa misère, de protéger le peuple contre les grands, comme si les grands attaquaient le peuple, en un mot de ne vivre que pour le peuple. Ils savent parfaitement que le peuple n'est malheureux le plus souvent que parce qu'il vit dans le désordre, sans économie, sans souci du lendemain, qu'il se livre à la débauche, sans le moindre souci des femmes et des enfants qui attendent dans les mansardes le prix du labeur de la journée. Or, c'est l'ambition qui inspire ces sortes de personnages : il leur faut une cour, des adulateurs, des dévoués, et c'est dans le peuple qu'ils se font cette cour, qu'ils cherchent ces adulateurs, et qu'ils se créent des dévoués tout prêts à les hisser sur le pavois et à les mettre à la tête de la nation. En ayant l'air de se priver de repos et de sommeil en faveur du peuple, c'est pour eux-mêmes qu'ils s'agitent, c'est leur avénement qu'ils préparent, et c'est à leur propre élévation qu'ils songent.

Or, il est dans Rome une rue de mauvais renom, la rue Suburrane, trop illustrée par les honteux débordements de l'infâme Messaline et par les immondes orgies des nègres, des esclaves, des po l.-

faix et des gavroches de dernier étage qui pullulent dans la vaste cité. Et cependant cette rue interlope est habitée, ici et là, par quelques familles de grande lignée, celle de Jules César, par exemple, et celle des Gracques.

Tibérius et Caïus Gracchus, appelés simplement les *Gracques*, sont fils de Sempronius Gracchus, le pacificateur de l'Espagne, et de la célèbre Cornélie, fille de Scipion l'Africain. Ils sont jeunes encore lorsque la mort leur enlève leur père. Mais Cornélie remplace dignement Sempronius; elle entoure ses fils des maîtres les plus habiles de la Grèce, car, chez les Romains, nulle éducation qui soit bonne si elle ne se fait en Grèce ou par des Grecs, et elle dirige elle-même leurs études.

A Cornélie, on reproche l'ambition. On lui fait honte quand on l'appelle la fille de Scipion, plutôt que la mère des Gracques. Pour elle ses fils sont ses bijoux, son unique parure. Elle en est fière, et les produit aux yeux de tous, en les exaltant comme des modèles de vertu, de dévouement à la patrie, c'est-à-dire au peuple, et par amour pour ses enfants elle refuse la couronne d'Egypte, que lui offre un Ptolémée.

Un matin, voici que l'on entend dire, dans le Forum, que le roi de Pergame, dans l'Asie-Mineure, Attale, en mourant sans enfants, lègue au peuple romain ses trésors et son royaume.

Aussitôt Tibérius Gracchus, tribun du peuple alors, ouvre l'avis de partager les trésors en question au peuple qui tend déjà la main, et de limiter le nombre d'arpents que chaque citoyen a le droit de posséder.

Les riches détenteurs des terres publiques sont frappés de stupeur. On veut donc leur arracher les tombeaux de leurs ancêtres, la dot de leurs épouses, l'héritage de leurs pères, la fortune de leurs enfants?

Vient le jour des Comices. Tibérius soutient sa thèse. Mais alors éclate la tempête, et c'est la première fois que la violence tranche une discussion politique. T. Gracchus y donne lieu en faisant expulser du tribunat un de ses collégues, plus modéré que lui, et en proposant d'accorder le droit de cité à tous les peuples de l'Italie. Dans la conviction que cette mesure augmentera la prépondérance du peuple, le sénat s'y oppose avec force. Les partisans de Tibérius prennent les armes : lui-même laisse voir la pointe d'un poignard qu'il porte sous sa robe. Alors Scipion Nasica requiert le consul de faire tomber le tyran, et comme Scœvola se refuse à cette mesure, Nasica s'écrie, en s'adressant aux sénateurs, enfermés avec lui dans la Curie :

— Puisque le premier magistrat trahit la République, que ceux qui veulent aller au secours des lois me suivent!...

Et, se couvrant la tête d'un pan de sa toge, il marche droit au Capitole, entraînant à sa suite le sénat, les chevaliers en grand nombre, et des plébéiens plus nombreux encore.

Tibérius est rencontré tournant autour du temple de Jupiter. Mais il se heurte contre le cadavre d'une des victimes de l'émeute, et il tombe aux pieds des statues des rois. On le frappe alors à la tête et on le tue. Périssent avec lui trois cents de ses partisans. Puis, quand on a épuisé sur eux tous les outrages, on jette, dans les eaux limoneuses du Tibre, leurs corps que l'on traîne avec les crocs des Gémonies.

Je ne puis vous raconter ici ni le tribunat de Caïus, frère de Tibérius, ni sa puissance, ni sa mort. Cornélie veut que son second fils venge le premier, et Caïus subit le même sort, dix ans après. Il est poursuivi par le peuple lui-même, et alors qu'il s'est réfugié dans le bois des Furies, au pied de l'Aventin, où l'un de ses esclaves le transperce de son épée, Septimulius s'empare de sa tête, en fait sortir la cervelle, coule du plomb à la place et l'apporte au consul, qui a promis le pesant d'or de cette tête. Avec Caïus tombent trois mille de ses adhérents.

Plus tard le même peuple dresse aux Gracques des statues et des autels aux lieux mêmes où ils ont péri. Hommage tardif! Il console toutefois la belle Cornélie, tristement retirée dans sa villa du Cap-Misène.

Voici le moment où paraît Jugurtha, neveu du roi de Numidie, Jugurtha bravant Rome dans Rome même, et s'éloignant de ses murs, en s'écriant :

— Ville à vendre, il ne te manque que des acheteurs !

Revenu en Afrique, bientôt Jugurtha se donne la savoureuse jouissance de faire passer sous le joug toute une armée romaine. Mais bientôt aussi, le même Jugurtha est pris, livré à Sylla, emmené à Rome par Marius, puis jeté dans le Tullianum de la prison Mamertine, où il met trois jours à mourir de faim, en 104.

En pénétrant dans cette prison, il s'était écrié en riant :

— Que vos étuves sont froides, à Rome !

Marius et Sylla! deux noms que je viens de citer.

C'est, en effet, le moment aussi où font leur apparition ces deux sinistres physionomies.

Hélas! insensiblement on voit disparaître les heureux rapports qui unissaient les différentes classes de citoyens. Le peuple ne veut plus obéir. L'argent seul domine. Dans Rome, comme l'a dit Jugurtha, surnommé le *Loup du Désert*, tout est vénal! Nul crime, nul désordre ne paraît honteux, s'il enrichit. Ce sont le pauvre et le faible qui ont à craindre les tribunaux : les scélérats opulents jouissent de l'impunité. Les vexations des proconsuls anéantissent l'agriculture et l'industrie. Les meurtres et les empoisonnements se multiplient : aussi s'introduit à Rome l'usage de porter des poignards cachés. La reine du monde, enivrée du sang des nations, commence à déchirer ses propres entrailles.

Tout-à-coup, on voit paraître sur les frontières de l'Italie des essaims de Barbares, dont l'origine est à peine connue. Les Cimbres, les Teutons, les Ambrones, les Tigurins, après avoir dévasté les bords du Danube et les Gaules, battent successivement les consuls Carbon, Silanus et Scaurus. Puis ils font éprouver à Cassius une défaite honteuse près du lac Léman, et remportent des victoires sanglantes sur Cœpion et Manlius.

L'Italie tremble devant leurs rois Teutoboch et Botorix.

Dans ce moment de souveraine détresse, personne ne recherche le consulat. On se voit forcé de l'accorder à un paysan tout-à-fait illettré, de Cornetum, près d'Arpinum, mais soldat intrépide, lieutenant de Marcellus, dans la guerre contre Numance, et vainqueur de Jugurtha. Cet homme, c'est Marius.

Une fois à la tête de ses légions, Marius s'établit sur une colline, dans le voisinage d'Aix, dans la province romaine de Gaule, notre Provence, à nous. On se plaint de la soif. Marius montre la rivière qui baigne le camp des Barbares.

— Voilà l'eau, dit-il; il faut aller la chercher, mais il faudra la payer avec du sang!...

Les Barbares sont impuissants dans leur formidable résistance, c'est en vain que leurs femmes, redoutables amazones, et leurs molosses, non moins terribles, leur portent secours des bras et des dents, ils périssent tous, jusqu'au dernier, dans cette mémorable *bataille d'Aix*.

Un mot à cette occasion, lecteur. J'ai visité le champ de bataille de Cannes. Les gens du pays l'appellent encore *il Campo di Sangue*, le champ du sang. J'ai visité de même le champ de bataille d'Aix. On le nomme *Pourrières*, dans la contrée, c'est-à-dire le champ de pourriture. Le fait est que les cadavres des innombrables Romains ici, et là des Cimbres et Teutons, hommes femmes et chiens, ont engraissé le sol à ce point qu'il est toujours d'une merveilleuse fécondité. Des ossements des victimes, les gens du pays font des clôtures pour leurs bastides et leurs vignes.

C'est un exemple donné aux peuples sauvages du nord, cette invasion des Cimbres. Il est bientôt suivi. Voici venir les Bastarnes, les Scordiques et autres tribus rapaces, qui, peu après, inquiètent les frontières romaines. Mais aussi pourquoi Rome laisse-t-elle savoir et dire, dans le monde entier, qu'elle possède tant d'or et de richesses?

Et puis, surtout, pourquoi le culte des dieux, la religion est-elle abandonnée par les Romains, désormais sans croyances?

Ah! le pillage du monde a détruit les mœurs, mais la philosophie sceptique de Carnéade tue la religion, en introduisant l'incrédulité, enseignée déjà par Ennius. L'éducation grecque, substituée à la vieille éducation latine, répand dans toutes les familles et au cœur des générations naissantes le mépris des dieux et du sacerdoce. Le peuple, gagné bientôt à l'impiété nouvelle, déserte ses vieux temples. Dès lors, un peuple qui ne croit plus à rien est un peuple qui tombe et se perd. C'est ainsi que les crimes se multiplient à ce point, qu'en peu de temps on condamne à mort jusqu'à deux mille empoisonneurs. Enfin la littérature elle-même devient une école d'impiété. Dans Lucili, dont je vous ai parlé, les dieux, les douze grands dieux sont très peu vénérés; Jupiter, tel que le montre Plaute, est légèrement comique, et Lucrèce va bientôt prêcher l'athéisme et le matérialisme.

Quand un peuple en est arrivé à ce point de prêter l'oreille au scepticisme et à ses doctrines dissolvantes; quand il ne reste plus pour le maîtriser et le contenir, ni croyances, ni religion; quand ses philosophes prêchent en tous lieux l'athéisme; quand ses littérateurs deviennent des professeurs de matérialisme et d'impiété, il est condamné à mourir, il meurt, et on l'efface du catalogue des nations.

Je vous ai dit ce qu'est Marius; sachez maintenant ce qu'est Sylla.

Cornélius Sylla, né à Rome, est le représentant de l'illustre famille des Cornélius, *gens Cornelia*. Fidèle au sang de ses ancêtres, Sylla est encore plus fidèle à leurs vices. Plus histrion que patricien, il erre à l'aventure dans tous les bouges et les lupanars de Rome, pour mieux s'assouvir de débauche. Inspiré par la courtisane Nicopolis, il se jette dans toutes les voies qui conduisent à la monstruosité. On donne à Sylla le surnom de *mûre enfarinée*, parce que l'âcreté du sang brûlé par les veilles et l'orgie est telle, chez lui, que son visage est couvert de boutons pustuleux semés de points blancs... Cet homme est hideux à voir.

Autant Marius, adonné au vin, de son côté, est l'ami fanatique du peuple, qu'il soutient *unguibus et rostro*, autant Sylla nourrit la haine la plus profonde contre la plèbe. C'est dire que Marius et Sylla sont ennemis acharnés. Aussi malheur aux patriciens !...

De quels événements Rome va-t-elle devenir le théâtre, alors que la voilà livrée à la discrétion de ces deux personnages, ennemis jurés l'un de l'autre, et mutuellement jaloux de leurs succès dans les camps, tout les deux devenus *imperatores* par leurs talents militaires, tous les deux ambitieux à l'excès, et voulant, l'un, Sylla, le triomphe de l'aristocratie, l'autre, Marius, l'avénement de la démocratie?

Je ne puis entreprendre de vous peindre les drames sanglants dont le Forum, les Comices, la Curie, et les maisons particulières même sont les témoins de chaque jour. Lorsque Marius est le chef suprême, c'est à flots qu'il fait couler le sang des patriciens. La Roche-Tarpéienne et le Tullianum, la hache et les verges des licteurs ne suffisent plus à sa rage de détruire, il lui faut l'épée des légionnaires, et des proscriptions sans nombre. Quand Sylla prend le dessus, les têtes des plébéiens tombent par centaines, et dans le Diribitorium, où ils ont été enfermés, c'est au nombre de six mille à la fois qu'il fait égorger les citoyens romains.

Le premier meurt, bouffi par l'ivresse, après avoir été sept fois consul. Il avait rêvé jadis que sept aiglons tombaient dans ses bras du haut des rochers de Cornetum. Les aruspices consultés avaient annoncé à sa mère qu'il serait sept fois consul. Il avait été élu six fois déjà, lorsque sa mauvaise fortune et la mort qui le menaçait le firent se cacher dans les marais de Minturnes, etc. Mais il se releva de cette détresse, et fut nommé consul une septième et dernière fois, en effet.

Le second périt, rongé vivant par les vers, qui dévorent sa chair.

Ecoutez, maintenant, et jugez à quel degré de bassesse et d'ignominie est tombé ce peuple romain, si grand, si fier, si indépendant naguère. Sylla a mis Rome à sac, il a tué ses citoyens par milliers, ceux qu'il ne lui a pas été possible d'atteindre, il les a proscrits. La mort de ses victimes, il la rendait épouvantable. Rassasié de pouvoir, fatigué d'honneurs, dégoûté des hommes, après avoir rempli dans des festins gigantesques le ventre de ce peuple abject qui ne le traînait pas aux gémonies, un beau jour il quitte Rome et va continuer, dans sa charmante villa de Pouzzoles, près de Naples, ses monstrueuses débauches. Il y est suivi par Roscius l'histrion, Sorix le mime, et l'ignoble Métrobius. Là, le vice le conduit à de tels excès, que la vermine grouille dans tout son corps : la flamme seule du bûcher peut la détruire. Il meurt près du cadavre d'un questeur qu'il fait étrangler, afin de réjouir sa dernière heure. Il meurt, dis-je, et c'est le cas d'ajouter : il meurt comme il a vécu, dans le sang!

Eh bien! Sylla trépassé, on aurait pu croire que Rome allait se relever et respirer, une fois délivrée d'une pareille dictature... Point. Le sénat et le peuple se prosternent lâchement devant son cadavre. Un consul offre son tombeau de famille pour recevoir le monstre : l'armée n'y trouve point son affaire. Par sa volonté, cet amas de pourriture qui fut Cornélius Sylla est promené triomphalement dans toute l'Italie, et porté à Rome sur un lit de pourpre et d'or, avec une magnificence royale. Le cortége, précédé de trompettes sonnant une marche funèbre, est formé par une nombreuse cavalerie et par une masse épaisse de légionnaires. En arrivant dans la capitale du monde, vingt-quatre licteurs se placent à la tête du convoi. Les divers colléges des Pontifes, des Flamines, des Augures, des Frères-Arvales, avec leurs couronnes de blé, des Vestales aux cheveux coupés, entourent le lit funèbre. Les dames romaines apportent deux cents corbeilles pleines d'aromates et offrent, à la mémoire de celui qui a fait tant de veuves et d'orphelins, deux statues de grandeur naturelle, composées de cinnamome et de l'encens le plus pur. L'une de ces statues représentait Sylla en manteau dictatorial : l'autre un licteur portant les faisceaux devant lui. Enfin, viennent sénateurs et magistrats en robes de pourpre; chevaliers avec leurs cuirasses, leurs casques et leurs anneaux d'or. L'armée ferme le cortége; les cohortes, portant des enseignes d'or, et la plupart des cohortales des armures d'argent. Les cris de la foule répondent aux sons lugubres des instruments de musique. Alors, en arrivant sur le Forum, on s'arrête devant cette tribune aux harangues, — où ont été clouées tant de têtes par ses ordres, — et on prononce l'éloge funèbre du défunt. Bref, les plus robustes des sénateurs chargent le lit d'or sur leurs épaules et le portent au Champ-de-Mars, où, jusque-là, les rois seuls ont été ensevelis...

Est-ce assez lâche? Est-ce assez humiliant? Est-ce assez vil? Que vous en semble, ami lecteur? Aussi, détournons vite les yeux...

Malheureusement nous sommes arrivés à une ère de matérialisme où toutes les hontes sont possibles, car on ne sait plus rougir...

Cependant surviennent et se succèdent :

La *première guerre contre les esclaves*. Avec des maîtres tels que les Romains du jour, l'esclavage devient intolérable, en effet.

Le *premier soulèvement social* des Italiens, qui se réunissent à Frégelles, ruinée bientôt pour réprimer cette rébellion.

La *seconde guerre servile*, pendant laquelle, pour noyer la révolte dans le sang, on égorge plus d'un million d'esclaves.

Le *second soulèvement social*, suscité par la misère des peuples de l'Italie, soulèvement qui éclate à Corfinium, et que défend de ses combinaisons humanitaires le tribun Drusus.

Voici venir maintenant Pompée, qui se décerne lui-même le titre de *Grand*; puis Sertorius, puis Spartacus.

Mithridate, roi de Pont, se déclare l'ennemi de Rome et cherche à ruiner son influence dans la Grèce et l'Asie-Mineure.

A lieu, contre lui, la campagne de Lucullus, et celle de Pompée, en Asie, où les armes romaines triomphent.

Retentit en même temps, sur tous les tons, la formule qui ne varie plus :

Réduction de la Syrie et de la Phénicie en province romaine;

Réduction de l'Afrique septentrionale en province romaine, etc.

Apparaît la grande figure de Cicéron, l'éminent orateur, faisant contraste avec son ignoble adversaire, le révolutionnaire Catilina.

Apparaît le visage grave de l'ambitieux Jules-César.

Réduction de notre Gaule en province romaine, par ce Jules-César, l'*Imperator* orgueilleux.

Réduction de l'Espagne en province romaine.

Triumvirat de César, Crassus et Pompée, ou premier triumvirat, converti bientôt en *guerre civile*.

Bataille de Pharsale, en 48 avant J.-C.

Royauté, ou plutôt dictature de César.

Mort de Jules-César, et formation du second triumvirat entre Octave, son neveu, Antoine et Lépide.

Proscriptions du doux Octave.

La République aux prises avec l'Empire, à la *bataille de Philippes*.

Partage du Monde romain entre Octave et Antoine.

Guerre entre Octave et Antoine, terminée par la *bataille d'Actium*.

Chute de la République et avénement de l'Empire, 29.

Octave, premier empereur de Rome, sous le nom d'AUGUSTE.

Auguste n'est ni roi ni tyran, comme Rome n'est ni une république ni une monarchie. Son règne de quarante ans est employé à organiser doucement la monarchie. Il se montre plein de douceur et aime mieux pardonner les injures que les venger. Il vit avec la simplicité la plus modeste. Libéral pour tout le monde, il est très fidèle pour ses amis. Les poètes Virgile, Horace, Varius, etc., sont chéris de lui.

Sa première femme est Scribonie, fille de Libon, et Livie la seconde.

Il trouve Rome en pierre, et il la laisse toute de marbre. Le Palatin, le Champ-de-Mars, toute la cité lui doivent des splendeurs inimaginables.

TIBÈRE, beau-fils d'Auguste, puis son gendre, et enfin son fils adoptif, est un phénomène de lâcheté, d'inimaginable cruauté, d'avarice criminelle et de honteuse débauche. Son souvenir se trouve plus à Caprée, qui rougit de ses turpitudes, que dans Rome, dont il enrichit les palais.

Après lui, règne Caïus CALIGULA, qui lui ressemble par son avarice, sa débauche et ses cruautés. Chéréas délivra la terre de cette bête féroce.

CLAUDE, oncle et successeur de Caligula, est dépourvu de sens et de mémoire : il est lâche et timide, gourmand et ivrogne à l'excès. On le fait chef de l'empire d'une façon bizarre. A peine sait-on que Chéréas a poignardé Caligula, que, saisi de terreur, Claude se réfugie dans une galerie attenante à la salle à manger du palais d'Auguste, au Palatin. Là, il se blottit derrière les tapisseries d'une porte. Un soldat, qui erre au hasard, aperçoit ses pieds, le découvre, le met dans une litière, l'emporte au camp des Prétoriens, et on y proclame empereur l'imbécile Claude.

Epoux de Messaline, qu'il est obligé de faire égorger dans les jardins du palais impérial, il devient le mari de l'abominable Agrippine, femme aussi ambitieuse que belle, qui l'empoisonne bientôt, pendant que Néron, son fils à elle, fait périr l'inoffensif Britannicus.

Le grand événement de ce siècle, l'événement par excellence, car il va changer la face du monde, l'événement que la nation juive attend depuis longtemps, parce qu'il a été promis par Dieu et prédit par les prophètes, la venue du Messie, l'avénement du Sauveur du monde, la naissance de Jésus-Christ, en un mot, a lieu à Bethléem, dans la Judée, sous le règne de l'obscène Tibère.

C'est à partir de ce moment, heureux et sacré, que l'Ère Chrétienne, adoptée par l'univers entier, commence par l'an 1.

Or, un demi-siècle s'est à peine écoulé depuis la naissance de l'Homme-Dieu, et 804 ans depuis la fondation de Rome, que cette République célèbre, créée par une bande de fugitifs et d'aventuriers, après avoir grandi au milieu des orages, et étendu ses conquêtes sur presque tout le monde connu, fléchit sous son propre poids et s'affaisse. La liberté qu'elle a ravie à tant de peuples, elle vient de la perdre à son tour. Jules-César, maître du pouvoir suprême, est en vain tombé sous le poignard de Brutus. Octave a recueilli la succession de son oncle, et définitivement fondé le pouvoir impérial sous le nom d'Auguste. Aux deux monstres couronnés, Tibère et Caligula, qu'il a eus pour héritiers de l'empire, vient de succéder un idiot, tout larmoyant et effaré, Claude, le mari de Messaline, puis d'Agrippine, et le précurseur de Néron.

Sous ces princes, cruels et infâmes, la société romaine achève de se corrompre. Ses patriciens, enrichis des dépouilles du monde entier, se sont amollis dans les orgies et n'aspirent plus qu'à d'inexprimables plaisirs. Le service militaire des admirables légions romaines, qui ont fondé leur puissance et celle de la République, est abandonné désormais à des étrangers. Les fils des plus nobles familles n'ont plus d'autre occupation que de courir les Thermes, lieux de rendez-vous ordinaires pour ces oisifs, de lier des intrigues sous les portiques destinés aux promenades des dames romaines, de se couronner de roses et de prolonger leurs soupers jusqu'à l'aurore, ne quittant la table que pour se répandre en tumulte dans les rues de Rome, attaquer les passants attardés, battre les gardes de nuit, et souvent aller sous les sombres galeries mal famées du pont Milvius, les traits voilés sous un capuchon d'esclave, tenter d'ignobles aventures.

Ou bien encore les troupes de ces jeunes patriciens, échauffés par le falerne et le cécube, descendent par la Voie Sacrée, se dirigeant vers le Forum. Précédés d'esclaves portant des flambeaux, des coupes, des amphores, et suivis de quelques affranchis reconnaissables à leurs bonnets de libération, ils prennent à tâche d'interrompre, par leurs clameurs joyeuses, la seconde veille de la nuit, appelée l'*heure du silence*. Hélas! c'est le moment où toutes les turpitudes de Rome, protégées par l'ombre, trahissent leurs plus hideux mystères.

Que pouvait devenir une cité livrée à de tels désordres? Périr! Et c'est à sa ruine que nous allons assister, en effet.

Néron, né à Antium, au lever du soleil qui dore de ses reflets la toute fraîche apparition de cet autre monstre, plus exécrable encore que les précédents, Néron devient empereur en l'an 54.

On ne respire pendant les premières années de ce règne que pour mieux sentir les neuf années suivantes. Guidé par les plus brutales passions, Néron surpasse ses prédécesseurs en atrocités, en inimaginable barbarie. Britannicus, qui devait régner à sa place, périt par le poison qu'il lui fait verser par Locuste, cette affreuse Locuste qui déjà avait tué Claude. Agrippine, mère du tyran, succombe sous le poignard de son fils, qui n'a pu réussi à la noyer. Oui, ce misérable Néron fait mourir sa mère, et d'horreur, dit l'histoire du temps, le figuier ruminal, dont les branches ombrageaient depuis 830 ans la cabane de Romulus, se dessèche tout-à-coup. Puis, c'est Burrhus, son préfet du Prétoire, c'est Sénèque, son instituteur, c'est le poète Lucain, et bien d'autres qui tombent victimes de son exécrable scélératesse.

Qui pourrait énumérer le nombre des chrétiens qui, inculpés d'avoir incendié Rome, cueillent, sur la croix, la palme des martyrs?

Car ce tyran est poète, il est artiste, il est musicien. Etre poète, artiste et musicien le flatte bien autrement que d'être empereur. Il chante sur les théâtres de l'empire; il danse, ou il se fait cocher dans les stades de la Grèce; il remporte partout des triomphes artistiques d'autant plus faciles que personne n'ose lutter contre lui : c'est un jeu trop dangereux!

Sous Tibère, sous Néron, pas un jour ne s'écoule qui ne soit marqué par des exécutions. Les femmes, les enfants même des accusés sont enveloppés dans la procédure criminelle, et partagent leur triste sort, personne n'étant absous. Afin de se soustraire aux atroces tortures que s'est imaginé d'appliquer une cruauté raffinée, plus d'un, sous les yeux du juge, s'entre-frappe du poignard; plus d'un avale du poison en plein sénat; plus d'un, au premier avis de mise en jugement, s'ouvre les veines dans un bain chaud. Qu'importe? On s'empare de ces malheureux tout sanglants, tout pantelants, demi-morts : on arrête les hémorragies, on coud les artères, on panse les blessures, on ingère de vive force les contre-poisons ; on rend la vie aux mourants pour mieux la leur arracher.

Après les Césars, nombre d'empereurs ne déploient pas moins de férocité.

Caligula gourmandait le bourreau, si les suppliciés ne s'étaient pas sentis mourir. Néron, pour prolonger dans la nuit les sanglants et sinistres spectacles des cirques, fait attacher à des pieux de longues files de chrétiens. Oh! ceux-là ne cherchent pas à se soustraire au supplice par une mort volontaire : non, certes! Ils croient à la vie future... Ils se soumettent, au contraire, et ils voient que l'on enduit leurs corps d'un mélange de poix, de bitume et de soufre. Et alors, quand les ténèbres enveloppent la terre, on allume ces torches vivantes. Les chairs de ces heureux témoins du Christ flamboient; l'arène étincelle, et les jeux abominables, donnés par le tyran à un peuple dégénéré, s'achèvent aux lueurs blafardes de cette homicide illumination.

Sergius GALBA, gouverneur de l'Espagne, prend l'énergique résolution de délivrer Rome, son infortunée patrie. Mais il a soixante-douze ans, une tête chauve, une figure blême, l'air triste et rêveur. Aussi le peuple de Rome, à qui ne déplaisait pas trop la mine d'hyène de Néron, et qui s'amusait de ses excentricités cruelles, vient à la rencontre de Galba, jusqu'à la sortie de Rome, le pont Milvius. Là, il sollicite du pain et des fêtes : *Panem et Circenses!* Le rude Galba, qui ne vient pas pour flatter les caprices de la canaille, la fait charger par sa cavalerie. Il y a mort d'hommes. Le sang de la plèbe rougit jusqu'au poitrail le cheval impérial; aussi quelques jours s'écoulent à peine que Galba est massacré, et sa tête jetée dans le cloaque des Gémonies, pendant que les Prétoriens proclament empereur

Othon, un ancien favori de Néron, qui, par amitié, lui a cédé l'impudique Poppée, et autour duquel s'empressent le sénat et le peuple.

Mais douze jours luisent à peine sur le gouvernement d'Othon, car on apprend, un soir, que les légions de Germanie ont fait leur général Vitellius, César et empereur de Rome.

Vitellius est un colosse remarquable par son embonpoint, le feu sanguin de son visage allumé par la bonne chère, et l'ampleur prodigieuse d'un ventre énorme.

Le nouveau prince entre, en effet, dans Rome, pendant qu'Othon se donne la mort. Vitellius est suivi de son armée, qui campe au Vélabre, à l'entour du Palatin, et au Champ-de-Mars.

Alors Vitellius faisant de la maison d'or de Néron une auge d'Epicure, passe ses jours et ses nuits à manger, et, quand il est repu, à manger encore, avec plus de gloutonnerie, car les Romains du *highelife* de cette mémorable époque ont imaginé de se faire vomir entre les différents services d'un festin, pour rendre l'estomac apte à recevoir de nouveaux aliments. *O tempora! ô mores!* eût dit Cicéron, eût dit Caton-le-Censeur, eussent dit les Romains d'autrefois.

L'univers entier est convié à fournir la table du terrible gourmand. Un seul de ses repas dévaste une ville ou une province. On lui sert jusqu'à deux mille poissons et sept mille oiseaux à la fois. Un seul de ces mets, composé de foies de sargets, de cervelles de paons et de faisans, de langues de phénicoptères, — *flammants*, — et de laitances de murènes, qu'on lui présente dans un plat d'argent fondu exprès, coûte, d'après Suétone, un million de sesterces.

Les légions d'Orient se révoltent de dégoût, et elles font choix de Vespasien.

Mais alors les Vitelliens incendient le Capitole. Néanmoins, Vitellius voulant se réfugier auprès de sa femme, qui demeure sur l'Aventin, s'affuble d'un sayon gaulois et se cache d'abord derrière la loge du portier du palais impérial. Les chiens de garde se précipitent sur lui et le déchirent. Il crie. On accourt; on l'arrache aux dogues, on lui lia les mains derrière le dos ; on le traîne dans les rues ; on lui met une épée nue sous le menton, afin que la pointe l'empêche de baisser la tête ; on le barbouille de... fange, et enfin on le livre au bourreau, qui l'étrangle et l'ensevelit dans la boue du Tibre, digne tombeau d'un tel homme. — L'époque que je viens de résumer, surtout le règne d'Auguste, est l'âge d'or de la littérature et des arts, cependant. En effet, le temple de Janus étant fermé pour la seconde fois seulement depuis Romulus, c'est-à-dire l'empire étant en pleine paix, les grands, au lieu de s'occuper de politique, se livrent à l'étude des sciences, et surtout des *belles-lettres*, ou au moins leur assurent un appui et des encouragements.

Tels furent Mécène et Agrippa, l'un ami, et l'autre gendre d'Auguste.

Auguste et Asinius Pollio fondent des bibliothèques publiques.

Au rang des poètes brillent Vigilius Maro, Ovide, Gallus, Cornelius Severus, Tibulle, Properce, Catulle, Gratius Faliscus, Mamilius, Horace, Phèdre, et la foule des épigrammatistes.

L'histoire s'enrichit des travaux de Tite-Live et de Denys d'Halicarnasse.

L'éloquence dut chanceler, après Cicéron, mais la philosophie et les mathématiques sont encore cultivées.

Quant aux *beaux-arts*, on voit surtout fleurir l'architecture, la statuaire, la sculpture.

Et, cependant, Rome n'ayant plus rien à craindre au-dehors, en apparence, la race de ses grands hommes disparaît peu à peu. Ainsi, après Auguste, la littérature s'affaiblit, le style et la langue dégénèrent. Toutefois Lucain, Valerius Flaccus, Perse, se distinguent comme poètes ; Valerius Paterculus, Diodore de Sicile et Valère Maxime, comme historiens ; Celse, comme médecin ; Longinus, comme jurisconsulte, et M. et L. Sénèque se produisent comme doctes philosophes.

Bref, les arts, eux aussi, tombent bien vite en décadence, car la corruption des mœurs prenant le dessus, les désordres, la licence et l'immoralité sont poussés aux derniers excès.

Vespasien est un prince qui laisse quelque peu la liberté de vivre à sa guise. Il tient à la paix, et l'appelle de tous les vœux de son cœur. En attendant que les ennemis de l'empire lui laissent ses doux loisirs, il érige le merveilleux *temple de la Paix*, dont la postérité admire encore les splendeurs, sur la bordure orientale du Forum. C'est là qu'il renferme les trésors du temple de Jérusalem, candélabre à sept branches, mer d'airain, autel des sacrifices, table des pains de proposition, trompettes d'argent, etc., toutes choses arrachées à l'admirable sanctuaire de Salomon, par Titus. Car Titus, fils de Vespasien, accomplit les décrets de la Providence en livrant la coupable Jérusalem et ses ingrats habitants aux horreurs d'un siége et au sac de cette célèbre capitale.

C'est alors que les Juifs captifs sont employés par Titus et Vespasien à la construction du gigantesque Colisée.

Titus règne après Vespasien, et se fait chérir par des vertus que certains historiens croient au moins exagérées.

Après lui, son frère Domitien porte la pourpre impériale. C'est l'un des plus éhontés tyrans et des plus cruels despotes dont l'histoire conserve le souvenir.

Nerva vient ensuite; mais il est vieux, et son règne assez sage est employé à construire le Forum qui porte son nom.

Trajan, l'Espagnol Trajan, qui triomphe des Barbares assiégeant les frontières de l'empire, et qui construit à l'entour de la magnifique *colonne Trajane* tout un splendide Forum, mérite encore de figurer dans cette série de princes qui s'occupent de la gloire de Rome et du bonheur du peuple.

Hadrien, en 117, visite les domaines de l'Etat, crée la superbe *villa de Tivoli*, où il entasse sans goût la reproduction des plus beaux monuments de l'antiquité, et construit son merveilleux *tombeau de*

Hadrien, qui, bien dégradé, deviendra cependant le tant célèbre château Saint-Ange de nos jours.

Puis Rome tombe aux mains d'ANTONIN-LE-PIEUX, dont la *colonne Antonine* actuelle est le meilleur souvenir.

Après lui, MARC-AURÈLE le philosophe, *Lucius Virus*, associé à l'empire; COMMODE, l'infâme Commode, que Marcia fait égorger; PERTINAX, à qui les Prétoriens vendent l'empire, et qui est massacré ensuite par les mêmes Prétoriens; SEPTIME SÉVÈRE, l'Africain, le destructeur de notre *Lugdunum*, le créateur de la muraille qui sépara longtemps l'Angleterre de l'Ecosse, l'auteur d'une persécution contre les chrétiens, le vainqueur des Parthes, et qui mourut à *Eboracum*, York; CARACALLA, son fils, le meurtrier de son frère Géta, victime de Macrin, à son tour; MACRIN; HÉLIOGABALE, et ALEXANDRE SÉVÈRE, empereur en 222, et le premier prince qui se montre favorable aux disciples du Christ, règnent successivement à Rome, qui tremble à la pensée des Barbares qui campent sur les confins de son immense domaine, le Monde connu d'alors.

Dirai-je que cet Héliogabale, que je viens de nommer, prêtre du soleil, à Emèse, dans la Syrie, est ce jeune et beau prince qui gratifie l'Olympe de Rome d'une nouvelle divinité, à savoir une pierre noire, — un aérolithe, — trouvée sur les bords de l'Oronte? La mort violente qui atteint cet enfant de vingt ans le trouve déjà vieilli par l'excès de tous les plaisirs.

Après Alexandre Sévère, le Goth MAXIMIN monte sur le trône. On lui oppose le sénateur GORDIEN I et son fils, GORDIEN II. Mais à peine le sénat a-t-il approuvé ce choix, que Gordien II périt dans un combat, et son père se tue de désespoir.

Maximin marche sur Rome. Le danger donne du courage aux plus faibles, et les sénateurs proclament empereurs BALBINUS et PUPIENUS. Alors Maximin est égorgé par ses soldats.

Cependant l'armée ne peut se résoudre à reconnaître des empereurs élus par le sénat, et l'on s'attend à de nouvelles guerres, au moment où les espérances que fait naître Gordien III réunissent tous les partis. Ce jeune empereur est né pour la vertu. Il combat vaillamment les Perses, lorsque Philippe, préfet de sa garde, lui donne la mort dans une révolte, en 244.

Pauvre Rome! cette fois c'est un Arabe, Philippe, qui prend le sceptre des Césars, juste 1000 ans après la fondation de la ville. Philippe subit bientôt le sort qu'il a fait éprouver au vertueux Gordien III.

Son successeur Décius, désireux de devenir pour Rome un second Trajan, ne peut réussir à ramener les mœurs antiques.

L'histoire ne dit rien de Gallus et de Volusien, d'Hostilien et d'Emilien, qui, en deux ans, trouvent le chemin du trône et celui de la mort.

Valérien aurait laissé un souvenir plus honorable, s'il n'avait jamais été empereur. Ses dehors austères cachent son incapacité. Aussi est-il vaincu par Sapor, roi de Perse.

Son fils, Gallien, accepte le pouvoir sans le chercher. Mais alors les hordes barbares envahissent l'Asie, la Grèce, l'Italie et la Sicile, sans que le voluptueux empereur songe à les repousser.

De Claude II, rien à dire.

Mais un prince heureusement inspiré lui succède. C'est Aurélien. Cet empereur rétablit l'ordre et la paix. Il repousse les Barbares, et s'avance jusqu'à la forêt Hercynienne et la Pannonie, en les chassant devant lui.

Il triomphe ensuite de Zénobie, la reine de Palmyre.

C'est à lui que Rome doit les nouvelles et imposantes fortifications dont il l'entoure, et qui, avec ses nombreuses portes, subsistent encore de nos jours sous le nom d'*Enceinte d'Aurélien*. Son but est de la mettre à l'abri des vicissitudes de la guerre, et de rendre inexpugnable le siége de sa domination.

Aurélien est le premier empereur qui orne sa tête d'un diadème, nouveauté par laquelle Caligula avait fort déplu aux Romains. Hélas!

lui aussi, ce prince regrettable et regretté, meurt assassiné, alors qu'il porte la guerre chez les Perses.

Le règne, digne d'éloges, du vieux TACITE, ne dure que peu de mois.

PROBUS, un de ses meilleurs généraux, endosse la pourpre, mais il meurt sous le fer de ses soldats.

A quoi bon vous nommer CARUS, CARIN et NUMÉRIEN? Ils passent comme de sinistres météores, qui s'éteignent aussi vite qu'ils paraissent au firmament de Rome.

Monte sur le trône DIOCLÉTIEN, le tourmenteur juré de la grande famille chrétienne, car le christianisme fait d'immenses progrès chaque jour.

Avec MAXIMIN-HERCULE, CONSTANCE-CHLORE et MAXIMILIEN GALÈRE, qu'il s'associe au trône, Dioclétien partage l'empire, sans nuire à son unité, et tout en résistant aux Barbares toujours à l'affût de la proie qu'ils convoitent, ils étendent ensemble la domination romaine en Orient.

Enfin, CONSTANTIN-LE-GRAND, en prenant la couronne impériale, embrasse la religion du Christ.

Désormais la croix du Sauveur brille sur le *Labarum*, ou étendard des armées de Rome. On le voit flotter pour la première fois à la *bataille du Tibre*, livrée, sous les murs de Rome, près du pont Milvius, à Maxence, fils de Maximin-Hercule, par Constantin, bataille dans laquelle se noie Maxence, le pont Milvius s'étant écroulé sous ce prince cruel et débauché.

De ce moment le despotisme militaire a un terme.

Le siége de l'empire est transféré à Byzance, qui reçoit le nom de Constantinople.

A la mort de Constantin, ses trois fils, *Constantin*, *Constance* et *Constant*, se partagent l'empire, jusqu'au moment où, après une guerre de douze ans, CONSTANCE reste seul maître du pouvoir.

En 362, Julien, dit l'*Apostat*, prince rempli de talents, n'ayant que peu de vices, mais de chrétien redevenu païen, lui succède.

Après lui, règnent Jovien, Valentinien Ier en Occident, *Valens* en Orient, en 374, moment où les Huns inondent l'Europe tout entière.

Succèdent Gratien et Valentinien II en Occident, puis *Théodose Ier* en Orient.

En 395, Théodose partage définitivement la domination romaine en :
Empire d'Occident, avec Rome pour capitale;
Et en empire d'Orient, chef-lieu Constantinople.

Règnent successivement *Honorius*; *Théodose II*; *Constance II*; *Valentinien III*; *Marcien*; *Avitus*; *Majorius et Léon*; *Lybius-Sévère*; *Anthème*; *Olybrius*; *Glycérius*; *Nepos et Zénon*; et enfin *Romulus*, surnommé *Augustule*, en 475.

Mais que dire de ces princes, sinon qu'ils sont aussi faibles, impuissants et misérables, que Rome est elle-même caduque et dégradée?...

Romulus-Augustule! Le nom du premier roi de Rome et de son premier empereur, au dernier des maîtres de la Souveraine du monde! N'est-ce pas une dérision du sort?

En 476, un an après l'avénement de ce Romulus-Augustule, ce prince est détrôné par Odoacre, chef des Hérules.

En effet, les Barbares débordent de toutes parts dans l'Empire.

Ils franchissent bientôt les fortifications d'Aurélien, pénètrent dans Rome, la saccagent, la pillent et la détruisent...

La splendide Rome d'Auguste est anéantie, et disparaît sous les ruines...

L'Empire romain est à sa fin;

Et Rome moderne, après le départ des Barbares, s'édifie petit à petit, à l'aide des décombres de sa sœur ainée, dans les larges espaces du Champ-de-Mars...

Sed... quantum mutatus ab illo!

Par quelle route on doit arriver à Rome. — Coupole de Saint-Pierre, vue de la mer. — De Naples à Rome. — Marais-Pontins. — Pays des Etrusques du sud, des Volsques, des Latins, etc. — Gaëte. — Vénafre. — Minturnes. — Aricie. — Où le narrateur choisit son observatoire pour voir de haut et Rome et la Campagne de Rome. — Mont Albain et temple de Jupiter-Latial. — Albe-la-Longue étale ses ruines aux pieds de l'auteur. — Aspects merveilleux de la Ville-Eternelle. — Impressions en face du tant célèbre théâtre de la souveraine du Monde ancien. — Panorama grandiose, incomparable. — Où la critique est inique envers la Campagne de Rome, que l'on nomme le Désert. — Magnificence du spectacle qu'elle présente aux yeux. — Le Latium de Virgile et les tant fameux Paphos, Cythère, Gnide, Baïa, Pœstum, etc. — Poésie charmante des horizons. — Paysage à vol d'oiseau. — Vaste encadrement circulaire de la Souveraine du monde. — Pyrgos. — Cœré. — Les murs cyclopéens de Populonia, Tarquinies, etc. — Faléries. — Temple d'Apollon sur les hauteurs du Soracte. — Capena. — Eretum. — Nomentum. — Ce qui reste de la villa de Phaonte. — Le Mont Sacré et les jongleries des révolutionnaires de tous les âges. que l'on

Tout chemin mène à Rome... dit le proverbe.

Le proverbe se trompe à un point de vue. C'est vrai, on peut arriver à Rome par le nord ou le sud, le levant ou le couchant, par tous les points intermédiaires. Mais la seule avenue qui mette peu à peu le touriste et l'explorateur en présence de l'Agro-Romano d'abord ; des mélancoliques paysages de son désert, si parfumés de poésie, ensuite ; et enfin de la grande cité nageant dans l'air ambiant de la plaine et gravement assise sur son fleuve d'or, vers laquelle on s'achemine pas à pas en descendant des hauteurs du mont Albain, c'est la route de Naples, c'est la grande Voie Appienne, *regina viarum*, comme disent les Latins.

On quitte donc la France à Marseille, et, par la mer, en longeant les côtes si pittoresques de la péninsule, on débarque à Naples, pour étudier ses merveilles et revenir ensuite vers Rome, comme point terminal du voyage en Italie, en supposant que l'on ait visité antérieurement ses autres parties.

Quand on a dépassé Civita-Vecchia, à la hauteur d'Ostie, là où le Tibre paie son tribut à la Méditerranée, on aperçoit tout-à-coup, sur la gauche du paquebot, une gigantesque coupole de bronze scintillant dans l'espace, au-dessus de la terre ferme, et chacun des voyageurs la compare à un ballon lumineux.

— Saint-Pierre de Rome!... murmure la voix du capitaine.

— Saint-Pierre de Rome!... répètent les passagers du steamer, dont les yeux sont fixés sur le tableau magique qui passe comme une vision.

Et la plupart de se découvrir avec respect.

Cette apparition fugitive se grave dans la mémoire du cœur : jamais on ne l'oublie.

Les Napolitains disent : « Voir Naples et puis mourir! »

De Rome, on ne tient pas ce langage. On dit : « Voir Rome, la revoir encore, la revoir toujours! »

Ce que je dis n'a rien d'exagéré : c'est un fait acquis. Demandez s'il est vrai; interrogez tous ceux qui sont allés à Rome.

C'est qu'il est, au monde, trois grandes cités dont l'éducation nous fait les citoyens : Athènes, Rome et Jérusalem! Est-il rien dans les annales des peuples qui ne se rattache à ces trois illustres villes? Aussi, quel prestige elles exercent sur nous, et combien de fois, dans nos rêves d'étudiants et nos projets d'hommes mûrs, ne voyons-nous pas leurs noms briller en lettres éblouissantes sur de lointains horizons?

Après un premier séjour à Rome, j'y suis retourné trois fois. C'est vous déclarer que j'ai le bonheur de la bien connaître.

A la première visite que j'eus l'honneur de rendre au souverain Pontife, Sa Sainteté me dit :

— Connaissiez-vous Rome jusqu'à présent?

— Non, Saint-Père.

— Alors vous y reviendrez!...

Le Saint-Père avait raison.

Donc, de Naples je m'acheminai vers Rome, par la Voie Appienne, selon que l'expérience acquise me disait de faire.

Or, c'était par *Terracine*, l'ancienne *Anxur* des Romains, la capitale du roi Théodoric ensuite;

C'était par les redoutables *Marais-Pontins*, dont l'air est si impur, mais que leur verte fourrure et leurs perspectives fuyantes décorent d'une si mélancolique poésie;

C'était par cette grande avenue de splendides ruines historiques qui se nomment *Capoue*, voisine de la sinistre plaine où se livra la bataille de Cannes, et dont les délices furent si fatales aux Carthaginois et à Annibal;

Gaëte, que fonda Enée en l'honneur de sa nourrice bien-aimée, *Cajeta;*

Vénafre, dont les collines, comme à l'époque du fameux voyage d'Horace, sont couvertes d'oliviers;

Minturnes, qui abrita Marius dans ses marais et ses lagunes;

Velitra, actuellement *Vellétri*, cité volsque, patrie d'Auguste, et charmant village où Raphaël trouva son modèle de la *Vierge à la chaise;*

Aricie et son temple de Diane, assis sur le lac et dans le bois sacré de Némi, dont, pour devenir le prêtre, il fallait tuer de sa main celui qui l'était auparavant, ce qui faisait que l'infortuné ministre de la déesse marchait toujours armé d'un glaive;

C'était par *Gensano* et *Albano*, rendues célèbres par leur lac aux eaux bleues, par les somptueuses villas de Pompée, de Clodius, le terrible ennemi de Milon, de l'empereur Domitien, et surtout renommées comme la pépinière des plus belles et des plus saines nourrices parmi les matrones romaines de nos jours, que j'atteignais enfin le point culminant de la chaîne des monts Albains.

Là, laissant derrière moi le pays des Rutules, des Volsques et des Samnites, si souvent en guerre avec les Romains, qui finirent par absorber toutes les nationalités de leur voisinage dans la leur, de manière à se préparer un acheminement à la conquête du monde, et jetant un regard scrutateur sur le vallon célèbre, ou plutôt la gorge sinistre où se passa le drame des *Fourches Caudines*, je me trouve bientôt au centre du Latium, et en face de cette vaste plaine volcanique dont j'ai parlé, qui se glorifie de son appellation tant calomniée de Campagne de Rome!

J'ai un projet, une idée, inspirés par Virgile, le poète favori des amis de l'antiquité romaine, et voici ce projet, cette idée :

La chaîne circulaire du mont Albain, du mont Algide et des collines de Tusculum, sur laquelle j'arrive en montant peu à peu, à partir d'Itry, de Fondi, etc., a pour point culminant le *Monte-Cavo*, auquel on parvient en traversant une épaisse forêt de pins, au moyen d'un chemin doucement incliné. A peine occupe-t-on le sommet de cette éminence conique, que l'on jouit de la plus admirable perspective que puissent désirer un poète, un artiste, un voyageur.

Ce Monte-Cavo n'est autre que le *Mont-Ida* des Romains; et c'est sur son plateau sourcilleux que Virgile fait asseoir Junon, l'épouse de Jupiter, la grande déesse souveraine des dieux, pour assister à la lutte qui a lieu entre le pieux Énée, prince des Troyens, et Turnus, roi des Rutules.

> At Juno e summo, qui nunc Albanus habetur,
> Tum neque nomen erat, nec honos, aut gloria monti,
> Prospiciens tumulo campum adspectabat, et ambas
> Laurentûm Troumque acies, urbem que Latini.
>
> (VIRG., *Enéid.*, XII, 134.)

Or, c'est la place, le siége même occupé par la reine des dieux, l'altière Junon, que je veux aller prendre, sur la cime du mont Albain, afin de contempler, à mon aise, et Rome, et le Tibre, et la Campagne de Rome, incomparable tableau où fourmillent les souvenirs, bassin grandiose témoin de tant de gloire et d'ignominies.

Gravir le mont Albain, qui domine les lacs de saphir de Némi, d'Albano, de Régille, etc., les cratères des montagnes inférieures, et les charmantes résidences de Grotta-Ferrata, de Rocca-di-Papa, de Castel-Gandolfo, de Ferrentinum, etc., est d'une jouissance sans pareille. J'ai déjà fait cette excursion, jadis, et alors comme aujourd'hui, je traverse la forêt de pins sillonnée par l'antique voie pavée de polygones irréguliers, établie par les Romains des premiers âges.

Je rencontre bientôt la plaine où la tradition veut que le terrible Annibal ait placé son camp, alors qu'il marchait sur Rome;

Et enfin j'atteins le point précis où se place Junon, point signalé par le *temple de Jupiter-Latial*, édifié par Tarquin-le-Superbe, pour y célébrer les *Féries Latines*, cérémonies religieuses ayant pour but d'unir par un lien sacré les vaincus du Latium à leurs vainqueurs, et de confondre en un seul peuple, celui des Romains, les nationalités absorbées par la conquête. En effet, aussitôt que Marses, Herniques, Osques, Rutules, Volsques, Sabins, Samnites, Etrusques, etc., furent devenus Romains, Tarquin consacra le mont Albain à Jupiter, *Monte-Jove*, et le temple qu'il y éleva, richement décoré de marbres et de colonnes, devint le centre et le point de ralliement de la confédération latine.

Par la voie que j'ai signalée, et dont l'antique pavé polygonal est encore presque entier, les peuples de Rome, d'Albe-la-Longue, de Laurentum, de Lavinie, d'Ardée, de Lanuvium, etc., accoururent en foule, de l'an 700 avant J.-C. jusqu'à l'an 400 de notre ère, au sommet du Monte-Cavo, pour y honorer Jupiter-Latial ou Latin.

Pendant nombre de siècles, depuis Auguste, le premier empereur de Rome, ce temple resta désert. Puis, il tomba en ruines. Ce sont ces ruines que je foule aux pieds et sur lesquelles je m'assieds. On voit même encore quelques substructions étendues qu'utilise un couvent de Passionistes, qui s'est établi près de cette cime vénérable, sur laquelle tant d'âges ont passé en y laissant leur empreinte.

Des hauteurs qui me servent de piédestal, la vue est incomparable. Ainsi que la déesse aux bras blancs d'Homère et de Virgile, je cache ma tête dans les nuages, mais à mes pieds se déploie le vert tapis de l'incommensurable Agro-Romano. Je vois se dérouler à l'infini les plus admirables perspectives : murailles et bastions de Rome protégeant son enceinte, ponctuée de ses collines émergeant de la brume d'or de la plaine; Voie Appienne et cent autres voies, aux interminables rubans blancs, avec leurs longues séries de tombeaux; et puis d'indescriptibles paysages, jadis peuplés de villas somptueuses, de temples, de camps, de villes guerrières, le tout converti en ruines grandioses, encore poétisées par des massifs d'arbustes, de bouquets de bois, de semis de fleurs, derniers restes de cette opulente culture due au labeur de légions d'esclaves de toutes les nations et de toutes les couleurs, courbées péniblement sous le joug des Romains.

Hélas! ces feuillets déchirés du riche album de la Campagne de Rome aux jours de ses splendeurs, cette mise en scène souillée, flétrie, de la Rome impériale, n'est plus aujourd'hui qu'une morne solitude, un désert sombre d'une pâle verdure, d'un mélancolique aspect, silencieux, mais éloquent encore dans sa détresse, tant il est capitonné de splendides décombres, sillonné d'inimaginables chevauchées d'aqueducs en arcades, et marqueté de mystérieux débris, que tout d'abord on prend pour d'étranges caravanes d'animaux fantastiques, et de chimères bizarres. Comme dans les jeux fantaisistes du kaléidoscope, c'est partout une succession sans fin de merveilles tombées, d'édifices éboulés, de remparts éventrés, de magnificences couchées sur le sol. Et alors, tout en évoquant ses souvenirs, le voyageur se trouve pantelant, ainsi que dans une hallucination fiévreuse et les cauchemars des songes d'une nuit d'orage et de chaleur torride.

Le fait est que, dans la sauvage solitude de sa Campagne, au milieu de ces champs du Latium, où campèrent l'étrusque Porsenna, le Brenn gaulois, l'Africain Annibal, et Pyrrhus l'Epirote, ce n'est qu'une fourmillière de cités glorieuses des temps passés, déployant leurs ruines presque intactes; et quelle exhibition splendide ne vous font-elles pas des drames et des péripéties de l'histoire!

Hélas! une vaste plaine déserte, désolée par la *mal'aria*, a remplacé ce Latium si poétique de Virgile. Oui, Rome est déchue, tombée, ruinée, quant à ses monuments d'autrefois. Les buffles broutent les buissons dans ces mornes solitudes, paysages jadis embellis par les villas voluptueuses où Lucullus, Horace, Properce, Tibulle, Ovide et Catulle venaient deviser de plaisirs et de poésie. Mais Rome n'en est pas moins la plus merveilleuse, la plus étonnante des cités antiques. Alors qu'on n'a pas encore mis le pied sur son *pomœrium* ou glacis de l'enceinte, on en pressent les merveilles, on devine ses magnificences.

J'en demande bien pardon à ceux qui liront cet ouvrage, mais, pour le comprendre, il faut avoir lu quelque peu l'histoire de Rome et de ses grandeurs, comme de ses hontes, afin de juger et de saisir ce que peut produire, sur le touriste lettré, le tableau de ce cirque sans rival, où fourmillent les ruines et les souvenirs, de ce caravensérail gigantesque où toutes les nations mortes ont passé, et où toutes les nations vivantes se donnent rendez-vous pour y visiter les cendres de la cité qui fut si grande et du peuple qui fut si fort.

Rome et son territoire, ses horizons en amphithéâtre et leurs ruines une fois étalés devant moi, je n'ai plus besoin de la chaise de poste ni du conducteur, mon compagnon de route, qui m'ont amené jusqu'au pied de la montagne. Je leur confie mes valises pour les déposer à mon hôtel; et, armé du bâton blanc du touriste et de mon télescope, je m'installe, seul, debout, comme la statue de la Curiosité, la tête penchée en avant, les yeux dilatés par le besoin de voir, et l'oreille tendue, sur la pointe du mont Albain.

Tout un monde d'idées assiége mon cerveau. Des souvenirs affluent en foule. Il se fait dans mon intelligence et ma mémoire une telle surexcitation que je n'ai rien à chercher. Faits, drames, batailles, épisodes, monuments, personnages, rois, consuls, empereurs, chevaliers, patriciens, plébéiens, affranchis, esclaves blancs, esclaves noirs, je revois toutes choses depuis l'origine, *ab urbe conditâ*; je me rappelle les noms les plus excentriques, rien ne me fait défaut. Je n'ai pas à colliger et à comparer les époques pour faire passer sous mes yeux les héros des temps, les matrones, les hétaïres, les guerriers, les légionnaires, les tribuns. Le fleuve, le grand fleuve de l'histoire coule à pleins bords; il passe, passe encore, passe toujours, sans fin, et je navigue, sans écueil, au milieu de toutes les épaves du temps. C'est que, pendant les longues études de nos lycées et le silence nocturne du cabinet, l'homme studieux apprend tant et tant! Et puis, ne l'oubliez pas, je connais déjà Rome et la Campagne de Rome; j'y arrive pour la troisième fois, par une avenue nouvelle, mais charmante. Et comme j'ai déjà visité toutes les scènes où se sont passés les événements les plus mémorables, je les retrouve, sans erreur, à l'extrémité de ma chère et bonne lunette d'investigateur passionné pour les choses d'autrefois.

J'ai voyagé une partie de la nuit, nuit transparente, douce, parfumée des senteurs d'une nature sauvage. Mais, à ce moment le jour se fait, comme il se fait en Italie, limpide et pur, et le soleil, un brillant soleil, se lève sur les montagnes de la Sabine, dorant, éclairant, illuminant de ses feux toutes les aspérités du sol, repoussant devant lui les ténèbres des plis de terrain encore ensevelis dans l'ombre, et projetant sa vive lumière jusque dans les moindres cavités.

On a dit tant de mal des Marais-Pontins, dont je vous parlais tout-à-l'heure, que, venant de Naples à Rome par ces terribles marécages, je frissonnais d'épouvante à la pensée de les traverser dans toute leur étendue, car ils couvrent le sol de Terracine à Porto d'Anzio, c'est-à-dire quarante milles romains en longueur sur quatre et dix de largeur. Je me voyais déjà passé à l'état de cadavre, assassiné brutalement par la *mal'aria*. Dans mes idées, les eaux stagnantes de cet ancien empire de la magicienne Circé, île mal rattachée à la terre ferme, devaient faire de ce lieu redoutable un affreux bourbier, des fondrières horribles, d'abominables gouffres.

Or je n'ai pas vu au monde de paysages plus poétiques que ces calomniés Marais-Pontins. Prairies accidentées, bocages harmonieusement groupés, les uns et les autres de cette verdure douce et pâle qui charme l'œil : et puis, partout des perspectives mystérieuses et fuyantes qui font rêver l'imagination.

La route, qui court vers Rome sans la moindre inflexion, est constamment bordée de quatre rangs d'arbres centenaires. Sur la droite, chaînes de collines stériles et dénudées, qui bornent l'horizon, mais avec mille aspects variés et gracieux, villages de bon ton, clochers de bonne mine, massifs d'arbres abritant des cascines, auberges même présentant de joyeuses façades ; et puis, troupeaux de buffles et de cavales pâturant sur des pelouses tondues comme par le rasoir du barbier; assez fraîches jeunes filles, paysans passablement robustes, et postillons gaillards. A gauche, à dix pas de la route et formant avec elle une ligne parallèle de la rigidité d'un I, le *Naviglio Grande*, et, au-delà, une vaste plaine descendant vers la mer. Enfin, le mont et l'île antique, à peu près confondus avec le rivage, de la belle Circé, qui joua de si terribles tours aux compagnons d'Ulysse, et qui, de nos jours encore, fait la terreur des pâtres.

Ce Naviglio Grande témoigne des efforts et des tentatives des souverains Pontifes pour assainir ce territoire, à l'aide de ce canal. Avant eux, Appius Claudius, Céthègus, Auguste, Néron, Trajan, etc., avaient essayé d'obtenir un heureux dessèchement de ces marais tellement empestés qu'ils donnent la fièvre : ils avaient échoué.

Eh bien! le mal que l'on a dit des Marais-Pontins, on l'a dit aussi, on le dit encore, on le répète sur tous les tons à l'endroit de l'*Agro Romano*, du *Désert* ou *Campagne de Rome* : la banlieue de la Ville-Eternelle porte ces différents noms.

Le Désert à Rome? Sans doute. N'est-ce pas le sort des antiques capitales : Babylone, Ninive, Thèbes, Athènes, et bien d'autres? Ne voit-on pas les poulains et les bœufs paître l'herbe qui pousse entre les pavés de Ravenne, cette métropole du Bas-Empire?

Quand nous gravirons, dans Rome, le Cœlius et l'Aventin, nous verrons que le silence et la solitude règnent dans la plus grande partie de l'enceinte de la grande cité. Or, s'il en est ainsi au-dedans des murs, qu'est-ce donc au-delà?

Avant de s'arrêter aux montagnes de la Sabine, l'œil trouve des points de repère, des contours, des éminences, le tout capitonné de massifs de couleurs variées : ce sont des ruines, des tombeaux, des aqueducs écroulés, des sépulcres surtout.

N'est-ce pas la mort qui survit le mieux?

Ce néant, c'est l'Agro Romano. Le patrimoine de Saint-Pierre se compose de deux cent mille hectares environ de terrain d'alluvion, de plateaux volcaniques le long des montagnes. Ces espaces désolés sont l'héritage que lui a légué le peuple roi. Et néanmoins, cette vaste nécropole, les révolutionnaires de l'Italie l'ont enviée aux papes, de sorte que l'*Italia risorta* s'établit dans un cimetière.

Oui, les plages où le commerce affluait, où Antium, Anxur, Ostie, Laurentum florissaient, désert! Les campagnes fertiles où Véies combattait Rome naissante, où Fidènes rivalisait avec le Palatin, désert! Mais ce desert a ses beautés, il a ses grandeurs, il a sa splendide poésie!

Qu'on ne prétende pas rejeter sur les Pontifes de Rome le manque de vitalité, la solitude mortifère de la Campagne de Rome. Ce serait être fort injuste et criminel, puisque, du temps des Romains, il en était ainsi déjà. Les Papes ne règnent pas sur les maremmes de Florence, que je sache, non plus que sur les endroits empestés de la Grèce antique, et cependant la *mal'aria* (1) s'y trouve.

Comment se fait-il cependant que cette vaste solitude qui entoure Rome soit désolée par le souffle du mauvais air?

Jadis, cette immense plaine était la gloire du beau Latium de Virgile.

L'aristocratie de Rome, les plus opulents de ses citoyens, les poètes, les artistes, les orateurs, les femmes illustres ou autres, Lucullus, Mécènes, Quintilien, Cicéron, Sénèque, Horace, Ovide, Tibulle, Phaonte, l'affranchi de Néron, Livie, femme de l'empereur Auguste, Hadrien, et bien d'autres, y possédaient de merveilleux palais, d'exquises villas, des parcs charmants. On y venait rêver sous les bosquets odorants, s'enivrer de poésie au milieu de jardins arrosés par des eaux jaillissantes et des cascades aux doux murmures. Des milliers d'esclaves cultivaient ce sol heureux qui produisait alors les meilleures moissons, et dont le climat ressemblait à un éternel printemps.

Ma réponse à cette question, question que je me suis posée pour y satisfaire sincèrement, la voici :

Paphos, Cythère, Gnide, Amathonte, Baïa, Pœstum, Corinthe, Athènes, et autres encore, ont passé pour les plus admirables paysages de la terre. Bocages embaumés, grottes mystérieuses, collines verdoyantes, cours d'eau charmants, édicules circulaires à coupoles, en marbre blanc, se mirant dans l'azur des lacs, chants d'oiseaux, ciel sans nuage, et, sur toute cette splendide mise en scène de la nature, soleil éblouissant, tels étaient ces Edens tant

---

(1) *Aria cattiva*, ou *mata aria*, ou plus habituellement *mal'aria* (mots italiens qui signifient mauvais airs). Les Italiens désignent par ce nom les émanations marécageuses qui produisent des fièvres pernicieuses, et dont l'influence s'exerce principalement aux environs des marais Pontins. A Rome même, l'aria cattiva se fait quelquefois sentir dans la ville basse.

(*Note des Éditeurs.*)

vantés par les voyageurs, tant célébrés par les poètes. Ces îles et ces cités délicieuses étaient si richement douées de tous les prestiges de la magnificence, que c'était là, au sein des plus merveilleux vallons, que la reine des plaisirs, Vénus, avait établi de préférence sa cour et dressé ses autels. L'encens fumait sans relâche dans ses sanctuaires : les plus riches objets d'art les encombraient. Ses prêtresses fixaient tous les regards. Aussi, qu'il fallait être riche pour aller, non-seulement à Corinthe, mais à Paphos, mais à Cythère, mais à Gnide, mais à Amathonte, à Pœstum, à Baïa !

De Pœstum, vous connaissez les temples admirables, peut-être ? Tout au moins vous avez entendu parler de ses fameuses roses. Elles avaient un rôle dans la vie romaine. Demandez aux flots du golfe de Baïa ce qui se passait sur les vagues de ce bras de mer, quand, le soir, de jeunes esclaves les avaient couvertes de roses de Pœstum effeuillées !

Certes, ces lieux charmants étaient privilégiés entre tous par la nature la plus opulente et la plus féconde.

Or, dites-moi, vous tous, écrivains, historiens et philosophes, qui avez mis tant d'âpreté et de mauvaise foi à rejeter sur les Papes le manque de productivité de la Campagne de Rome, dites-moi, ni Paphos, ni Cythère, ni Amathonte, ni Gnide, etc., n'appartiennent aux Papes ; et cependant comment se fait-il que ces Eldorados, ces oasis incomparables, ces nids merveilleux où s'abritaient toutes les voluptés, soient devenus les plus désolés, les plus tristes, les plus sombres et les moins productifs de notre globe entier ?

Laissez-moi répondre pour vous :

C'est que le doigt de Dieu et sa malédiction pèsent sur ces plages, ces îles, ces cités empestées par les crimes de tout genre dont ils ont été la sentine, et qu'une terre frappée de malédiction demeure à tout jamais stérile !

Ainsi en est-il de Rome quelque peu, et beaucoup de l'Agro-Romano, théâtre d'inimaginables orgies, et où toutes les turpitudes, les meurtres, les excès, les déportements de tout genre ont trouvé un asile et laissé leurs stigmates...

Oui, c'est vrai, sur les pelouses de maigre gazon de la Campagne de Rome, à peine quelques plantes nutritives. La plaine appartient aux graines volantes. La fougère, certains joncs marécageux, le pissenlit, la ronce, disputent le terrain au chardon, leur maître. Une plante plus gracieuse, mais non moins vivace, absorbe les espaces le plus naturellement fertiles : c'est une sorte d'asphodèle dont la vitalité est désespérante partout où la charrue n'en a pas raison. Ses belles tiges fleuries transforment la campagne en une neige rosée. Rien de plus charmant. Malheureusement aucun animal ne peut y toucher.

On voit en outre, et cela partout, un pêle-mêle d'arbustes toujours verts, chênes, lentisques, arbousiers; mais cette végétation ne grandit point, par la faute des pâtres qui laissent dévorer l'écorce et les jeunes pousses par leurs troupeaux.

Il est curieux de rencontrer dans ces solitudes ces bergers romains, montés sur de grands chevaux efflanqués, et gardant ainsi de deux à trois cents brebis. Ils sont armés, comme d'une lance, d'une houlette de six pieds. Leurs jambes sont enveloppées de tissus de poils de chèvre. Par-dessus la ligne de feuillages ondulants, vous apercevez de longues cornes qui surmontent des têtes inquiètes, des yeux aux aguets. Ce sont de grands bœufs noirs ou gris, farouches et peu rassurants. Néanmoins ils sont poétiques sous leurs armures colossales.

De la mer aux montagnes de la Sabine, la *pastoriria* règne en souveraine, et ce sont les pâtres qui sont les ministres de cette pâture. L'étable est inconnue au bétail, comme la maisonnette au berger. On naît et on meurt aux mâquis. On trouve même des bandes de chevaux, velus comme des ours, qui cherchent, en vagabondant, leur maigre vie dans cet océan de broussailles.

En parcourant l'Agro-Romano, on remarque ici et là des cônes qui, disséminés comme des points dans le pacage nu, ressemblent à des meules de foin ou à des huttes de sauvages. Ce sont, en effet, ou des monceaux de fourrage ou des habitations, selon la nature du troupeau. Auprès du gros bétail, quelques meules servent de ressource pour les temps de pénurie absolue. Pour les bêtes à laine, ce sont des asiles pour la nuit, où le chef du troupeau, sa femme quelquefois, et ses bergers, se retirent le soir, font leurs fromages et mangent, quand le ciel est inclément. Une vingtaine de hautes perches fichées en terre et réunies par le sommet en forment la charpente; des tiges de maïs ou des bruyères en fournissent la couverture. Le cône est généralement surmonté d'une croix. Quant à l'intérieur, il ne manque pas non plus d'un certain pittoresque. L'enceinte est subdivisée en petites couchettes superposées, comme les cabines d'un navire. Au-dessous, on entasse les ustensiles de la profession, les hardes, les harnais.

D'autre part, la zône immense qui entoure Rome n'offre pas une plaine unie, absolument plate et sans accident de terrain. Au contraire, j'ai expliqué déjà que le sol avait été mis en mouvement par un cataclysme quelconque, qu'il s'était soulevé, hérissé, boursouflé par une fermentation souterraine, et que, après avoir été mer, il était devenu volcan. Heureusement l'action volcanique a cessé : mais si les feux de la terre sont éteints, il reste à la surface de nombreux stigmates de leur présence : cratères changés en lacs, eaux chaudes et sulfureuses, couches de scories et masses de pouzzolanes constituant le sol de la contrée, et collines résultant des soulèvements causés par l'incandescence du sein du globe.

Il advint que la plaine s'est couverte d'éminences disséminées çà et là, mais particulièrement dans le voisinage du Tibre. En descendant des montagnes de l'Etrurie, à travers les champs ondulés de l'Ombrie, ce fleuve entre dans la Campagne de Rome, où il sépare l'Etrurie de la Sabine, et reçoit l'Anio, qui vient de Tivoli. C'est à la rencontre de ces deux cours d'eau que se dressent les groupes de collines, entrecoupées de vallées, qui furent choisies, l'une après l'autre, pour y placer *Pallantée* d'abord, asile des Sicules, puis ROME, la Reine de l'univers,

L'aspect de l'Agro-Romano n'a donc rien de monotone ou de triste. Il est au contraire revêtu de la plus inexprimable poésie. Car, en outre de ses collines, de ses ruines, de ses pacages aux nuances si douces et des effets de lumière aux teintes d'iris, particulières à son climat, il est aussi coupé dans tous les sens par les longues lignes sombres de ses aqueducs, dont les arceaux innombrables de leur silhouette fantastique signalent le passage.

C'est en face de ce merveilleux et grandiose tableau que je me trouve, lorsque le soleil d'Italie se levant dans toute sa gloire derrière les hauteurs de la Sabine, s'élance de ses crêtes arrondies comme un géant, et disperse ses rayons éblouissants sur l'immense bassin du Tibre, faisant sortir de l'ombre les points les plus obscurs.

Alors, peu à peu, émergent des profondeurs de l'horizon et se montrent au loin, fort au loin, vers l'ouest et le long des bords de la mer Tyrrhénienne, sur la Voie Aurélienne :

Pyrgos, une ville étrusque, fière de son temple somptueux de Leucothoé, que Denys le Tyran pilla et d'où il enleva un million de talents ;

Et *Céré*, fondée par les Sicules, 1500 ans avant Rome, qui apprit aux Romains l'art des sacrifices ou *cérémonies*, devint l'asile des Tarquins, lorsqu'ils furent chassés de Rome, et offrit l'hospitalité aux Vestales et aux Flamines, chargés des choses sacrées, lorsque Rome fut prise par Brennus et ses Gaulois.

Au nord-ouest, sur la Voie Flaminienne et les routes qui y convergent, ce sont ensuite :

Les murs cyclopéens, les chambres et les grottes sépulcrales, les débris de temples, etc., des vénérables cités étrusques de *Volaterra*, de *Populonia*, de *Saturnia*, *Soana*, et *Tarquinies*, d'où vinrent à Rome les orgueilleux Tarquins ;

Capêna, sur laquelle passa comme un ouragan le terrible Annibal, pillant le temple de Féronia, au pied du Soracte, et courant à la bataille de Cannes. Ce fut là que, d'après Tite-Live, en signe des calamités menaçant l'Italie, on vit deux lunes apparaître dans le ciel sur Capéna, et, dans le bois de Féronia, quatre statues suèrent du sang;

Sur le sommet du Soracte, les débris du *temple d'Apollon*, remplacé par l'église Saint-Sylvestre, et où ce pieux pontife de Rome se réfugia pendant la persécution des chrétiens, sous Néron;

Faléries, fondée par les Sicules, conquise par les Pélasges, puis par les Romains, et rappelant l'épisode de ce maître d'école qui trahit sa patrie en offrant ses élèves en otages au sage Camille. Ses ruines couvrent un mont escarpé, dont les sites attirent le regard du voyageur.

Sur la Via Cassia, plus près de Rome, apparaissent, brillant au soleil, les débris du temple de Junon, l'Arx ruinée, et les tombeaux taillés dans le roc de *Véies*, cité bien plus antique que Rome, dont elle fut la rivale et la conquête. Comme Troie, Véies fut assiégée pendant dix ans, et ce fut dans le temple de Junon que tout-à-coup parurent les soldats de Camille, entrés par une voie souterraine creusée dans le silence des nuits, qui se rendirent maîtres de la ville étrusque. Baignées par la Créméra, les ruines exhibent encore les restes d'un pont, des égouts, des grottes sépulcrales, et les anciennes murailles de la forteresse.

A l'est, et dans le voisinage de la Via Claudia, rutile sous les rayons de l'astre du jour qui monte dans l'espace, le *lac Sabatinus*, actuellement Bracciano, ancien cratère de volcan, lui aussi, et l'un des plus grands et des plus pittoresques de la Campagne de Rome. Il n'a pas moins de vingt-deux milles de tour.

Il est voisin de la *vallée d'Enfer*, horrible gorge toute étroite et rocheuse, véritable chaos qui fait contraste avec les paysages charmants que présente le lac Bracciano.

Ruines considérables d'une villa de l'affranchie Marcia, qui jadis se mirait avec orgueil dans les eaux du lac.

Plus à l'est encore, voici la Via Salaria, la plus intéressante par les paysages et les souvenirs historiques.

En effet, d'abord ce nom de *Salaria* est formé du mot sel, que les Sabins transportaient par cette voie de la mer à leur contrée. Mais ensuite, de la hauteur que vous occupez avec moi, lecteur, et avec le secours de ma lunette, veuillez regarder à l'extrémité de cette courte descente taillée dans le tuf et la pouzzolane, la colline escarpée qui lui fait face.

C'est *Atenne*, qui remonte aux Sicules;

C'est, plus loin, *Fidènes*, et autres villes dont les nationalités devinrent la proie des avides Romains.

Le cours d'eau, que l'on voit briller près de cette dernière cité, n'est autre que l'*Allia*, devenu célèbre par la victoire de Brennus, qui valut aux Gaulois la prise de Rome. L'Allia est un affluent du Tibre. Ce fut là que Manlius enleva le fameux collier gaulois, *torques*, qui le fit surnommer *Torquatus*.

Ce point culminant qui se dresse plus au levant, c'est le *Monte-Rotondo*, devenu célèbre depuis que les Français, pour la première fois armés du chassepot, culbutèrent les Garibaldiens, qui prétendaient s'avancer vers Rome et en chasser le souverain Pontife, en 1869.

Cette autre ruine qui hérisse une colline et à laquelle s'adjoint une arx ou citadelle à l'état de décombres, n'est autre que *Cures*, patrie de Tatius, chef des Sabins au temps de l'enlèvement des Sabines, de Numa Pompilius, le second roi de Rome, et d'Ancus Martius.

Sur la voie Nomentane, à l'est encore, et en face des montagnes de la Sabine,

Voici, dans le lointain, *Eretum*, près duquel Annibal plaça son camp, lorsqu'il était en guerre avec les Romains;

Puis l'enceinte triangulaire, formée de quatre assises de blocs irréguliers, de la ville bien ancienne de *Regillum*, patrie de l'illustre famille des Claude, non loin de la ville presque moderne de Palombara;

Après quoi vient *Corniculum*, une de ces cités primitives du Latium, qui furent prises et détruites par Tarquin l'Ancien. Ce fut là que le roi de Corniculum ayant été tué dans la bataille, les Romains enlevèrent sa jeune femme, qui était enceinte, l'établirent à Rome dans la maison de Tarquin, et son fils, Servius Tullius, devint alors le sixième roi des Romains.

Voici également deux cités pélasgiques, *Médulia* et *Ameriola*, devenues colonies latines sous les rois d'Albe-la-Longue. Le sol conserve encore des restes des murailles primitives. Tullus-Hostilius, troisième roi de Rome, était originaire de Médulia.

L'ancienne ville de *Nomentum*, qui donne son nom à la voie, s'étendait sur toute la colline à l'ouest de Médulia. Elle devait être riche en monuments, car vous pouvez voir d'ici les blancheurs d'innombrables fragments de marbre qui couvrent les assises. Habitée primitivement par les aborigènes, Nomentum passa d'abord aux Pélasges, puis aux Latins. Enfin la bataille du lac Régille la mit au pouvoir des Romains. Elle remonte donc à une très haute antiquité.

Ce fut à Nomentum que le pape Léon III vint au-devant de l'empereur Charlemagne, arrivant à Rome pour y recevoir la couronne impériale. A Nomentum eut lieu leur entrevue.

Sur le *monte della Creta*, dont le nom explique la nature géologique du sol, remarquez-vous ces débris qui ponctuent la verdure? C'est *Ficulea*, capitale d'un petit Etat qu'absorba bientôt la trop avide cité du Tibre.

Maintenant, si vous vous rappelez ce guerrier du nom d'Acron, chef des Céniniens, que Romulus immola dans une bataille et dont il déposa les dépouilles opimes dans le temple de Jupiter-Férétrien, sur le Capitolin, les ruines de *Cœnina* que vous apercevez à gauche de la voie, sont celles de sa capitale.

Puis, à la droite de la même voie, mais un peu dans le voisinage de Rome, ces décombres, qui font une large tache dans une vigne, sont les épaves de la *Villa de l'affranchi Phaonte*, rendue célèbre par la mort tragique de Néron. Fuyant, au milieu de la nuit, la vengeance populaire qui s'éveillait dans Rome, l'exécrable empereur se réfugia dans cet asile d'un homme qui lui était dévoué. Mais une fois à l'abri, Néron comprit que son unique ressource était de mourir. Et il se poignarda, en s'écriant :

— *Qualis artifex pereo!*

Ce qui veut dire :

— Néron mourir, quelle perte pour Rome! Un tel artiste!...

Si vous remarquez une grosse tour en briques jaunes et rouges, assez près de là, sachez que c'était un sépulcre appelé généralement *Columbarium*, et celui-là en particulier *Torracis*. Les voûtes, en stuc, sont couvertes de peintures. Au premier étage se trouvaient jadis des vases à ossements; et au second, des statues.

Une villa romaine, des plus riches, était proche de Torracio. Les sculptures brisées qui parsèment le sol en donnent la preuve.

Mais les Barbares ont envahi l'Agro-Romano, et tout a été détruit, nivelé : villas, temples, théâtres, nymphées, thermes, etc.

A quelques pas de là vous devez apercevoir une éminence : c'est le *Mont-Sacré*, resté célèbre dans l'histoire par la retraite qu'y opéra le peuple Romain, en l'an 493 avant Jésus-Christ, lorsque le sénat, pour soutenir les nobles, provoqua le mécontentement du peuple, qui se plaignait de l'oppression des usuriers. Vainement les opprimés montraient sur leurs corps les cicatrices des blessures qu'ils avaient reçues en combattant pour leur patrie dans la guerre contre les Sabins, qu'ils avaient faite sur la parole que les riches leur avaient donnée de les traiter avec plus de douceur : Voyant que leurs paroles devenaient inutiles, et qu'aucune amélioration n'était apportée à leur malheureuse position, ils se soulevèrent, sortirent de Rome, et se retirèrent sur le Mont-Sacré.

Le sénat, inquiet de cette retraite, députa vers les rebelles Ménénius Agrippa, l'un de ses membres les plus populaires. Ménénius parla pour le sénat avec beaucoup de liberté, et termina son discours par cet apologue, devenu depuis si célèbre : *les Membres et l'Estomac.*

« Un jour, leur dit-il, les membres du corps humain se révoltèrent contre l'estomac; ils se plaignaient qu'il demeurât seul oisif au milieu d'eux sans contribuer au service du corps, tandis qu'ils supportaient toute la peine et toute la fatigue pour fournir à son appétit. L'estomac rit de leur folie qui les empêchait de sentir que, s'il recevait seul toute la nourriture, c'était pour la renvoyer et la distribuer à chacun d'eux. Romains, ajouta-t-il, il en est de même du sénat par rapport à vous : c'est lui qui prépare, qui digère toutes les délibérations et toutes les affaires qui regardent l'économie publique, et qui entretient tout le corps de l'état, en vous envoyant et vous distribuant ce qui vous est utile et nécessaire. »

Ce discours fit impression sur les mécontents; ils se réconcilièrent avec le sénat, et demandèrent seulement de pouvoir élire cinq magistrats chargés de défendre leurs intérêts : ce furent les premiers tribuns du peuple. Les premiers élus furent les chefs mêmes de la révolte, Junius Brutus et Sicinius Bellutus. L'union ainsi rétablie dans la ville, le peuple prit les armes et s'offrit volontiers pour suivre les consuls à la guerre.

VI

Suite de l'encadrement circulaire de Rome. — Porte Pia. — Ponte-Mammolo. — Vue de l'Anio. — Lac aux îles flottantes. — Villa Hadriana. — Ses curiosités. — Tivoli, l'antique Tibur. — Arx de Tibur. — Le fameux temple de la Sibylle. — Grottes de Neptune et des Sirènes. — Vallée d'Ustica. — Grottes de Cervara. — Collatie. — Souvenirs de Lucrèce. — Gabies et le temple de Junon Gabine. — Pédum. — Préneste. Temple de la Fortune. — Lac Celano, actuellement Fucino. — Histoire de son dessèchement. — Drames de l'inauguration. — Claude et Messaline. — Mauvais tour des gladiateurs. — Arpinum. — Paysages variés. — Le vase de Portland et la Voie Latine. — Grotta-Ferrata. — Castel-Gandolfo. — Lac Régilla. — Aspects de Tusculum. — Ses ruines. — Citadelle, amphithéâtre, etc. — La villa où Cicéron écrivit ses *Tusculanes*. — La gracieuse Frascati et le tombeau de Lucullus. — Villas Aldobrandini, Piccolomini, Falconieri, etc. — Villa Mondragone. — La Ruffinella. — Le mont Algide et la chaîne des monts de Tusculum. — Marino. — Bois sacré de Ferentina. — Encore Albe-la-Longue et le lac Albano. — Le Monte-Cavo. — Bovillæ. — Station de Tres-Tabernæ, souvenir de saint Paul. — Asture. — Antium, — Ardée. — *Mal'aria!* mal'aria! — Laurentum. — Lavinium. — Ostie, etc.

Plus près de Rome, à la porte Pia, sur la même voie, je vois briller, comme un phare, le campanile de la basilique Sainte-Agnès, qui m'enlève un instant à mes contemplations rétrospectives, et me rappelle que tout ce vieux monde que j'évoque est mort, bien mort, et que c'est maintenant la croix qui règne et qui conduit seule à la vie.

La porte suivante est la Porta San-Lorenzo, voisine de la précieuse basilique de ce nom, précieuse par son antiquité, et qui sert de premier jalon à la Voie Tiburtine.

Sur cette route, je signale d'abord le *pont Mammolo*, chevauchant sur l'*Anio*, dont le sillon blanc et sinueux va se confondre avec celui plus large du Tibre, majestueux comme il convient à un fleuve qui a l'honneur d'arroser l'immortelle ville de Rome.

La Voie Tiburtine se partage :

La ligne de gauche passe à côté de trois lacs, dont l'un porte le nom de *lac des Iles Flottantes*. Ce sont les sources des tant renommées *Aquæ albulæ*, que les Romains appelaient *sanctissimæ*, à cause de la puissance curative de leurs eaux blanchâtres, *albulæ*. On y voit *au temple de Cérès* et des *Thermes* décorés de colonnes du plus beau vert antique, le tout don de l'opulent Agrippa. Ces eaux sulfureuses exhalent des émanations qui se font sentir à grande distance. Jadis, la profondeur des lacs était de soixante-dix à deux cents pieds : mais ce chiffre a considérablement diminué, comme la circonférence des lacs s'est elle-même de beaucoup amoindrie. Nous savons tous, nous, gens d'études, comment Horace célèbre *Albula !*

La ligne de droite franchit de nouveau l'Anio, près du *tombeau de la famille Plautia*, l'une des plus considérables du temps de l'empire. Ce monument caractérise parfaitement l'art romain. La solidité s'y joint à la magnificence. Ce sépulcre, en blocs de travertin admirablement jointoyés, ne ressemble en rien à nos tombeaux de France et de Navarre. Comme beaucoup d'autres monuments de ce genre de la Campagne de Rome, il a été de taille à tenir lieu de forteresse pendant les guerres civiles du moyen-âge.

Voyez-vous maintenant, au pied de la colline que surmonte Tibur ou Tivoli, un semis de ruines d'un aspect sinistre et désolé ? C'est l'antique villa de Hadrien, cet empereur original qui se fit élever le merveilleux tombeau que nous verrons dans Rome, et qui n'est autre que le château Saint-Ange. Je dis original, voici pourquoi :

Hadrien, après avoir parcouru le monde romain, c'est-à-dire l'Europe, l'Afrique et l'Asie, à son retour traça lui-même, dans cet endroit accidenté que je désigne, l'enceinte d'un parc immense entourant la *villa Hadriana*, où il prétendait se reposer et jouir de la vie. Alors il imagina de décorer ce parc grandiose, non pas de ruines factices, mais de toutes les merveilles architecturales qu'il avait admirées dans ses voyages, soit en Grèce, en Egypte, en Syrie, etc. Bientôt on vit l'enceinte de sa villa se peupler, en effet, des reproductions parfaitement exactes du Lycée, de l'Académie, du Pœcile, du Prytanée, etc., dont Athènes lui fournissait le modèle : puis surgirent la vallée de Tempé, le Tartare, les Champs-Elysées, le Canope d'Egypte, et des thermes, et des théâtres, et des temples, etc. Son magnifique palais occupa le milieu de ces merveilles, et à l'entour il fit élever de splendides casernes réservées à ses prétoriens. Ce qu'il engloutit d'argent dans cette fantaisie ridicule, nul ne saurait le dire. Hélas! quand les Barbares envahirent l'Italie, toutes ces richesses furent dispersées comme le sable sous le souffle du simoun. Il ne reste plus qu'un désert : marbres, colonnes, statues, bronzes, fontaines, tout a disparu, et des ruines informes remplacent ces prodiges de l'art. On est navré quand on s'enfonce dans cette solitude, devenue le domaine de la famille Braschi. Que ne trouverait-on pas si l'on pratiquait des fouilles dans ces décombres?...

Des points culminants du parc de Hadrien, comme des hauteurs de Tivoli, inimaginables perspectives sur l'immense panorama de l'Agro-Romano, de Tivoli jusqu'à la mer Tyrrhénienne!

Je ne puis que vous montrer du doigt, et rapidement :

L'antique forêt d'oliviers dont les arbres affectent les formes les plus fantastiques et soulevant leurs grands bras avec les gestes et les attitudes les plus excentriques, sur les talus de la colline que l'on gravit pour aller à Tivoli ;

Puis, dans cette ville, le *temple de la Toux, Tosse;*

Ensuite la charmante, l'élégante, la splendide *villa d'Este*, dont l'aspect saisit d'admiration, et cloue le touriste en guise de dieu Terme en face de ses beautés;

La *cathédrale de San-Lorenzo*, dont une partie appartient à un vieux temple d'Hercule ;

Enfin, et surtout, l'*Arx de Tibur*, c'est-à-dire le point le plus élevé de la ville antique, massif de rochers que domine le très célèbre *temple de la Sibylle*, délicieux édicule rond, où la grâce le dispute à la simplicité, et qui date des premiers temps de la République romaine. Dix-huit colonnes cannelées, en travertin, supportent sa coupole. Il fut appelé d'abord *temple de Vesta*; et cependant c'est à *Hercule Saxanus* qu'il fut primitivement dédié, à cause des rochers sur lesquels il est assis.

Ce qui ajoute au charme de ce temple de la Sibylle, c'est que l'Anio, placé à cette hauteur par la nature, puisqu'il descend par le mont Catillo des chaînes de la Sabine, arrive en face même du temple. Mais une commotion géologique a produit, au pied même de l'édicule, et dans la masse des roches, un gouffre immense au milieu de roches contournées, convulsives, boursouflées, produisant ici et là de profondes excavations appelées *Grottes de Neptune*, *Grottes des Sirènes*, et alors le fleuve se précipitant dans le vide béant, y produit la plus étrange et la plus pittoresque des cascades. On pourrait l'appeler cataracte, cette chute d'eau, à raison de l'épouvantable et hurlant fracas qu'elle produit en se brisant sur les rochers.

Tout près de là, se trouve un *temple de Drusilla*, sœur de l'aimable Caligula, transformé en petite *église Saint-Georges*.

..... *Quantum mutatus ab illo!*

Je passe sous silence les cascatelles admirables et ce qui reste de la villa de Quintilius Varus, dont nous ne pouvons voir les splendeurs, attendu qu'elles font face à la vallée de l'Anio, que nous ne pouvons découvrir. Mais au moins puis-je vous dire que, en face de ces cascatelles de Tivoli, un jour, par un beau soleil comme l'Italie a le privilège d'en posséder un, je suis resté longtemps assis, en extase devant cette merveilleuse scène de la nature, écoutant bruire ces eaux argentées d'une largeur incommensurable et d'une hauteur telle que plusieurs de ces cascatelles mesurent cent cinquante pieds. Immense solitude, vallée profonde, végétation vigoureuse, paysages incomparables, arc-en-ciel se dessinant dans l'air au-dessus des eaux, tout est à souhait dans cet endroit charmant. Joignez-y les souvenirs des grands poètes de Rome : Horace, Catulle et Properce, qui ont habité dans le voisinage.

En poursuivant la ligne blanche de la même Via Tiburtina, qui se prolonge sur la droite, en contournant le Monte-Catillo et en s'avançant parallèlement à l'Anio coulant en sens contraire, le point blanc que l'on voit briller au soleil est la très ancienne ville de *Cameria*, colonie d'Albe-la-Longue, assise sur deux collines, au-dessus d'une gracieuse vallée.

Ce large cirque fuligineux qui fait tache sur la verdure du désert, c'est *Vicovaro*, jadis *Varia*, ville des Osques, qui occupaient tout ce territoire. Elle est placée là sur le poétique *Lucrétile*, si souvent nommé par Horace, et les assises colossales que l'on aperçoit sur les déclivités de cette montagne composent les remparts de très beaux murs cyclopéens, formés de travertin, qui entouraient la vénérable cité osque ou èque.

Près de ces murs, la caravane qui semble se diriger vers Rome, n'est autre que l'aqueduc qui charrie l'*eau Claudia*, en sautant à pieds joints par-dessus l'Anio.

Si le souvenir d'Horace sourit à mes lecteurs, qu'ils portent leurs regards au fin fond de l'horizon, sur la gauche de la Voie Tiburtine. Là se trouve creusée la belle *vallée d'Ustica*, se dirigeant vers le nord, et le groupe d'habitations rustiques qui la termine c'est *Licenza* ou *Digentia*, près de quoi se trouve une vigne, et dans la vigne dont le sol est légèrement incliné en face de superbes paysages, des ruines de villa souvent visitées par les touristes, un pavé de mosaïque d'un riche travail, un bois d'oliviers et une cascade vous chanteront le nom du poète illustre qui les a tant célébrés lui-même.

De la Porte-Majeure, *Porta-Maggiore*, si nous suivons du regard cette autre route qui est la Voie de Préneste, Via Prœnestina, se dirigeant vers l'est-sud, nous allons rencontrer des sites décorés de noms que l'histoire a rendus fameux.

C'est d'abord la ruine de la *villa des Gordiens*, dans laquelle on entrait par un portique de deux cents colonnes, divisées en quatre rangs, et toutes de marbres orientaux des plus rares. Cette villa se composait d'un *temple*, de trois *basiliques*, et de *thermes* qui l'emportaient en beauté sur ceux mêmes de Rome les plus remarquables. La famille des Gordiens occupa le trône de Rome, aussi n'avait-elle rien épargné pour enrichir sa demeure des champs. On voit encore une salle octogone sur laquelle, au moyen-âge, on construisit une tour. J'y ai rencontré un fût de colonne en cipollino à moitié enseveli, et qui me fit bien envie. J'y ai remarqué aussi un reste d'abside couronné d'une voûte en forme de coquille, qui faisait partie des thermes; et j'y ai admiré un temple circulaire, précédé d'un portique, sous lequel se trouve un souterrain enrichi de niches, ce qui fait supposer que le souterrain était un *columbarium*, c'est-à-dire un lieu consacré à renfermer des vases contenant les cendres des morts, comme dans un colombier on dispose des creux pour que les pigeons puissent y nicher. Le temple supérieur était alors un *tombeau*, le *Mausolée des Gordiens*. *Opera lateritia*, toutes ces constructions. Hélas! là, comme partout, ont passé les révolutions!

Ce sont ensuite les *Grottes de Cervara*, travail de l'art fort sauvage et plein de poésie, car la nature, après que la main de l'homme en eut retiré les blocs de tuf, les a décorées d'une admirable végétation. Elles sont voisines de l'Anio.

C'est, au sixième mille, la plaine d'où jaillit l'excellente eau dite *Acqua Vergine*, qui, amenée à Rome par l'aqueduc qu'il est facile de reconnaître, grâce à Agrippa, suffit encore de nos jours aux besoins de la population pourtant si nombreuse de l'ancien Champ-de-Mars.

En quittant quelque peu la voie de Préneste, voici, sur la gauche, une vaste ferme dont les dépendances frappent le regard. Or, dans la partie de ce domaine que signale un vaste rocher de lave, très-escarpé du côté de la petite rivière *Osa* que l'on voit rutiler comme un serpent d'or, ces ruines blanches, c'est *Collatie*, que le crime de Sextus Tarquin et la mort de la sage Lucrèce ont immortalisée.

La tour qui domine ces ruines occupe l'emplacement de la citadelle, elle se nomme *Castellaccio*. On voit aussi des fragments du mur d'enceinte, et les plus gros blocs de lave épars sur le sol de la ville sont encore plus visibles, et quels souvenirs ils rappellent!

Après le pont qui franchit l'Osa, les parties brillantes du sol qui constituent la Via Prœnestina ne sont autre chose que des portions de son ancien pavé de polygones de lave, enchâssés au milieu d'autres pierres nommées *pietra gabina*, si connues des Romains.

Près de *l'osteria*, ce point noir voisin de la route, remarquez cet émissaire du *lac Gabino*, qui brille comme une étoile tombée.

Puis, plus loin, la *cella* encore debout qui se profile sur l'azur du ciel, c'est le célèbre *temple de Junon Gabine*.

Il est construit en pierre de Gabie, production volcanique composée de cendres mêlées de petits fragments de lave noire et rouge, de petites écailles de mica et de morceaux de calcaire des Apennins.

Pietra Gabina, lac Gabino, Junon Gabine, toutes ces dénominations vous disent que ces ruines, qui accentuent les bords du lac, sont celles de *Gabie*, colonie d'Albe-la-Longue, et cité dans laquelle se retira Sextus Tarquin, fils du Superbe. Cette autre tour qui domine les décombres, c'est la citadelle que Sextus livre à son père, en trahissant les Gabins. Je n'ai pas besoin de vous rappeler votre *De Viris illustribus urbis Romæ*, qui nous raconte cette triste histoire.

Du reste, le lac Gabino a disparu, ou à peu près, en partie desséché naturellement, en partie vidé par l'industrie, afin d'assainir l'air et d'utiliser le terrain.

Sur la gauche de la même voie, se montre un haut rocher de tuf, escarpé dans presque tout son pourtour et affectant la forme d'un pied humain. C'est *Pedum*, colonie latine, qui ayant pris les armes contre Rome, en faveur des Tarquins, succomba près des bords du lac Régille, où elle dut subir la loi du vainqueur. Ce fut aussi à Pedum que, en 397, les Romains, commandés par le dictateur Sulpitius, livrèrent aux Gaulois une bataille qui les mit en déroute. Le souvenir de cet événement se conserve dans le nom de *Gallicano*, que porte un nouveau village.

Sous Auguste, après plusieurs révoltes, Pedum fut effacée du catalogue des villes et remplacée par une splendide maison de campagne romaine

A deux milles plus loin, aqueduc de nombreuses arches de soixante-quinze pieds d'élévation et de quatre cents d'étendue, s'acheminant vers Rome pour y porter l'*Acqua Rossa*. Cet aqueduc est tout en pierres de taille : tout au plus l'a-t-on réparé en *opera lateritia*, ce qui ne l'empêche pas d'être l'un des plus considérables monuments de l'antiquité.

Vient ensuite *Préneste*, dont l'origine est pélasgique. Elle fut une colonie latine sous Latinus, troisième roi d'Albe-la-Longue.

Tullus Hostilius la détruisit pour s'en emparer.

Camille d'abord, puis Cincinnatus punirent cruellement les révoltes de cette ville.

Enfin, dévouée à Marius, ce fut un motif pour que Sylla vînt en personne lui faire expier sa faute dans le sang. Préneste comptait douze mille habitants. Douze mille habitants furent égorgés, et Préneste fut rasée.

Elle se releva cependant. Mais alors le moyen-âge s'attacha à ses flancs, et elle fut l'objectif de terribles guerres de la part des Colonna.

Devenue *Palestrina*, elle fut assiégée, prise d'assaut, et livrée au fer et au feu par Vittelleschi, de sinistre mémoire, en 1437.

Le plus beau monument de Préneste était le très antique *temple de la Fortune*. Voici le point central qu'occupait cet immense édifice:

c'est le sommet de la montagne qui servait de toile de fond à cette ville infortunée.

L'univers entier connaissait le temple de la Fortune de Préneste. Qui n'était venu, de toute l'Italie au moins, s'y faire révéler l'avenir, ce que nous appelons se faire dire la bonne aventure? On est si désireux de connaître le sort qui vous est réservé !

Or, cet édifice était élevé sur le plateau d'une montagne, à laquelle conduisaient quatre terrasses formées de constructions magnifiques en pierres de Gabie, dont le profil moucheté est visible du lieu que nous occupons. Une place immense s'étendait au pied de la terrasse inférieure. De chaque côté s'ouvraient des piscines de trois cent vingt-six pieds de façade, divisées en dix nefs par des pilastres de soutènement. On peut encore pénétrer dans ces piscines.

Deux larges escaliers conduisaient sur la première terrasse; deux autres à la seconde. Dans le fond se dressaient deux édifices oblongs séparés par un *area*, et se composant de deux salles de cent pieds de long sur cinquante-cinq de large, très richement ornées, avec pavé en mosaïque, et dont l'une fait actuellement partie du séminaire.

On montait de même à la troisième terrasse, qui était ornée d'une *édicola*, dont on voit toujours l'arc intérieur.

La quatrième terrasse portait deux superbes *exèdres* circulaires, servant de lieu de repos et d'attente pour les nombreux visiteurs qui venaient consulter la prêtresse. On voit encore un de ces siéges curieux. Au-delà se trouvaient deux rangées de chambres en forme de portiques, logements des ministres au service du sanctuaire et des devins dont on invoquait la science.

Enfin on arrivait à la cinquième terrasse, autour de laquelle, dans un espace de trois cents pieds de long sur cent cinquante de profondeur, se dressait un portique composé de colonnes d'ordre corinthien.

A l'extrémité s'ouvrait un large escalier au moyen duquel on montait au *temple de la Déesse*, édifice circulaire placé au centre d'un hémicycle en colonnade et tournant sa façade vers l'Orient, ainsi que presque tous les sanctuaires de l'antiquité. Dans la cella intérieure, on se trouvait en présence de la statue assise de la Fortune, allaitant Jupiter et Junon.

Il reste en guise de dallage de la salle de la seconde terrasse une mosaïque renommée où l'on voit la représentation des fêtes qu'on célébrait en Egypte sous les rois grecs Ptolémées, à l'occasion de l'inondation du Nil.

Un mille plus loin que Palestrina, vous pouvez entrevoir les ruines d'une *villa de Hadrien*, autre que la villa de Tivoli. C'est au milieu de ses décombres que l'on a trouvé le fameux *Antinoüs*, statue d'un jeune Bithynien de grande beauté que le prince avait pris en très grande affection, et dont il multiplia les statues, médailles, etc.

Les plus illustres personnages de Rome avaient des villas somptueuses dans le voisinage de Préneste, dont les paysages sont charmants.

Ne portons pas nos regards ailleurs, avant de vous avoir fait connaître deux paysages qui sont bien dignes de votre attention, l'un et l'autre au-delà de Palestrina, mais à peine éloignés de quelques milles.

Le premier, c'est le *lac Fucino*, *Celano* chez les anciens. On le voit scintiller à l'horizon, comme une nappe de métal en fusion.

Ce lac est dans le pays des Marses. On ne peut se figurer rien de plus pittoresque que ses rivages entourés de charmantes collines. De tout temps le Celano était soumis à des crues périodiques menaçant sans cesse de leurs inondations les riverains toujours en alerte. Aussi l'empereur Claude voulut-il porter remède à ces caprices désastreux d'une nature rebelle. La masse d'eau est considérable, car le lit qui les renferme, ancien cratère de volcan, est long de quatre lieues sur deux de large; ajoutons de suite qu'il est très poissonneux. Claude conçut le projet de faire creuser un émissaire ou tunnel qui conduirait le trop-plein des eaux dans le Liris, devenu le Garigliano, dont le cours est assez rapproché. A cet effet il réunit trente mille esclaves, et sous le Monte-Salviano fut creusé le souterrain de dégagement. Ce dur travail dura onze ans. Lorsqu'il fut achevé, Claude, pour l'inauguration de ce tunnel, donna sur les eaux du lac un grand combat naval de galères à trois et à quatre rangs de rames. Vingt mille gladiateurs couvraient les ponts des vingt-quatre galères, partagées en flotte sicilienne et en flotte rhodienne. Le prince présidait cette fête nautique revêtu d'une brillante armure de guerre. L'impératrice Agrippine y parut également, vêtue d'une chlamyde d'or. Quant aux gens de cour, de robe et d'épée, le nombre en fut incalculable. Le peuple y accourut en foule. Les collines disposées en amphithéâtre étaient si propices pour jouir du spectacle, et les Romains aimaient tant la vue du sang!

Au moment du combat, les deux flottes passent en ordre devant la cour impériale, et les gladiateurs saluent bravement l'empereur en s'écriant :

— Ave, Cæsar! morituri te salutant!... Ce qui veut dire : Salut à toi, César! ceux qui vont mourir t'envoient leur dernier salut!

— Salut!... répond Claude.

L'étiquette romaine veut que l'empereur ne réponde pas. Il répond, cependant, et les gladiateurs qui l'ont entendu... ne veulent plus se battre, disant que la réponse de Claude est leur grâce. Aussitôt l'empereur délibère s'il ne les fera pas périr tous par le fer ou par le feu. Mais non. Le voilà qui s'élance de son trône; il court çà et là aux alentours du lac, d'un pas chancelant, d'une façon ridicule, menaçant ceux-ci, conjurant ceux-là, de telle sorte qu'il finit par les décider. Alors le signal est donné par la trompette d'un Triton d'argent qu'un truc fait surgir du milieu du lac. Hélas! tous ces infortunés gladiateurs, jusqu'au dernier, vingt mille hommes! rougissent de leur sang les eaux du Celano; ils périssent, et leurs cadavres servent de pâture aux poissons de ses abîmes!

Mais, quand on donne l'ordre d'ouvrir le tunnel et de faire passage aux eaux, l'émissaire s'engorge presque immédiatement.

La fête fut interrompue pendant plusieurs années, car il fallut creuser de nouveau le canal souterrain et l'élargir. Le second écoulement n'eut pas un résultat plus heureux. Cette fois, Claude faillit périr sur un pont de bateaux qui le portait avec une multitude immense de Romains, et la violence du courant devint fatale à nombre de curieux trop empressés. L'affranchi Narcisse, qui avait dirigé les travaux, fut mis en cause par Agrippine, qui le détestait, et qui profita de l'occasion pour le faire envoyer en exil, où il se donna la mort.

Cette œuvre d'assainissement fut abandonnée, dès-lors. Mais en nos temps modernes, le banquier Torlonia a repris ce travail en sous-œuvre, et il a su en tirer un parti fort avantageux pour ses actionnaires et pour lui-même.

Le tunnel de l'empereur Claude était des plus intéressants néanmoins. Sa formidable maçonnerie rappelle le travail grandiose de la Cloaca Maxima, de Tullus-Hostilius, à Rome, dont nous parlerons, aussi bien que le bel émissaire du lac d'Albe-la-Longue. Disons cependant que, sur les rives du Fucino, les visiteurs sont exposés à la morsure de trop nombreux serpents, dont les Marses jadis, et actuellement les riverains du lac, excellent à charmer la redoutable sauvagerie.

Le second paysage est celui d'*Arpino*, autrefois *Arpinum*, lieu de naissance du terrible Marius et de l'éloquent orateur Cicéron.

Là, nous sommes en pays volsque.

Arpinum occupe la position la plus admirable qu'il soit possible de se figurer, sur les talus d'une double colline. Une citadelle, l'antique Acropole, couronne la vénérable cité, qui est enceinte dans tout son pourtour de ses vieilles murailles cyclopéennes. On y trouve encore une des portes de l'ancienne ville, intacte jusqu'à ce jour. Elle affecte une forme presque ogivale et se compose de blocs immenses superposés sans l'emploi du ciment. C'est un spécimen de l'art le plus reculé.

Joignez-y le souvenir que Marius et Cicéron sont nés dans cette ville, qu'ils ont porté leurs pas là même où vous passez, qu'on y voit l'emplacement qu'occupaient les maisons qu'ils ont habitées, et dites-vous si Arpinum ne mérite pas votre visite!

De la Voie de Préneste se détache, à droite, la Via Labicana, qui conduit aux ruines de l'antique *Labicum*, ville latine, dont quelques morceaux de marbres brisés sont le seul souvenir. On sait que ce fut de Labicum que César data son testament.

La Voie Labicana marche parallèlement à l'aqueduc de l'Acqua Felice, qui a sa source dans le voisinage de Labicum.

On rencontre sur son parcours la tour ronde qui d'ici produit l'effet d'un champignon décapité, et qui s'appelle *Tor Pignatura*, dans laquelle on a trouvé un tombeau colossal en porphyre rouge que l'on voit au musée du Vatican, et que l'on regarde comme étant le dernier séjour de l'impératrice Hélène. Cette tour se compose d'une salle circulaire, ornée de niches, comme les Columbaria, et sa voûte est formée de pots de terre cuite ressemblant à des *pignatte*, — marmites, — d'où son nom de Tor Pignatura.

A un mille plus loin, la ferme de *Tor-San-Giovanni*, connue aussi sous le nom de *Cento Celle*, — les cent chambres, — propriété encombrée de débris d'édifices du temps de Constantin, et notamment des ruines de l'aqueduc de Septime-Sévère, parmi lesquels on trouva, dans le dernier siècle, le Cupidon, l'Adonis et le Lycurgue qui sont au Vatican.

A six milles de Rome, *Torre Nuova*, domaine des Cenci, dont je dis un mot dans ce volume, actuellement propriété des Aldobrandini d'abord, puis des Borghèse. Combien de souvenirs sur cette terre des Cenci! D'abord, un terrain, *Pompetto*, qui fut aux Pompée; puis la *Grotta Celone*, qui fut à Celonis, un consul ami de Septime-Sévère; puis, dans un étroit vallon, *Valle dei Morti*, le drame d'une terrible boucherie des Gaulois, par Camille, en 363.

Nombre de Romains avaient leurs maisons de plaisance dans le voisinage. Attilius Regulus, la terreur et le prisonnier de Carthage, possédait là ses *septem jugeri*, les sept arpents de terre qui nourrissaient sa famille.

C'est à la suite de ce territoire que se trouvait Labicum.

Après Labicum, vient *Bola*, ville latine qui fut prise et détruite par Coriolan.

Autrefois, pour se rendre dans le pays des Latins, on suivait la Voie Latine, qui partait de la Voie Appienne. Actuellement cette voie est détruite.

Maintenant, on sort de Rome par la porta San-Giovanni, là, en face et bien plus près de notre observatoire, et à peine lui tourne-t-on le dos, que devant le voyageur se déploie la route la plus magnifique, conduisant à Frascati, à Monte-Pozzio, etc. En face verdoyantes montagnes du Latium, de Tusculum, du lac Régille; à gauche, longue et haute chaîne des Apennins aux teintes bleuâtres; à droite, Via Appia, et plaine ondulée, couverte de ruines d'anciens monuments ou sillonnée d'aqueducs.

Apercevez-vous cette sorte de monticule que jaunissent les grandes herbes brûlées par le soleil? C'est le *Monte del Grano*, qui rapportait jadis des céréales, alors qu'on le cultivait. Mais c'est une colline artificielle. Sa véritable profession était d'être un *tombeau*. Le tombeau de qui? *Chi lo sa?* comme disent les Italiens. Ce que je puis dire, c'est que, au XVI° siècle, on pénétra par un trou fait dans la voûte dans une chambre sépulcrale parfaitement intacte, et l'on y vit un magnifique sarcophage couvert de bas-reliefs, que vous pourrez contempler dans les salles basses du musée du Capitole. Mais avant d'y transporter ce sarcophage, on l'ouvrit. Qu'y trouva-t-on? Un vase en verre de couleur, autour duquel était représenté le mariage de Jupiter, sous la forme d'un dragon, avec Proserpine. Les Barberini, de Rome, devinrent les possesseurs de cet objet d'art antique; mais ils le vendirent au duc de Portland, dans la Grande-Bretagne, et celui-ci l'ayant offert au British Museum de Londres, il en devint le plus bel ornement. Il portait là le nom de *vase de Portland*. Mais, il y a quelques années, un fou le brisa à coups de canne.

Au sixième mille, *Tor di Mezza Via.*

De là, route menant à *Grotta-Ferrata*, etc., et au village de *Monte-Porzio*, patrie de Caton le censeur, qui, vous en avez souvenance, s'appelait *Porcius Caton.*

Grotta-Ferrata possède le *collége de la Propagande.*

Cette route rejoint l'ancienne Voie Latine, qui, après s'être égarée dans les champs, montre ses polygones de lave, et devient intéressante par les ruines d'anciennes villas qu'on y rencontre.

Une de ces villas, au neuvième mille, par ses larges proportions, par sa position élevée sur le plateau d'un rocher de lave assez escarpé, conserve assez de substructions pour que l'on puisse juger qu'elle dut être fort élégante.

Dans le long trajet circulaire que je viens d'imposer à votre regard désireux de connaître le panorama de la Campagne de Rome, cher lecteur, après avoir commencé par le centre du littoral de la mer Tyrrhénienne, et nous être arrêtés quelque peu à chaque station digne d'intérêt dans cet immense pourtour qui enveloppe la Ville-Eternelle comme d'un manteau bien déchiré par le temps et les luttes humaines, je vous ai ramené peu à peu au pied du mont Albain, dont la cime sourcilleuse nous a servi d'observatoire.

Mais nous avons encore à étudier les points fameux qui ponctuent à notre droite, à notre gauche et devant nous, les pentes de la chaîne Albaine, la plaine qui descend vers la mer, et enfin la seconde partie du littoral de la Méditerranée.

Ainsi, nous avons, là, à droite, sur l'une des croupes du mont Algide, *Pontano Secco*, ancien cratère, qui n'est autre que le célèbre théâtre de la lutte des Latins contre Rome, à savoir le *lac Régille.* Ce fut là que Posthumius battit les ennemis, et sa victoire décida pour toujours de la suprématie de sa patrie.

Le lac est desséché. Le cratère offre une circonférence d'un mille et demi ; il est couvert de laves et de scories. On trouve encore une portion de son émissaire.

Les environs sont semés de ruines de thermes et de maisons de plaisance. On signale même la *villa des Cornuficii*, illustre famille de l'époque de Cicéron. La contrée s'appelle *Cornufitte*.

Actuellement, portez toute votre attention sur ce magnifique amphithéâtre, ou plutôt cet hémicycle de montagnes formé par la chaîne du mont Albain, de l'Algide et des monts de Tusculum, dont Rocca-di-Papa, autre cratère de volcan, occupe le centre. Nous sommes aux premières loges pour le voir s'étaler au-dessous du plateau que nous occupons. Or, ces ruines superbes, étagées de la façon la plus charmante sur les talus de la montagne, appartiennent à l'antique *Tusculum*, fondée par Télégone, fils d'Ulysse et de Circé. Soumise d'abord aux rois d'Albe-la-Longue, elle regagna son indépendance quand la puissance latine fut anéantie par les Romains. Puis elle lutta en faveur des Tarquins. En dernier lieu, elle devint la fidèle alliée de Rome.

Le sommet de la montagne est encore dominé par l'acropole ou forteresse, cette masse blanche que dore le soleil.

Un peu plus bas, voici, debout toujours, le *proscenium* d'un théâtre qui conserve l'hémicycle de gradins destinés aux spectateurs. Nul théâtre, dans Rome, n'est aussi bien conservé.

Descendez le chemin en polygones qui conduit à l'Arx. Vous êtes en face d'un amphithéâtre minuscule, que les éboulements ont recouvert en partie.

Avec cette piscine, dont il ne manque que la voûte, là, derrière le théâtre, voilà ce qui reste des monuments publics de Tusculum.

Ces édifices occupent la crête de la montagne, complètement isolée, entourée de profonds abîmes et d'un accès difficile.

Aussi la ville, que représentent ces innombrables substructions, ces ruines, ces décombres, fut-elle construite plus bas. On y retrouve des restes des villas de Gabinius, de T. Anicius, de Quintus Metellus, de Sulpitius, de Cicéron, etc.

Cicéron possédait des villas un peu partout, à Cumes, à Pompéï, à Pouzzoles, à Antium, à Tusculum, etc., ce qui peut faire supposer que la profession d'avocat était fort lucrative. Sa maison de Tusculum surpassait les autres en richesse et en élégance. Ce fut là qu'il perdit sa fille bien-aimée; là qu'il se réconcilia avec César, dont il devint le partisan; là qu'il écrivit ses fameux entretiens philosophiques appelés *Tusculanes*. Je me suis promené dans son jardin, là où il avait entretenu César. J'ai pu reconnaître, au pavé des salles, et son exèdre, et son œcus, et son triclinium. J'ai de même visité ses autres demeures, et notamment son *Académie* de Pouzzoles. Le souvenir du grand orateur est présent partout.

Une vallée sépare les monts de Tusculum des monts Albain. C'est dans cette vallée profonde que passe la Via Latina, qui se dirige vers les contrées des Volsques, des Herniques et des Rutules.

Une ville nouvelle, *Frascati*, s'est formée et enrichie des débris de Tusculum. C'est cette agglomération d'églises, de palais et d'édifices que vous voyez placée à l'extrémité de l'hémicycle des montagnes, à droite, sur les rampes les plus élevées.

Il n'est pas, en Italie, en Europe, de situation plus délicieuse. Aussi, qui n'a entendu parler de Frascati, laquelle emprunte ce nom à l'arbuste appelé *frasca*, qui couvrait ces éminences? La beauté du paysage est incomparable : la vue de Rome et de la Campagne de Rome; la vue de la mer, car vous vous rappelez que, de la mer, je vis Frascati s'étaler avec tant de charmes sur ses hauteurs, que je quittai le bateau qui me portait ailleurs; la magnificence des horizons, la splendeur des villas, la richesse des jardins, la salubrité de l'air, tout fait de Frascati la plus fortunée des résidences.

Vous n'ignorez pas que la *mal'aria* couvre la Campagne de Rome en entier, et même un peu Rome : mais la zone d'air pur et salubre commence précisément à Frascati, à Rocca-di-Papa, à Albe-la-Longue, aux lacs Némi, Albano, etc.

Lucullus, le grand, le gourmand, le riche Lucullus, avait une maison de plaisance à Frascati, alors que Frascati n'existait pas encore. Où Lucullus n'avait-il pas des palais, des jardins?...

De Tusculum, faites suivre à votre regard cette ligne sinueuse qui se porte vers Frascati. Elle traverse l'ancienne propriété de Cicéron, et la villa qui en est voisine a nom *Ruffinella*.

Voici la *villa Conti*, puis la *villa Mondragone*, placée dans la plus heureuse situation, et dont les façades sont percées de trois cent soixante-quatorze fenêtres. La villa Mondragone est le théâtre de différentes scènes de la *Daniella* de G. Sand. Voici la *villa Taverna*, etc.

Voici Frascati, et cette tour ronde, en ruine à son sommet, mais dont le rez-de-chaussée est occupé par un cordonnier, *calzario*, c'est?... Devinez!... Le *tombeau de Lucullus!*... Soyez donc le célèbre Lucullus, pour qu'un savetier vienne s'emparer de votre dernier séjour, si humble après avoir renfermé le possesseur de tant de palais!...

Cette tour est sur la place de Frascati, en face de l'hôtel de Tusculum, où, par parenthèse, on mange d'excellentes fraises des montagnes albaines.

Frascati doit sa renommée à sa magnifique position, et sa splendeur aux admirables villas qui la décorent. La plus célèbre est celle qui s'échelonne du bas de la montagne à sa cime, et rien n'est plus pittoresque : elle a nom *villa Aldobrandini*. Clément VIII a fait bâtir le palais, mais les merveilleux jardins, les eaux jaillissantes, les cascades, le parc, sont dus au génie de Giacomo della Porta.

Que dire des *villas Piccolomini, Falconieri, Pallavicini*, et *tutti quanti*? Rien qui puisse intéresser, après la villa Aldobrandini, comme vous pourrez vous en assurer.

De la maison de Lucullus, rien, si ce n'est deux piscines en fort bon état, et des substructions en *opera reticolata*, c'est-à-dire en maçonnerie de pierres disposées en forme de mailles de filet de pêcheur.

Avant de nous rapprocher des monts Albains, disons un mot du *mont Algide, Algidus mons*, qui les termine, en servant à les unir aux monts du Tusculum. Le mont Algide, ainsi que vous le voyez, solitaire et sauvage, fut le théâtre de terribles batailles entre les Eques, les Volsques, les Herniques, les Tusculans et les Romains. Annibal le traversa, pour surprendre Tusculum. Naguère encore, il était le repaire de bandits qui affluaient dans cette solitude.

Je vous ai signalé, au pied de la colline que couronne le lac d'Albano, la petite ville de *Marino*, ruine d'une colonie latine, devenue petite cité fort agréable à cause de ses perspectives et de son bon air.

A côté de Marino s'ouvre une vallée solitaire, toute boisée. C'est l'ancien *bois sacré de Ferentina*, où les peuples confédérés du Latium tenaient jadis leurs assemblées nationales. La déesse Ferentina, patronne du lieu, a donné son nom au bois Ferentina, dont le milieu est occupé par une source devenue fameuse depuis que Tarquin-le-Superbe y précipita le député d'Aricie, Herdonius, qui entravait ses projets ambitieux.

Maintenant, entre le lac Albano, dans lequel se mire le Monte-Jove dont nous occupons le point culminant, et les monts Albains chevauchant vers l'Algide, remarquez-vous ces belles ruines blanches qui semblent trop à l'étroit dans l'espace qui leur est réservé? C'est *Albe-la-Longue*, le berceau de Rome, la création d'Ascagne, fils d'Enée, venu de Troie en Italie pour y transporter sa fortune, ses pénates et le fameux *Palladium!*

Hélas! c'est par Albe-la-Longue que Rome commença ses conquêtes sur les nationalités voisines, et Albe fut détruite. A présent, on n'y trouve plus que d'épais buissons de verdure desquels émergent d'innombrables blocs de tuf, des pans de murs, des fûts de colonnes en péperin, et d'immenses débris.

Dans le *jardin de Palazzuola*, un monastère qui occupe sans doute l'emplacement de l'ancien palais de Numitor et d'Amulius, le premier père de Rhéa Sylvia, qui donna le jour à Romulus et à Rémus, on voit un tombeau très curieux, taillé dans le rocher. Derrière le couvent, on voit aussi une grotte fort pittoresque.

Le moment est venu de porter nos yeux sur notre gauche, pour regarder la vaste plaine et les marais qui aboutissent à la mer Tyrrhénienne, dont une portion du littoral doit attirer notre attention.

Au-dessous du Monte-Cavo, voici d'abord *Bovillæ*, ville construite par un roi d'Albe, sur un mamelon parfaitement régulier, que nous dominons, comme d'un balcon de théâtre on domine la scène. Les ruines de cette cité, d'où est originaire la famille Julia, dont Jules César, Octave, etc., furent les représentants, sont des plus intéressantes. Elles se composent d'un cirque, d'un temple de Jupiter-Vengeur, d'un théâtre, de réservoirs et de piscines. Mais, si vous les visitez jamais, défiez-vous des reptiles nombreux qui les fréquentent, et qui affectionnent ces ruines.

En arrière de la chaîne des monts Albains, avant de longer le littoral, cet espace abrité par quelques arbres rappelle la *station romaine de Tres-Tabernæ*, dont parlent les Actes des Apôtres. En effet, c'est en ce lieu que s'arrêta saint Paul, la première fois qu'il vint à Rome. Là, eut lieu sa première entrevue avec les chrétiens de la capitale de l'empire, qui s'étaient portés en foule à sa rencontre. C'est un souvenir que l'on aime à conserver. La station est détruite, mais le souvenir reste.

Qu'il est beau, ce littoral de la mer Tyrrhénienne, dont la longue ligne blanche se raccorde avec l'azur du ciel, au moyen de mille nuances diverses qui restent toutes indécises, mais dont les couleurs chatoient et produisent à l'œil le plus charmant effet!

On voit d'abord un rocher qui se détache de la plage, à laquelle il est relié par un pont. Un donjon se dresse sur le rocher, c'est *Asture*.

Là commencent les campagnes qui s'étendent jusqu'à *Ostie*, le long de la mer baignant une route blanche. Souvent on chemine sur l'arène humide. Le flot soulevé par la brise dispute fréquemment le passage. Du reste, pâturages d'un aspect sombre, bordés de chênes verts et d'oliviers sauvages. Des troupeaux de cavales y paissent en liberté.

Asture était une ville, jadis. Sous son ombre, Lucullus et Cicéron y avaient des maisons de campagne. Déchue de siècle en siècle, elle n'est plus qu'un anneau de cette longue chaîne de tours de garde élevée de six milles en six milles pour protéger la côte.

Debout sur la grève la plus solitaire du désert romain, entre la petite ville de Neptune, *Nettuno,* et l'homérique *montagne de Circé,* où plane encore l'ombre de la magicienne, terreur des pâtres, la tour d'Asture n'est séparée des Marais-Pontins que par une étroite ceinture de forêts qui se déroule de Terracine à Ostie, forêts vierges qu'on dirait primitives, tant elles sont profondes et muettes. Sorti de leur sein ténébreux, et descendu des monts Albains, l'antique Lanuvius, aujourd'hui Conca, roule son onde sablonneuse non loin des murs d'Asture; voyageur inconnu du désert, il va se reposer et se perdre en silence dans la mer de Tyrrhène.

Après Nettuno, dont les femmes portent un costume pittoresque rappelant celui des femmes des îles d'Ischia et de Procida, vient *Antium,* actuellement *Porto d'Anzio.*

Un pan de mur antique, dans la rue *delle Vignacce,* débris du théâtre attenant au palais des Césars; un large quai dont les fragments sont épars; quelques pilotis en bois de chêne, sur lesquels reposait ce quai, pilotis qui comptent dix-huit siècles d'existence! voilà ce qui reste d'Antium, dont l'immense palais occupait le plateau dominant la mer et la plaine, à une grande étendue, avec des perspectives admirables.

Ce fut dans ce palais que reçurent le jour et Caligula, et Néron. Néron! qui tua sa mère, qui tua son précepteur, qui tua son gouverneur, qui tua la vertueuse Octavie, qui tua tous ses amis!

Quittons bien vite cette ancienne ville des Volsques, et pour échapper à ces affreux souvenirs, arrêtons-nous à Ardée.

Du reste, ces champs fameux ont bien mérité de l'art : ce sont eux qui ont conservé dans leurs entrailles, pour nous les rendre intacts, après les longs siècles de vandalisme du moyen-âge, et le *Gladiateur*

Borghèse et *l'Apollon du Belvédère*, trouvés à Antium, et dont le Vatican possède celui-ci, et Paris celui-là.

Un plateau taillé de tous côtés à pic, une prairie fraîche et circulaire au sommet, une quinzaine de masures jetées sans ordre à l'entour, un vieux castel délabré; point de rues, mais des fragments de murailles saturniennes, derniers vestiges de fortifications disparures; une poignée d'habitants, ombres livides dévorées par la *mal'aria*, la fièvre et la faim, telle est *Ardée*. Ardée, l'ancienne capitale des Rutules; Ardée, que Sextus-Tarquin assiégeait lorsque, une nuit, lui vint la fantaisie de chevaucher jusqu'à Collatie, pour aller porter le déshonneur et la mort à la sage et vertueuse Lucrèce.

Ainsi réduite par trois mille ans d'existence, Ardée est encore le point le plus frappant du désert, par la beauté magique des paysages qui l'entourent et dont elle est le charme. Dans tout l'Agro-Romano, je ne sache pas un site plus riche dans sa misère, plus beau dans sa décrépitude. Contemporaine des volcans éteints de l'Italie, son vieux nom d'*Ardée* est resté là comme un monument de ces temps fabuleux où *ardaient*, c'est-à-dire brûlaient encore les Champs Phlégréens du Latium. Rome n'existait pas alors : on ne parla même d'elle que bien des siècles plus tard.

Bâtie au sommet d'un rocher creux et volcanique, sur le premier gradin du gigantesque amphithéâtre qui, de la Méditerranée, par les monts Albains, Algide et de Tusculum, s'élève aux cimes neigeuses de l'Apennin, elle embrasse un horizon sans bornes du côté de la mer et du Tibre, mais fermé des deux autres par les monts de la Sabine et de l'Abruzze. Au pied des précipices qu'elle domine, ce n'est que vallons riants, verts pâturages, eaux courantes, fontaines cristallines, jeune et splendide végétation. Au couchant, la mer et ses brises, la mer et l'infini. Au nord, le mont Albain, l'Ida des Romains, qui nous sert d'observatoire en ce moment, et puis les cités blanches de la Campagne de Rome, ses villas de marbre, ses lacs bleus, sa ceinture de forêts, et enfin, au loin, le pays des Sabins, premier séjour des aborigènes, alors que le Soracte et le mont Circé étaient des îles, l'Agro-Romano une mer, et que l'Océan déferlait contre les rochers de Préneste et de Tibur.

On crie contre le Désert ou Campagne de Rome. Mais voyez, est-il rien de plus splendide? Ici, la côte de Laurentum, où Lélius, les Scipions, Pline avaient leurs villas; là, cette Campagne de Rome avec ses ondulations larges et prolongées, ses grands souvenirs, ses grands noms, son aspect sérieux, sa tristesse austère, oui; mais aussi ses pins agités par le vent, ses aqueducs et ses ruines avec toutes les poésies de la solitude. Le soleil resplendissant projette ses rayons sur l'ensemble, et un grand air de fête s'étend sur ces plaines de Saturne.

Sortons de ce bois, jadis *Lucus Apollinis*, et suivons de l'œil les vastes prairies de Camposelva, autrefois consacrées à Vénus et aujourd'hui à la *mal'aria*, nous nous trouvons alors en face de cette *Lavinie* et rois latins qui, moins heureuse qu'Ardée, a perdu son nom royal, et n'a plus, dans la bouche des pâtres, que celui d'un hameau vulgaire, *Pratica*.

Et cependant que de choses nous aurions à dire sur Enée arrivant en Italie, débarquant à *Laurentum*, fondant Lavinie, puis trouvant la mort dans le *Numicus*.

De Laurentum, un semis de ruines sans cohésion; pas même quelques-uns de ces innombrables lauriers auxquels elle dut son nom. De Lavinie, quelques blancheurs sur la plaine. Aucun débris bien apparent. Le célèbre Numicus devenu le *Rio Torto*.

Pourtant, en 1794, le duc de Sussex, en fouillant les rives du Numicus, y découvrit une quantité d'objets d'art : statues, torses, vases, tronçons de colonne, chapiteaux, bas-reliefs, etc. Toutes ces richesses, à cette heure, ont été transportées outre-Manche.

Vanitas vanitatum, et omnia vanitas!

Nous sommes à deux pas de la ville fondée par le troisième roi de Rome, Ancus Martius, et c'est à peine si je la trouve, car, devant nous désert plat, véritable steppe, où n'apparaît aucune trace du séjour de l'homme. Vous avez compris qu'il s'agit d'*Ostie*.

Portez les yeux cependant derrière cette belle forêt de pins, qui a nom bois de Castel-Fusano, et remarquez cette tour ronde et crénelée qui se dresse à l'horizon, peu loin de la mer. C'est le donjon d'Ostie. Cette tour, et un grand pin-parasol qui croît auprès, composent un tableau de la plus sincère mélancolie. On dirait le dernier produit de la nature abrité contre le dernier ouvrage de l'homme, dans une plaine ravagée.

Ne regardez pas comme étant Ostie cette pauvre bourgade qui compte à peine cent habitants, et qui est l'Ostie moderne, décimée par la *mal'aria* qu'exhale le marais salé signalé par Tite-Live, comme existant déjà au temps d'Ancus Martius.

L'ancienne Ostie, l'intéressante, la riche Ostie est cachée là, sous tous ces mamelons, sous toutes ces éminences qui ponctuent la plaine.

Voici, par exemple, un petit *hypogée*, garni de ses *ollarii*, c'est-à-dire de niches contenant des vases cinéraires en travertin, la pierre la plus généralement employée sous l'empire. *Olla*, veut dire pot : ce mot se conserve chez les Espagnols, qui appellent leur mets favori *olla podrida*.

Vient ensuite un *columbarium*, où l'on voit cinq *ollæ* enclavées dans le mur, mais crevées et vides de cendres. D'après une inscription que j'y ai lue, *in genui*, cette sépulture était réservée aux affranchis.

Un des traits les plus touchants du caractère des anciens, c'est leur respect pour les morts. Ils comprenaient la poésie de la mort aussi bien que celle de la vie. Les caveaux mortuaires étaient des columbaria percés de niches d'où les âmes s'envolaient, comme des colombes, vers les demeures éternelles. Nos modernes n'ont aucun souci de leurs vieux domestiques, tandis que les anciens prenaient de leurs esclaves un soin qui s'étendait jusqu'au-delà de l'existence, et les ensevelissaient dans des sépultures expressément construites pour eux.

Cet autre columbarium se fait remarquer par une mosaïque représentant le rapt de Proserpine, allusion au dieu de la mort qui enlève les âmes dans les régions souterraines.

Ostie a aussi sa longue *rue des Tombeaux,* comme Pompéia, comme la Voie Appienne; elle montre de nouveau des *Thermes* qui avaient été ensevelis sous des décombres amoncelés par les Barbares et les révolutions. De fort belles statues ont été rendues à la lumière, ainsi que des mosaïques à figures noires sur fond blanc.

Mais nous ne pouvons nous arrêter plus longtemps à Ostie; et nous vous avons fait contempler suffisamment la Campagne de Rome. Disons lui donc adieu, après avoir promené sur son étendue un long regard qui témoigne de l'intérêt que nous a inspiré un spectacle grandiose qu'on ne trouve que là!

VII

Rubans gris et blancs des grandes Voies rayonnant autour de Rome. — Effets produits par les aqueducs sillonnant le Désert, comme des caravanes sans fin, pour aboutir à un centre commun, Rome. — Nomenclature des aqueducs et des eaux. — Où le narrateur descend de son observatoire et suit la Voie Appienne, *Regina Viarum*. — Heure du berger. — Albano et ses souvenirs. — Tombeau de Pompée. — Tombeau de P. Clodius. — Les Frattochie, théâtre du meurtre de Clodius par Milon. — Origine et facture de la Voie Appienne. — Ses tombeaux. — Loi proscrivant l'inhumation dans les villes. — Comment chacun choisit un site pittoresque, un lieu bien égayé par la foule. — Ce que les Romains pensaient de la mort. — Engouement pour la Voie Appienne. — Esquisse et tableau de la Voie, le Longchamps de Rome. — Mouvement et variété des costumes, des personnages, etc. — Chars et litières. — Matrones et saltimbanques. — Soldats et consulaires. — Chasseurs et *Trossuli*. — Les Trossuli, les gommeux de Rome. — Les joueurs de flûte et de lyre. — Danseurs et danseuses. — Luxe et misère. — Et cependant tombeaux ici, là, partout. — Royaume de la mode parmi ces sépulcres. — Inscriptions, épitaphes, jeux de mots. — Où et comment on *mangeait* le vin. — Thermopoles, etc.

Je ne me rassasie pas de contempler l'immense panorama que je viens de vous décrire, cher lecteur; panorama qui renferme non-seulement la Campagne de Rome, mais qui enveloppe aussi dans sa vaste circonférence une partie notable de l'antique Etrurie, de la Sabine, du Samnium, du pays des Marses, des Eques, des Volsques, des Rutules, des Herniques, du Latium, etc.; de toutes ces contrées, de tous ces peuples qui, peu à peu, furent absorbés par la conquête romaine.

En face des croupes de montagnes qui se déroulent au loin, comme une gigantesque caravane de mastadontes ; en présence des paysages de la plaine que ponctuent tant de ruines ; en voyant l'écharpe d'or du Tibre, celle d'argent de l'Anio, et puis l'Allia, et les cratères de volcans devenus des lacs, sillonnant le désert ou le marquetant de leurs miroirs de cristal ; enfin, en étudiant, en récapitulant tous les sites et les points culminants qui s'appellent Tibur ou Tivoli, Tusculum ou Frascati, Ardée, Antium, Lanuvium, etc., je me sens ivre de jouissance, je deviens fou de bonheur.

Je vais donc revoir toutes ces magnificences de nature et d'art, me saturer de l'examen des souvenirs qu'elles rappellent ; refaire page par page l'histoire de cette incomparable vallée du Tibre, dont le point lumineux est là-bas, rutilant comme un météore, Rome la Ville-Eternelle, Rome endormie dans le sommeil de la mort, mais aussi Rome vivante, la capitale du monde chrétien !

Savez-vous ce que m'a pris de temps la contemplation muette à laquelle je me suis livré, des hauteurs d'Albano, sur le grand théâtre de Rome ?

Le jour se faisait quand j'ai choisi mon point d'observation, et voici le soleil qui descend déjà vers la mer Tyrrhénienne. Il est trois heures. Je n'ai pas mangé encore, et certes, je n'y songerais pas, si je n'avais à descendre de la montagne pour m'engager enfin sur la Voie Appienne, qui m'attend, et aller prendre gîte à Rome, pour la nuit, à moins de dormir dans quelqu'un des sépulcres effondrés qui bordent la route.

La Voie Appienne, *Regina Viarum*, la reine des voies qui rayonnaient de Rome sur l'univers conquis !

Je déjeune rapidement dans une osteria d'Albano, et je m'achemine enfin, à pied, le bâton du touriste à la main, vers le but de mon voyage. Mais je m'achemine lentement, en m'arrêtant souvent pour tout revoir, tout étudier encore, ainsi qu'il sied à tout voyageur qui se respecte et se rappelle, à chaque pas, qu'il foule une poussière dont chaque atome provient peut-être de la cendre d'un grand homme ou de quelque ruine illustre.

Ce qui attire et fascine une dernière fois mon regard, avant de quitter Albano, ce sont les longues lignes d'aqueducs que rendent plus saillantes les rayons du soleil à son déclin, car l'astre du jour se joue dans leurs arceaux et produit des effets d'ombre et de lumière à émerveiller un peintre.

Mais, puisque ce mot *aqueducs* se trouve sous ma plume, je vais vous dire, sans tarder davantage, ce que ces chevauchées de pierres offrent d'étrange, en cavalcadant ainsi à travers le désert de Rome.

Assise aux bords du Tibre, un peu au-dessous du confluent de ce fleuve avec l'Anio, Rome occupe les derniers monticules de la chaîne de montagnes qui s'achemine de l'est à l'ouest. Mais l'eau de ces deux courants était loin de suffire aux besoins de la population de Rome, jadis. Dès la fin du premier siècle de notre ère, sous Nerva et sous Trajan, neuf de ces aqueducs, construits en maçonnerie et s'acheminant tantôt sous terre, tantôt en remblai, à travers les montagnes, au penchant des coteaux, puis, sans rien perdre de leur pente régulière, franchissant les plaines et les vallées sur des arcades magnifiques, apportèrent dans Rome un immense volume d'eau.

Six de ces dérivations, *Aquæ Appia, Marcia, Virgo, Claudia, Anio Vetus, Anio Novus*, avaient leur prise d'eau dans la vallée de l'Anio. Deux autres, *Aquæ Tepula* et *Julia*, amenaient les eaux de petits affluents de la rive gauche du Tibre inférieur. Une dernière, *Aqua Alsietina*, venait du lac Alsietinus.

La hauteur de ces aqueducs atteint parfois trente-trois mètres. Pour plusieurs, les arcades se superposent, en se rencontrant, afin de ne rien perdre de leurs niveaux respectifs, et cheminent alors confondus en un seul aqueduc à trois rangs d'arcades. En tout, on comptait quatre cent dix-huit kilomètres de maçonnerie destinée au charroi des eaux.

Figurez-vous donc quatre cent dix-huit kilomètres d'aqueducs distribués en arcades, formant étoile rayonnant autour de Rome, et marquetant cette immense plaine verdâtre, qui a nom Campagne de Rome, et dites-moi si, soit au soleil, soit au clair de lune, ce n'est pas d'un aspect grandiose, majestueux, pittoresque, car presque tous ces aqueducs existent encore, et ceux qui sont en ruines parlent peut-être plus encore à l'imagination.

D'autres aqueducs furent érigés ensuite pour ajouter à ces premières dérivations : *Aquæ Felice, Paola, Vergine*, etc.

Il y a dix-huit cents ans que ces gigantesques maçonneries ont été exécutées. Eh bien! ces mêmes eaux arrivent toujours des mêmes sites, et par ces mêmes canaux, sans que jamais leur cours ait été interrompu. Aussi aucune ville du monde ne possède plus de fontaines, et des eaux plus excellentes que celles de Rome.

A peine ai-je tourné le dos à Albano, que je rencontre tout d'abord le *tombeau de Pompée*. Ce vaniteux général, immolé si traîtreusement en Egypte, ne voulut pas que la mort le privât de ses domaines. Il ordonna que son dernier séjour fût placé sur le sol même de ses propriétés qui bordaient le côté gauche de la Voie Appienne, et dont la limite était la villa de P. Claudius et ses dépendances.

Succède ensuite le *tombeau de ce P. Claudius*, le turbulent citoyen tué par les gens de Milan. Les délicieuses collines, contreforts du mont Albain, de tout ce côté droit de la route, étaient occupées par son vaste domaine, qui s'étendait jusqu'au lac.

Les magnifiques constructions qui, de nos jours encore, supportent la route qui se détache de la Voie Appienne pour aller à Castel-Gandolfo, à Marino, au bois sacré de Férentinum, à Tusculum, etc., sont l'ouvrage de ce terrible Clodius.

Un jour, le site de ces deux domaines de Pompée et de P. Clodius ayant émerveillé l'empereur Domitien, ce prince les acheta, les réunit en un seul et les décora d'édifices d'une richesse prodigieuse. Aussi la ville d'Albano, assise sur ces terres, possède-t-elle de magnifiques débris de ces monuments, des thermes en *opera lateritia*, c'est-à-dire en briques, un temple de Minerve devenu l'église de Santa-Maria della Rotunda, des portions d'enceinte du camp des prétoriens, et l'amphithéâtre où ce cruel empereur s'exerçait à tirer de l'arc, en tuant des centaines de bêtes féroces.

Au bas de la côte d'Albano, se trouve un carrefour où se croisent, avec la voie, les routes de Bovillæ, de Tusculum, d'Albe, etc. On nomme cet endroit les *Frattochie*. C'est le lieu précis où les gens de Clodius ayant attaqué Milon, son ennemi, les serviteurs de ce dernier égorgèrent Clodius dans la maison voisine où il avait cherché un refuge. C'est cette lutte qui nous a valu le fameux plaidoyer de Cicéron, *Pro Milone*.

Avant de pénétrer sur la Voie Appienne, entre la double bordure de tombeaux qui l'accompagnent jusqu'à Rome l'espace d'au moins deux lieues, je vous demande de faire une courte digression sur l'usage des Romains de placer leurs tombeaux sur les voies publiques.

Lorsque Appius Claudius Cœcus — car il ne faut pas confondre ce censeur avec Appius Claudius, le terrible décemvir qui fit assassiner Sicinius Dentatus et tenta d'enlever à son père la pudique Virginie, — eut achevé la Voie Appienne, à laquelle il donna son nom, on était en 442 de la fondation de Rome. Il n'y eut qu'un cri d'admiration : on trouva cette route si parfaitement construite et son parcours si utile, si agréable, si charmant, qu'on la proclama la Reine des voies. En effet, quels délicieux paysages elle traverse, et combien de villes elle relie dans son immense étendue ! Mais en outre, aujourd'hui qu'elle compte deux mille quatre cents ans d'existence, sa merveilleuse solidité résiste au temps ; son niveau ne subit aucune dépression, et en mille endroits, surtout dans le voisinage de Rome, on retrouve son pavé primitif en gros polygones de lave. Les roues des voitures s'enfoncent dans les mêmes rainures qui furent creusées par les roues des chars antiques. Elle coupe en droite ligne l'Agro Romano, qu'elle domine de quelques mètres en certains endroits, et de sa plate-forme on voit, au fond de la nappe de pâle verdure du désert, si unie qu'on ne peut préjuger son étendue, le pied de l'Apennin de la Sabine nager dans une brume mouvante, tandis que ses sommets s'estompent, rigides et tranchés, sur l'azur du firmament. Vous regardez avec saisissement, et même de nuit, avec une sorte de terreur, les innombrables lignes des aqueducs sillonnant l'espace en tout sens, et, par leur interruption ici, là par la continuité de leur marche solennelle, produisant le plus ravissant effet de paysage, que vous le contempliez sous les rayons du soleil ou bien au clair de lune, ce qui rend le tableau plus fantastique.

Mais surtout vous vous extasiez à la rencontre incessante d'innombrables monuments funéraires de toutes les grandeurs, de toutes les formes, de tous les styles, mais tous beaux, tous riches, tous éloquents, soit que leurs inscriptions vous parlent le langage de la philosophie, de la raison, etc., soit qu'elles se montrent facétieuses, plaisantes et parfois cyniques.

Dans les premiers temps de Rome, les citoyens, à leur mort, avaient été inhumés à l'intérieur de la ville, et même dans leurs maisons. Mais vint un jour où la salubrité publique dut souffrir de cet usage. En outre, les sacrifices se trouvèrent exposés à être souillés par des convois et des cérémonies funèbres, si on prenait l'habitude de transporter les cadavres à travers les rues. En conséquence, fut publiée une loi qui prohiba la crémation des corps et la conservation de leurs cendres dans l'enceinte de Rome. Seules, les illustres familles des Publicola, des Fabricius, etc., et les triomphateurs morts pendant le triomphe, furent exceptés. Dès-lors, tout chacun songea à préparer son sépulcre au-dehors. Mais comme ce fut longtemps une croyance que l'âme, sortie d'un corps privé de sépulture, errait pendant cent ans sur les rives du Styx avant de jouir du repos des Champs-Élysées, on mit à se préparer un tombeau la même recherche que met une coquette à se tailler un manteau parfaitement assorti à sa taille.

Pourtant ce n'était pas tout d'avoir un tombeau; encore fallait-il que ce tombeau fût agréablement placé. Car, si le Romain mettait grand soin à posséder ce qu'il y avait de plus confortable en maison, pendant sa vie, à plus forte raison, pour la demeure de l'éternité, devait-il avoir un gîte honnête et un peu bien situé.

Pour les païens, la mort n'était pas, comme pour nous, un affreux cadavre au rictus horrible, à l'œil éteint, au crâne dénudé et aux pâles violettes; mais une blanche divinité aux noires draperies, fille du Sommeil et de la Nuit.

Donc il fallait égayer cette pauvre solitaire. Or, qu'y avait-il de plus propice qu'un grand chemin, une voie très fréquentée, une des vingt routes consulaires qui, de Rome, rayonnaient sur tout l'empire? Le Romain, curieux, frivole, ami du mouvement, de l'agitation, des nouvelles; le Romain, fort orgueilleux personnage, et recherchant toujours et partout l'occasion d'étaler son opulence, choisit donc les grands chemins pour y placer sa villa mortuaire, et certes, les grands chemins ne manquaient pas à Rome!

Au nord de la ville, ne voit-on pas la *Via Flaminia* dérouler son long ruban blanc à travers les mamelons et les collines qui accidentent le sol de ce côté, passer au *Ponte-Milvio*, longer la *villa Cæsarum* où Livie, femme d'Auguste, se livrait aux plaisirs de la villégiature, traverser la plaine de *Capène*, bâtie sur les rives d'un petit lac, ancien cratère de volcan, passer au pied du mont Soracte, toucher à Faléries, et par le pays des Sabins, l'Ombrie et le territoire des Sénons, atteindre *Ariminium*, le Rimini de nos jours?

De la Via Flaminia ne se détache-t-il pas la *Via Cassia*, conduisant à Véïes, et passant au milieu de rochers de tuf très élevés, percés de grottes sépulcrales étrusques rangées en ligne, double parfois, quelques-unes décorées de pilastres, route pittoresque s'il en fut, aboutissant à Sutri, autre ville étrusque des plus anciennes?

Enfin, la Via Æmilia ne se montre-t-elle pas côtoyant les bords de la mer Tyrrhénienne, qu'elle remonte jusqu'à Pise, pour tourner ensuite vers Plaisance, couper l'Apennin, et arriver, elle aussi, à Ariminium, par un immense circuit?

Au levant de l'Agger Romanus, des remparts de Rome ne découvre-t-on pas le long serpent de la *Via Salaria*, enjambant l'Anio sur le *Ponte Salario*, où, en 394 de Rome, Manlius soutint un rude combat contre un Gaulois auquel il enleva son collier d'or, *torques*, d'où lui fut donné le glorieux surnom de *Torquatus*, et conduisant dans le pays des Sabins, par *Fidène*, le fleuve de l'*Allia*, rendu si fameux par la victoire que remporta le brenn gaulois sur les Romains, ce qui lui valut la prise de Rome, et à *Cures*, patrie de Tatius, le rival de Romulus, de Numa Pompilius, d'Ancus Martius, antique cité qui donna un dérivé de son nom aux Romains eux-mêmes, *Quirites*, au jour de la paix qui suivit l'enlèvement des Sabines, et fut conclue avec Tatius, le vénérable chef des Sabins?

Ne compte-t-on pas, du même côté,

Et la *Via Nomentana*, effleurant le mont Sacré, touchant à la *Villa de Phaonte*, aux Catacombes, que devait sanctifier plus tard sainte Agnès, et allant former un embranchement à la Via Salaria?

Et la *Via Tiburtina*, s'élançant comme une flèche vers *Tibur*, le gracieux *Tivoli* de notre époque, par le *Ponte-Mammolo*, ainsi nommé de Mammée, mère d'Alexandre Sévère, qui le fit réparer; frôlant la splendide villa d'Aquilcius Régulus, les thermes appelés *Aquæ Albulæ*, et la grande *villa d'Adrien*, que ce prince enrichit de nombreux monuments imités des plus belles œuvres architecturales de l'Egypte et de la Grèce?

Et la *Via Prænestina*, conduisant à *Préneste* et dans le *pays des Herniques*?

Et les *Via Collatina* et *Via Labicana*, se dirigeant la première vers *Collatie*, et la seconde vers *Labicum*, dans le *pays des Marses* et des *Osques*?

Au sud et au couchant, à travers les sites les plus beaux, les Romains n'ont-ils pas la *Via Latina*, s'acheminant vers la *région des Latins*, escaladant les montagnes du *Latium*, pour gagner le *lac Régille*, le *bois sacré de Férentinus*, *Tusculum*, le *mont Albain*, *Albe-la-Longue* et son *lac*?

Enfin, à l'ouest, après la Via Appia, n'a-t-on pas taillé :

La *Via Ardeatina*, se dirigeant vers la *mer de Tyrrhène*, le *pays des Samnites*, des *Volsques*, des *Rutules*, et reliant à Rome *Asture*, *Ardée*, *Antium*, etc?

Et la *Via Ostiensis*, descendant vers *Ostie*, le port de Rome?

Un mot sur une autre voie, la *Via Triomphalis*, qui servait à déployer les pompes orgueilleuses du triomphe accordé par le sénat aux généraux vainqueurs.

Les triomphateurs partaient avec leur cortége, du sommet du *Monte-Mario*, voisin du Vatican, où commençait la voie, suivaient la route qui traversait le Tibre sur le *pont Triomphal*, traversaient le Champ-de-Mars en écharpe, entraient dans la ville par la *porte Triomphale*, et allaient rejoindre la *Voie Sacrée*, propre au Forum, à l'endroit où se trouve actuellement l'Arc de Constantin, à l'extrémité du Forum. De là, par la Voie Sacrée, et les escaliers du Capitole, le vainqueur, porté sur un char doré attelé de chevaux blancs, se rendait au pied du temple de Jupiter-Capitolin, où il rendait grâces aux dieux de ses victoires.

De la cime du Monte-Mario, la vue la plus étendue se déployait sur le Tibre, sur la ville entière, sur l'Agro Romano, et, en vérité, ce lieu était admirablement choisi pour y faire stationner une armée qui venait y attendre l'autorisation de mener son général en triomphe au milieu de la plus belle ville du monde.

C'est sur cette Voie Triomphale que Constantin vit se produire la croix de feu, dont il fit son *Labarum*, avec la devise : *In hoc signo vinces!* la veille de la bataille, dans laquelle il défit Maxence, près du *Ponte-Milvio* ou *Mollé*, sur les bords du Tibre.

Reste une dernière voie, la *Via Aurelia*, qui, partant du sommet du Janicule, serpente à travers les ondulations de la plaine, à l'occident, pour chevaucher jusqu'à Civita-Vecchia, l'antique *Centum Celle*, puis à *Pyrgos*, à *Cœré* et à *Argylla*, toutes villes d'origine étrusque.

Mais de toutes ces voies, la première, la plus pittoresque, la mieux aimée, c'était sans contredit la Voie Appienne, la Grande Appia, la reine des routes, *regina viarum*. Ce qui le prouve, le voici. Sur presque toutes les voies consulaires ou autres, surtout à l'entrée et à la sortie des villes, et partout où il y avait un site charmant, on est sûr de rencontrer quelques tombeaux. A Pouzzoles, à Baïa, à Neapoli, à Pœstum, à Nola, à Rimini, etc., des tombeaux, mais en petit nombre. Sur un cap, sur les promontoires, dans certaines vallées solitaires, au sein des bois d'une villa, des tombeaux. Or, sur la Voie Appienne, des tombeaux également, mais des tombeaux par milliers, et quels tombeaux!

La Voie Appienne n'était-elle pas le chemin des Champs-Elyséens sis à Misène? Ne passait-elle pas près d'Albe-la-Longue, de Laurentum, de Lanuvium, d'Ardée, de Lavinium? Ne traversait-elle pas Aricie, entre les lacs bleus d'Albano, de Némi, puis Bénévent, Capoue, pour aboutir à Brindes, le port d'où les flottes romaines s'élançaient vers la Grèce, l'Asie, l'Afrique, le monde?

Une consolation restait aux malades qui se sentaient mourir dans la grande cité : c'était d'être inhumés sur la Voie Appienne. Etre placé là, quelle félicité! au moins on ne mourait pas tout entier. On y jouissait de la vie des vivants; on les entendait s'ébattre et se gaudir : le roulement des chars devenait une musique! La grande Appia était si bien exposée au soleil! De la Via Appia on avait si belle vue tout à l'entour de soi! On y participait donc encore plus ou moins aux plaisirs et aux agitations de la vie!

Aussi était-ce sur la Voie Appienne que, tout après la chaleur du jour, alors que le soleil déclinait vers Ostie, et quand les premières brises soufflaient des montagnes bleuâtres que dominait le temple de

Jupiter-Latial, les *trossuli* de Rome, ses gandins, ses petits-crevés, enveloppés du manteau de pourpre de Tyr, appelé *lacerna*, et attaché sur l'épaule droite par une agrafe éblouissante de pierreries, épilés, frais rasés, des mouches, oui, des mouches au visage; les dames romaines sous leurs plus élégants ajustements, *stoles* et *peplum* d'étoffe de Cos, vrai tissu de brouillard; les ardents cavaliers montés sur des chevaux numides de la plus grande beauté; des litières dorées qu'entouraient des groupes d'esclaves lecticaires vêtus de la *penula*; les *cisia*, chars aériens traînés par des mules dont les harnais étaient chargés de grelots d'argent; les *carruccæ*, véhicules haut placés sur leurs roues; les *rhedæ*, calèches garnies de riches coussins; les *carpenta*, nos modernes chars-à-bancs; enfin les *cavinirœ*, nos berlines d'à présent, allaient, venaient, se croisaient, caracolaient, se panadaient sur cette longue avenue, le Longchamps de Rome. C'était un indescriptible tohu-bohu, un bruit assourdissant : des rires, des cris, des chants, des appels, des clameurs de colère, des imprécations, des jurements.

En effet, la foule encombre la voie.

Ici, c'est un *auceps*, gros gaillard ayant un chapeau et des bottes de chasseur. Il est vêtu d'une tunique et d'un manteau de peau encore couvert de poil. Dans sa main droite, couteau de chasse. Deux colombes sont attachées à sa ceinture. Un lièvre est sous son bras gauche. On voit entre ses doigts le bout du nœud coulant où s'est pris son gibier. Il offre sa marchandise à ceux qui passent, et la surfait du double de sa valeur.

Là, ce sont de jeunes femmes grecques, dont la tête est couverte d'un voile, *calyptra*, destiné à dérober leurs traits aux regards des curieux. Ce voile ressemble à ceux qu'emploient les femmes turques de nos jours. Il est placé sur le haut de la tête et enveloppe la figure de manière à la cacher, sauf la partie supérieure du nez et des yeux. Ce voile tombe sur les épaules et descend jusqu'au milieu du corps.

Plus loin ce sont des Gaulois vêtus de la *caracalla*, et qui, fraîchement arrivés à Rome, semblent émerveillés des splendeurs de la promenade, des paysages et des perspectives de la campagne.

Ailleurs, des centurions, dont un ordre de l'empereur accélère sans doute la marche, se pressent et écartent violemment les promeneurs qui les gênent. Ils ont dans la main droite la baguette de vigne, *vitis*, signe de leur grade, et portent le casque, la cotte de mailles, les *phaleræ*, et les jambières *ocreæ*, comme les soldats Romains des premiers temps.

Un peu partout, jusque dans l'hémicyle qui précède certains tombeaux, exécutent des tours de force, marchent sur leurs mains, dansent sur des amphores, s'agitent comme des serpents, des *cernui* et des *cernuæ*, traduisez saltimbanques, hommes, femmes, enfants, dans des costumes bizarres et éblouissants de paillettes et de plaques de métal, pendant que des *choraules* accompagnent leurs jeux des sons de la double flûte grecque.

Mais voici la trompette qui se fait entendre. Qu'est-ce que cela? Tout simplement un crieur public, *præco*, qui invite les auditeurs à se rendre à l'enterrement de tel ou tel citoyen.

Puis on traverse des flots de petits marchands, portant suspendu à leur cou l'éventaire en sparterie sur lequel sont étalés des bonbons, des gâteaux, des fruits, tout ce qui peut exciter la cupidité des enfants; des *citharistæ*, jeunes filles qui chantent en s'accompagnant de la cithare; des danseuses, *saltatrices*, qui, toujours pourvues d'un voile qu'elles disposent quelquefois en plis gracieux autour de leur corps, que d'autres fois elles font flotter de manière qu'il les couvre entièrement, et que souvent aussi elles portent déployé au-dessus de leur tête, pendant que la brise en lutine l'étoffe souple et légère.

Passent encore des *vinarii*, c'est-à-dire des jeunes hommes qui vous offrent des boissons chaudes faites avec du miel, ou des liqueurs fraîches exprimées du limon, de la grenade, etc. Ils versent le liquide dans une conque, *concha*, coquillage en spirale, et l'amateur boit en laissant jaillir dans sa bouche ouverte la boisson qu'il a préférée.

Passent aussi des *cornicines*, ayant en sautoir, comme nos chasseurs, de grands cors circulaires, et conduisant en laisse de grands chiens levriers accouplés à l'aide de la *copula*.

Au milieu de toute cette tourbe du peuple qui veut avoir sa part des plaisirs des grands et des riches, ainsi qu'il se fait toujours dans les centres considérables de population agglomérée outre mesure, s'avancent majestueusement des groupes de licteurs, *lictores*. Là, c'est une Vestale, vêtue de la robe de lin descendant jusqu'aux genoux, les épaules couvertes de l'*amictus* formé d'une pièce rectangulaire d'étoffe blanche garnie d'une bordure; les cheveux serrés contre la tête par un rouleau de laine immaculée, *infula*, noué d'un ruban, *vitta*. Un licteur, armé de ses faisceaux de verges, *fasces*, et portant à la main droite une baguette, *virga*, avec laquelle il écarte toute personne obstruant la voie, marche gravement devant elle. Plus loin, ce n'est pas un seul licteur, mais douze qui précèdent un consul, ou six dont la présence annonce un préteur, qui se montrent, traversant les rangs pressés de la multitude, qui s'incline avec respect.

Ici, plus loin, un peu partout, ce sont des personnages qui ont joué un rôle dans l'histoire des temps, dont l'apparition fait écarter la presse, car des couronnes ceignent le front de ces promeneurs : couronne de feuilles de laurier sans les baies, ou *corona triomphalis* sur la tête d'un général qui a joui des honneurs du triomphe; couronne d'or, imitant les feuilles du laurier, pour le chef d'armée qui avait bien mérité de la patrie; *corona ovalis*, ou guirlande de myrte portée par un général ayant obtenu l'ovation; *corona oleagina*, couronne de feuilles d'olivier, donnée aux soldats aussi bien qu'à leurs chefs, pour des actes de courage; *corona obsidionalis*, pour les siéges, *civica*, guirlande de feuilles de chênes en faveur du soldat qui avait sauvé la vie à un compagnon d'armes; *muralis*, couronne murale décorée de tours et des tourelles d'un rempart, pour escalade; *castrensis* ou *vallaris*, en or, ornée de palissades, *vallum*, à la gloire de celui qui pénétrait le premier dans un camp ennemi; *classica, navalis* ou *ros-*

trata, en or, et imitant les éperons des vaisseaux, *rostra,* et offerte par l'amiral à celui qui s'était élancé le premier à l'abordage; *radiata,* c'est-à-dire ornée de rayons en saillie, et attribuée aux héros, récompense tout-à-fait rare.

Ailleurs, continuait le tumulte et la mêlée de joueurs de *discoboles,* autres gymnastes lançant leur disque en fer, *discus,* en brandissant leur bras droit qu'ils abaissent, et lui donnant une double force par la résistance en sens contraire qui vient de ce que le corps courbé se relève au moment où le bras descend; de danseurs exécutant des figures étranges au son des *crotales,* pièces creuses de bois et de métal, réunies ensemble par une poignée droite, ce qui ressemble passablement à nos castagnettes.

Vous figurez-vous à peu près ce que pouvait être, à pareille heure du soir, la longue Voie Appienne, et cela vous donne-t-il l'idée d'une sombre allée funéraire, solitaire, consacrée au deuil et à la tristesse? Je ne le crois pas.

L'aristocratie d'entre les promeneurs ne faisait nulle attention à ce fourmillement de la vile engeance des faubourgs de Rome; mais comme la plèbe s'amusait!

Une fois sur la Via Appia, si le plus grand nombre des promeneurs continuait sa marche aux derniers rayons du soleil, les dandys, les élégantes mettaient pied à terre, et cheminaient lentement, en gens qui veulent savourer la jouissance de se montrer et de se faire admirer. Ils s'avançaient à petits pas, en minaudant, sur les *margines* ou trottoirs. Les femmes entr'ouvraient leur *palla,* grande pièce d'étoffe dont elles avaient le secret de faire un délicieux vêtement qui faisait merveilleusement valoir leur taille svelte et fine; et les hommes, pour les imiter, cessaient de croiser leurs *toges.* On se saluait, on se souriait, on s'appelait, on devisait, on faisait le beau, ou on se livrait aux petits manéges de coquetterie.

Les plus efféminés d'entre les petits-maîtres, et les plus raffinées en toilettes interlopes, s'asseyaient sur des siéges garnis de tapisseries, que portaient des légions de jeunes Grecques, blanches comme le lait, ou des coussins dont étaient chargés des esclaves d'Ethiopie ou de Liburnie du noir le plus noir et le plus brillant. Là, de grandes dames affectaient de laisser voltiger leurs *stoles* de gaze de Cos, comme le dit Tibulle dans sa 3ᵉ *Elégie* du livre II :

> Illa gerat vestes tenues, quas femina Coa
> Texuit, auratas disposuit que vias.

ou, comme le chante Properce, dans ses vers à Cynthie, au livre II de ses *Lamentations* :

> Sive togis illam fulgentem incedere Cois,
> Hoc totum e Coâ veste volumen erit.

Ah! c'est qu'on était là dans le royaume de la mode. On y étudiait sur le vif les modèles du bon goût : coupe de cheveux, taille de la barbe, formes des tuniques, etc., pour les hommes; pour les femmes, l'art de dresser le si important édifice de la chevelure, d'appliquer les chignons, car, hélas! les chignons existaient! témoins les faux cheveux de Fulvie tant ridiculisés par Cicéron, ce qui lui valut, avec la mort, d'avoir la langue percée par une épingle d'or, etc.; la bonne manière de laisser flotter les boucles, de captiver les mèches rebelles, à l'aide de fibules, de bandelettes ou de simples rubans; la plus heureuse façon de porter la chlamyde, etc. On s'occupait là des meilleures faiseuses, des plus habiles baigneuses, des parfums les plus exquis provenant de Pœstum ou de l'Idumée, des plus riches bijoux, en un mot de tout ce qui touchait aux chiffons.

Eh bien! c'étaient précisément ce bruit, ce tapage, ce mouvement, cette agitation, ce va-et-vient délirant, cette foule affolée, ces roulements de chars, ces piétinements de cavaliers qui devaient faire le charme des trépassés et leur consolation de ne plus appartenir à la vie. Puisque l'Appia était ainsi le rendez-vous des désœuvrés de l'existence, pourquoi ne serait-elle pas devenue le rendez-vous des fiancés de la mort?

D'autre part, dans cette prétention des défunts d'assister ainsi au défilé de la danse macabre des vivants, ne se trouvait-il pas une idée ironique à l'endroit de ceux-ci ? Avec son œil cave, ses dents ébréchées et son horrible rictus, le mort ne paraissait-il pas dire au joyeux enfant de la vie :

« *Hodie mihi, sed cras tibi!* » Mon heure a sonné aujourd'hui, mais la tienne viendra demain !...

En tout cas, là se manifestait la croyance à l'immortalité de l'âme. Le malade laissait voir qu'il était bien persuadé que tout n'est pas matière dans l'homme, et que l'âme survit au corps, puisqu'il prétendait, une fois défunt, se ménager le mince dédommagement d'une curiosité posthume satisfaite à l'endroit le mieux choisi.

Dès lors, dans l'immense étendue du territoire romain, toutes les voies importantes, sur les doubles *margines* qui les bordaient, eurent leurs tombeaux rangés en files élégantes et coquettes, comme des cohortes de soldats à la parade. Toutefois, aucune ne put lutter jamais pour le nombre et la recherche architecturale avec les monuments funéraires de la grande Appia. On mit un véritable engouement à se choisir une sépulture sur cette voie sans rivale. Heureux celui qui obtenait, peu importait à quel prix, un terrain suffisant pour y édifier sa dernière demeure et le gîte des siens! On y attachait tant d'honneur et on y mettait tant d'amour-propre, que les acquéreurs s'empressaient d'ériger leur sépulcre de leur vivant.

Ce qui le démontre, c'est la quantité d'inscriptions abréviatrices que l'on y rencontre : v. f. c., ce qui veut dire : *Vivus faciendum curavit* : il a pris soin de construire son tombeau de son vivant; ou bien encore : v. s. p., ce qui signifie : *Vivus sibi posuit* : étant vivant, il s'est élevé ce sépulcre; ou encore : v. f., *Vivus fecit* : vivant, il a dressé ce tombeau.

Eh bien! dans ce temps-là, tout comme de nos jours, lorsque des amis avaient conduit un défunt au dernier séjour, à peine quittaient-ils le lieu de son repos, que leur premier besoin était d'entrer dans un cabaret comme Rome savait en offrir à la plèbe, et commençait une orgie... funéraire.

Ce n'était ni café ni liqueurs qui figuraient sur les tables. Les chèvres arabes n'avaient pas encore découvert la précieuse plante de Moka, et la distillation n'était pas inventée.

Cependant les Romains ne laissaient pas que de boire, et même, si l'on en croit les médisants, ils buvaient beaucoup. Que buvaient-ils? Voilà la question. N'ayant ni café, ni rhum, ni eau-de-vie, ni kirsch, ni chartreuse, ni anisette; laissant aux Bataves, aux Chérusques et aux Bructères les bières et les cervoises, ils ne pouvaient boire que du vin. Mais il y a vin et vin.

Chez les anciens, le vin était ce que nous appelons des confitures, et même pis, car ils y mêlaient des essences de fleurs, du miel, du fromage, de la résine et une foule d'autres drogues. Le tout se coagulait, formait une masse solide, une sorte de plum-pudding que l'on découpait et dont on râclait les morceaux dans un verre d'eau chaude, afin de les y délayer. Par cette cuisine qui représente assez bien la préparation d'une tasse de chocolat, on obtenait un délicieux breuvage, *sorbitiunculas delicatas*... dit saint Jérôme.

Cet usage remonte très loin. Dans l'*Iliade*, Nestor donne à quelques amis une collation où les choses se passent ainsi. Une belle captive qui fait les honneurs de la tente du bon vieillard, Hécamède, « semblable aux déesses, » met dans une coupe du vin de Pramne avec lequel elle râpe du fromage et délaie de la fleur de froment.

Catulle dit quelque part, alors qu'il se fatigue de tout ce miel et de ce fromage : « Servez-moi donc un peu de vin sec... »

Quand le vin était nouveau, on l'étendait sur du pain et on le mangeait en tartine sur le pouce. Quand il avait un peu d'âge, on le grignotait en tablettes. De sorte que, s'il atteignait soixante ou quatre-vingts ans, on pouvait en bâtir des maisons. Cela prouve que l'on ne clarifiait pas le vin, et que le raisin restait confondu avec le liquide qu'il fournissait.

Pour les amateurs et les licenciés-ès-cabarets, il y avait deux sortes d'établissements où l'on *mangeait* du vin.

D'abord les gargottes, en langue latine *popinæ*, et c'est de ce mot, peut-être, que vient notre expression *popote*. Si le terme n'est pas noble, on conviendra que ce n'est pas faute de parchemins. Les Latins appelaient *popa* ce que nous nommons bedaine. Ils appelaient aussi *popa*, parce qu'elle était généralement rebondie et pansue, la commère qui tenait la *popina*.

La *popa*, c'est la fruitière de Rome moderne; c'est la *saulcissière* de Villon; c'est la *roustissière* de Rabelais.

Dans les *popinæ*, on cuisinait avec les restes des victimes achetées à vil prix aux sacrificateurs des temples. Ces maisons étaient, bien entendu, laissées au bas peuple, comme les guinguettes de nos barrières, et c'est là que je quitte l'orgie funéraire.

Les établissements fashionables étaient les *Thermopoles* ou débits d'eau chaude. Voici quel était le personnel des thermopoles :

C'est d'abord, au comptoir, la maîtresse de la maison ou la plus avenante, la plus gracieuse des affranchies ou des esclaves du propriétaire. La plus avenante, car plus elle était aimable, plus elle attire de chalands. C'étaient ensuite nombre d'autres femmes, légèrement vêtues, alertes, agiles, des vases dans la main, avec l'allure, le pas, le geste de nos garçons de café. On ne saurait savoir trop de gré aux peintres réalistes d'avoir cessé de représenter des Junon, des Minerve, des Léda, et d'illustrer sans fin l'almanach royal de l'Olympe, et de nous avoir donné, à Pompéï, par exemple, où nous en avons vu bon nombre, des peintures de servantes, de chanteuses et de danseuses des thermopoles d'autrefois. On connaît par ces dessins que les objets de consommation étaient des figues, des noisettes, des dattes, des oranges, et sur les lèvres de ces figures éveillées on peut cueillir le *baoum! baoum!* qu'elles semblent murmurer.

Dans les thermopoles, toutefois, le principal même était naturellement l'eau chaude. Cette boisson était réputée si délicieuse, que l'antiquité ne peut citer qu'un seul homme qui ait eu assez d'empire sur ses sens pour n'en jamais tâter. Cet homme est le fameux rhéteur Prohérésius.

L'eau chaude était réputée si dangereuse, qu'on ne répondait pas de la sagesse de ceux qui se passionnaient pour ce breuvage.

Le progrès des mœurs et de la vie sociale amena dans la constitution intérieure des thermopoles les mêmes changements que ce siècle a vu se produire dans nos cafés. Pas un de ceux-ci qui ne soit devenu café-restaurant. Ainsi la thermopole, au lieu d'offrir seulement de l'eau chaude à ses clients, monta des fourneaux, se pourvut d'un chef et servit des déjeuners... à la fourchette.

Voici la carte d'une thermopole romaine :

« Avis aux gourmets.

» Ils trouveront dans la thermopole de la Syrienne, à l'enseigne de Bacchus et Cérès, des fromages frais servis dans des paniers de jonc; tous les fruits de la saison, des prunes, des noix, des pommes, des mûres et des concombres. »

C'est la carte d'été, cela, car les peuples du Midi, pendant la saison chaude, ont toujours préféré, au régime hébétant de la viande, le patriarcal usage des légumes et des fruits.

En France, nos marchands de vin sont nombreux, trop! Plus nombreux étaient les *popinæ* et les *thermopoles*, chez les anciens, à en juger par les établissements de ce genre, à Pompéï, et par la lecture des auteurs satiriques de Rome ancienne.

C'est dans les thermopoles que Virgile allait déjeuner, lorsqu'il était étudiant. Il ne me chaut que les savants en rougissent; voir Virgilius Maro au cabaret! Pindare ne fut-il pas quelque peu léger, et Platon égrillard, dans certains distiques? Milton, le grand Milton, n'a-t-il pas été chassé de son collège? Et puis, chez nous, Boileau, le sévère Boileau, se plaisait chez le Ramponneau de son quartier;

Racine, La Fontaine, Régnier... mais honni soit qui mal y pense! Je m'arrête à temps...

Oui, je m'arrête à la... barrière... de Rome, et, ce sera dans le chapitre suivant que nous ferons notre entrée solennelle dans la grande cité, dont les curiosités sans nombre, d'aujourd'hui comme d'autrefois, nous attendent et nous convient...

VIII

Théâtre du combat des Horaces. — Villa et tombeau de Sénèque. — Effets de nuit. — Encore des tombeaux. — Tombeau circulaire de Cécilia Metella. — Villa de Maxence, etc. — Entrée dans Rome. — Fontaine de la nymphe Egérie. — Eglise *Domine, quovadis?* — Saint Sébastien. — Rome monumentale et historique. — Piscina publica. — Arc de Drusus. — Comment le narrateur va droit au Colisée. — Ce qu'il ne faut pas oublier en entrant dans Rome. — Le Colisée, Colosseo, ou le Colosse. — Effets de clair de lune. — Contrastes. — Le Colisée au lever du soleil. — Indescriptibles beautés des ruines, des plantes, des oiseaux et des fleurs. — Description des monuments. — Gladiateurs et naumachies. — Mauvais jours de cet amphithéâtre. — Barbares et Barberini. — Statue colossale de Néron. — *Meta Sudans*. — Temple de Vénus et Rome. — Arcs de triomphe de Constantin et de Titus.— Statue de Domitien.— Temple de Romulus et de Rémus.— Temple d'Antonin et de Faustine. — Basilique Emilienne. — Station des Municipes. — Forum de J. César. — Temple de Vénus Genitrix. — Temple de Vulcain. — Le Vulcanal. — Vénus Cloacina. — Putéal de Libon. — Græcostasis. — Basilique Julia. — Curia Julia. — Nouveaux Rostres. — Rostres anciens ou Tribune aux Harangues de la Curia Hostilia. — Comitium. — Tombeau de Faustulus. — Temple de la Concorde. — Temple de Jupiter-Tonnant. — Temple de la Fortune. — Temple de Saturne. — Milliarium Aureum. — Arc de Septime-Sévère. — Ce qui émeut et attriste en présence du Forum. — *Cloaca Maxima*.

C'en est assez des grands aspects de la Campagne de Rome. Après l'encadrement, le tableau!

Maintenant sonne l'heure sainte! Voici venu le moment solennel de notre entrée dans Rome, la souveraine maîtresse du monde. Mais qu'allons-nous y trouver, dans Rome, dans cette grande cité si riche en monuments, si fière de ses annales, si orgueilleuse de ses splendeurs impériales, mais si honteuse des orgies sans nom qui ont amené les Barbares et sa chute?

Hélas! des ruines, rien que des ruines... Mais quelles ruines!

J'ai abandonné le poste élevé qui m'a permis de promener longtemps mes regards, et les vôtres, cher lecteur, sur le panorama sans rival qui enserre la ville de Rome. La nuit est venue couper court aux études qu'il nous était donné de faire. Mais, en Italie, si tant qu'il fait jour il fait jour, réciproquement dès qu'il ne fait plus jour il fait nuit. En effet, quand viennent les heures du soir, on voit le jour non pas baisser comme chez nous, mais pâlir. On dirait en toute vérité un char de flamme qui laisse derrière lui un sillage lumineux et que l'on voit s'éloigner peu à peu. Seulement, en s'éloignant, il ne crée pas l'obscurité. L'air reste pur, clair et brillant. La nuit n'arrive pas à la sourdine, en s'insinuant : elle fait son entrée brusquement, et prend triomphalement possession de la péninsule. Elle est bien la fille de l'Érèbe, cette nuit d'Italie, et on peut aisément la personnifier sous la forme d'une belle femme brune, au teint bistré, à la taille robuste. C'est une nuit noire, intense, profonde, une véritable méditerranée de ténèbres. Le divin éclairage de la lune et des étoiles n'altère pas le caractère de cette nuit : au contraire, il faut voir comme lune et étoiles ressortent sur ce fonds de puissantes ténèbres. On dirait des incrustations d'or sur une vaste surface d'ébène. Oh! nous sommes loin de ces tons d'acier brillant et froid que leurs clartés prêtent aux nuits de notre septentrion.

Donc, la nuit est venue, et je descends rapidement des hauteurs d'Albano et traverse tout aussi rapidement la plaine qui me sépare de Rome. Comme je l'ai dit, la lune se met du voyage. Sa blanche lueur illumine ici des masses boisées, éclaire là des ruines qui chevauchent en tout sens et dans lesquelles je reconnais des aqueducs : ailleurs elle reflète son disque échancré dans la rosée de larges tapis de verdure

Je suis la Voie Appienne. De nos jours, c'est un véritable lieu de pèlerinage. Chevaux et voitures peuvent la parcourir comme dans l'antiquité : la beauté des points de vue s'ajoute à la poésie des ruines. Pour moi, je chemine à pied, seul, le bâton du voyageur à la main. Mais je ne me plains pas de cette solitude. Les cigales qui chantent dans l'olivier voisin, la bise qui fait siffler doucement le feuillage des pins, les flots que je crois entendre au loin déferler sur la plage tyrrhénienne avec un murmure cadencé, tout me parle, tout a un sens, tout devient pour mon oreille comme le bruit de la société antique qui dort autour de moi.

Il m'est facile de compter les tombeaux les plus considérables, connus et appréciés depuis des siècles, mais ruinés, dépouillés de leurs décorations et de leurs revêtements. Que m'importent les autres, ceux d'Hilarius Fuscus, d'Uscas, prêtresse d'Isis, de Teidia, de Sergius Démétrius, *vinarius* ou marchand de vins, au Vélabre ? Le sépulcre de l'empereur Gallien, vers le neuvième mille, la villa de Senèque, témoin de son agonie cruelle, et le tombeau circulaire de la belle Cœcilia Metella, voilà ceux, et d'autres encore, qui fixent de préférence mon attention. Il me semble, à chaque pas, que de chacune de ces demeures funéraires sort une ombre qui se présente pour me saluer au passage.

J'arrive bientôt à la *villa de Maxence*, qui renferme dans ses dépendances le cirque et le temple qu'il fit construire en l'honneur de Romulus.

Ce *cirque* est l'un des monuments les plus intéressants de Rome, car c'est le seul dont l'état de conservation permette d'avoir une juste idée de la forme de ces constructions dans l'antiquité. Les murailles du pourtour sont debout, et nombre de gradins existent encore. L'arène possède une belle portion de la *spina*, qui la coupait dans sa longueur. Cette spina, large de trente pieds, n'est autre qu'un mur à hauteur d'appui, en marbre, autour de laquelle chars et chevaux devaient passer pour atteindre le but. On lui a enlevé les nombreuses statues, les colonnes et les édicules dont elle était ornée. Son obélisque égyptien est allé surmonter la fontaine centrale de la place Navone. Les *carceres* ou remises, prisons, écuries, etc., sont encore surmontées de deux tours, au sommet desquelles des joueurs de flûtes animaient du son de leurs instruments chevaux et guides. L'édifice contenait dix-huit mille places. Mais ce n'est pas le moment de le parcourir. Au revoir!

Voici le *temple de Romulus* et son enceinte sacrée, *area*, précieuse pour les archéologues, parce qu'elle est la seule qui soit restée entière. Vaste cour oblongue, entourée de portiques à pilastres, telle est cette area. Au centre, *cella* circulaire, répondant par ses dimensions à la cella souterraine ou crypte, dans laquelle on descend par une issue ouverte depuis peu et qui permet de voir les murailles antiques, d'une épaisseur de quinze pieds. Au revoir également!

Saluons la *basilique de Saint-Sébastien*, dont la façade ruisselle des blanches lueurs de la lune. Nous la visiterons prochainement, car c'est l'une des entrées des catacombes.

Sur notre droite, dans l'ombre de ces arbres millénaires, voici la célèbre *fontaine* et le *vallon de la nymphe Egérie*, témoins des mystérieuses visites de l'adroit Numa.

Voici de même, sur notre gauche, le *vallon* et le *ruisseau* de l'*Almone* antique, actuellement l'*Acquataccio*; c'est l'eau de Ferentina qui va se jeter dans le Tibre, à côté de la porte San-Paolo.

Remarquez cette petite église, debout au milieu de la voie, comme une sentinelle veillant sur les avant-postes. Elle a nom *Domine, quo vadis?* ce qui veut dire : Seigneur, où allez-vous? Nous expliquerons, en son lieu, cette étrange appellation.

Ce grand monument circulaire, qui repose sur une base carrée, c'est le *tombeau de Priscilla*. Vous voyez que les morts nous font cortège jusque à Rome : hélas! ils nous suivront ainsi, même dans l'enceinte de la grande cité.

Enfin, voici la magnifique *porte Saint-Sébastien*, construite par l'empereur Honorius et restaurée par Bélisaire. Elle s'appelait jadis *porta Appia*. Quand nous l'aurons franchie, nous serons dans Rome.

Elle est franchie. Je te salue, ville des grands hommes et des grands souvenirs! Je te salue, foyer des vertus et de la sagesse antiques, auxquelles de sinistres orgies produisent l'ombre dans ce tableau! Je te salue, amphithéâtre grandiose, arrosé du sang de tant de martyrs, vierges et confesseurs! Je te salue, tombeau des Apôtres, centre impérissable de la Vérité, de la Foi, de l'Amour chrétien, *amor*, anagramme de *Roma*.

Vous conduirai-je au cœur de la cité par la rue Saint-Sébastien, qui fait suite à la Voie Appienne? Nous sommes là dans un vaste espace qu'on appelait autrefois *Piscina publica*, entre le Cœlius et l'Aventin, parce qu'il s'y trouvait un petit lac artificiel construit dès les premiers temps de la République, et offrant aux habitants tout à la fois bains et école de natation, exercices très aimés des Romains. Le mur d'enceinte de Servius-Tullius, en descendant du Cœlius, traversait cette large vallée, arrosée par le petit ruisseau de Mazzana, sur lequel chevauche un pont. C'est près de ce pont que s'ouvrait la porte Capène, où Horace fit périr sa sœur de male mort. La muraille de Servius se dirigeait ensuite du côté de l'église Sainte-Balbine, où on en trouve encore des restes, et allait envelopper l'Aventin.

Tout ce quartier formait l'un des plus considérables faubourgs de Rome. Maintenant on ne voit guères partout que champs et ruines. La solitude la plus profonde et le silence le plus absolu s'étendent en maîtres là où, jadis, bruissaient le mouvement et la vie. Aussi, pour notre entrée dans la cité par excellence, je renonce à cette *Via San-Sebastiano*, qui nous ferait passer sous l'*Arc de Drusus*, le célèbre Germanicus, si traîtreusement assassiné par Tibère, monument décoré de superbes colonnes et surmonté de la statue équestre du héros, colonnes et statues qui ont disparu; près des *tombeaux des Scipions*; au-dessous du *palais des Césars*, ruines semblables à des fantômes qui couronnent la plate-forme du palais et au milieu même de la *vallée Marcia*, où fut le *cirque Maxime*, qui vit le rapt des Sabines, pour aboutir au *Vélabre*, au *Forum-Boarium*, et, de là, en passant entre le Palatin et le Capitolin, arriver à l'extrémité septentrionale du *Forum-Romanum*. Mais à plus tard, et au grand jour, la visite à ces intéressantes curiosités!

D'ailleurs, au moment précis où je passe sous la porte Saint-Sébastien, retentit dans l'espace la voix de bronze d'un bourdon quelconque, sonnant dix heures.

J'avise alors une calèche, dont les trois chevaux, attelés de front, sont empanachés de plumes de faisan et secouent leurs grelots, qui arrive de conduire à la villa quelque riche propriétaire; j'y prends place, en recommandant bien au cocher de marcher au pas, et je lui signale le Colisée, que je tiens à revoir, pour ma rentrée dans Rome, et de nuit, et par le merveilleux clair de lune qui resplendit. C'est là une des grandes magnificences dont sont très friands les artistes et les poètes.

En conséquence, et tout comme si j'étais un triomphateur antique, la voiture s'engage entre le Cœlius et le Palatin, sur la *Voie Triomphale*, passe sous l'Arc de Constantin, dont nous parlerons ailleurs, là où la Voie Triomphale se soude à la *Voie Sacrée*, et va s'arrêter en face du Colisée, entre la *Meta Sudans* et le socle de la *statue colossale de Néron*, à l'extrémité méridionale du *Forum-Romanum*.

Avant tout, cher lecteur, apprenez un détail qu'il est urgent de vous faire connaître. Les montagnes de notre globe s'affaissent, la science et l'observation le prouvent. Les collines s'affaissent aussi. Or, lune et soleil, depuis près de 2600 ans que Rome existe, n'ont pas manqué d'agir sur les sommets du Septimontium. Les pluies, à leur tour, qui sont très abondantes à Rome, ont précipité dans les vallées qui entourent les collines des portions considérables de terre, lesquelles ont exhaussé le sol primitif, autant qu'elles ont amoindri les éminences. Puis, sont venus les Barbares, Huns, Suèves, Alains, Vandales, Hérules, qui ayant détruit et saccagé la ville après l'avoir dépouillée, ont couvert le niveau des rues et des places, déjà surélevé, de telles masses de décombres que, pour retrouver le sol antique autour des vieux monuments, sur le Forum, par exemple, au pied du Capitole, etc., il faut creuser à une profondeur de quinze à dix-huit pieds. Alors seulement on met à jour les polygones de tuf qui composaient l'ancien pavement de la cité.

Il ne faut pas oublier non plus que Rome, autrefois, couvrait le Palatin qui, outre les nombreux édifices, temples, palais, thermes, etc., comptait beaucoup de maisons particulières, car c'était là que demeuraient, sur le côté qui fait face au Cœlius, au-dessus de la Voie Triomphale, Cicéron, l'illustre orateur, le misérable Catilina, le riche Crassus, Messala, Scaurus, Catulus, etc. Rome couvrait aussi le Cœlius, dont Mamurra habitait la pente septentrionale, près du *delubrum* de Minerve-Captive. Sénèque avait sa demeure au-dessous, et, de ses fenêtres, il voyait la *Meta Sudans*, qui orne l'entrée du Colisée. Rome couvrait les *Esquilies* ou Esquilin, où Mécène, Virgile, Horace, Properce, Juvénal, etc., possédaient des palais et des demeures plus modestes, et où Néron construisit sa fameuse maison d'or. Les *Carines*, quartier situé au pied des Esquilies, avaient aussi des résidences célèbres : c'était là qu'habitaient Pompée, Antoine, l'illustre époux de Fulvie et de Cléôpâtre, Tibère, le monstrueux Tibère, etc. Rome couvrait le Viminal, le Quirinal, dont une rue interlope, appelée *Suburrane*, avait l'habitation des Gracques et de leur tant renommée mère, Cornélie, et notre vainqueur Jules César ! C'était dans un des bouges de cette infâme Suburra que Messaline... Enfin, Rome couvrait le Capitolin, puisque Ovide, le poète des grâces, perchait sur le sommet du clivus oriental.

Or, palais, temples, thermes, piscines, amphithéâtres, théâtres, villas, maison d'or et demeures de simples particuliers, en un mot Rome, la grande Rome de Romulus, des rois, de la République, de l'empire, est tombée de son glorieux piédestal, elle est gisante dans la poussière, il n'en reste plus que des ruines.

Chose frappante, rare partout ailleurs! Dans l'Italie, au voisinage de Rome surtout, plus encore dans Rome, il n'est pas un temple, pas un théâtre, un cirque, point de thermes, nul monument, soit profane, soit sacré, public ou particulier, dont on ne trouve des vestiges, parfois très notables, souvent complets.

En France et ailleurs, il n'est pas d'édifice, historique ou autre, dont on n'accélère la chute. Puis on fouille le sol pour en extraire la moindre substruction, et enfin on nivelle le terrain et on le foule, comme pour en extirper tout souvenir.

Au contraire, en Italie tout se retrouve.

Quand, après le départ des Barbares, les Romains qui s'étaient enfuis, affolés, revinrent tremblants, ne trouvant plus que des décombres sur l'emplacement de Rome, ils s'emparèrent de ces décombres, les portèrent au Champ-de-Mars, où l'espace ne manquait pas, et reconstruisirent là leurs nids, au milieu des autres ruines des monuments qui capitonnaient la plaine, sans souci des alignements, des largeurs, des distances, des règlements de voirie et des exigences du coup d'œil et de l'harmonie.

Voilà pourquoi la Rome moderne est laide, et n'a de richesses et de beautés que dans les ruines éparses autour des demeures, et les édifices épargnés et sauvés.

Et voilà pourquoi Rome ancienne est déserte, solitaire, abandonnée, souvent sinistre, tout au moins mélancolique, le plus fréquemment pleine de poésie, car c'est au milieu des cultures, dans les vignes, sous des caroubiers et des térébinthes, que l'on rencontre de charmants édifices et des ruines admirables. Partout ailleurs elle est livrée à des mercenaires qui la plantent en vignes ou en semences de maigres champs, au milieu desquels courent les rues antiques, laissant voir de très rares demeures, ou des murailles enveloppant des jardins, et entremêlées de ruines, de ruines encore, de ruines toujours.

Si l'on ne buttait à chaque pas contre de majestueux débris, de somptueux décombres; si on ne rencontrait à chaque instant des pages d'histoire écrites en caractères de marbre; si le pérégrinateur ne trouvait partout d'augustes souvenirs ou de sinistres mémorials, assurément, en parcourant Rome actuelle, on ne dirait pas que l'on visite une cité, jadis souveraine du monde, autrefois — il y a seize cents ans! — autrefois décorée de palais de marbre, de temples de marbre, d'édifices altiers copiés sur tout ce que la Grèce produisit de plus splendide, — car, apprenez ceci : en fait d'art, les Romains ont eu le bon goût d'apprécier les œuvres des Grecs, mais le génie leur manquait, et jamais ils n'ont su rien produire; — ponctuée de monuments enrichis des marbres les plus rares : cipollino; rouge de Numidie; vert d'Egypte; basalte noir d'Ethiopie; porphyre rouge, vert et noir; grand et petit antique noir et blanc, l'un à brèche, l'autre fouetté; jaspes de Sicile; riche africain rouge, noir et jaune; albâtres ondés et fleuris; lumachelles, etc.; turquins; griottes tachetées de rouge cerise; Carrare ayant la blancheur du lait, et Paros possédant l'éclat du sucre; Pentélique, etc.; ornée de places immenses, de voies gigantesques; le tout hérissé de colonnes rostrales, d'arcs de triomphes, de pylones, etc.

Et les soixante-dix milles statues qui, au temps de l'Empire, peupleront les rues, les forums, les péristyles, les portiques, les frontons, les Curies, tous les monuments! Soixante-dix mille statues! L'imagination se refuse presque à admettre un pareil chiffre, et cependant l'Histoire est là qui l'affirme.

Nous voici donc à Rome, à dix heures du soir, en face du Colisée, le plus colossal, le géant des édifices élevés par la main de l'homme, le plus merveilleux des monuments de l'antiquité, comme la métropole de Saint-Pierre est l'œuvre moderne également la plus colossale, et l'édifice géant avec lequel nul autre ne peut être comparé.

Rien que pour son Colisée antique et sa moderne basilique de Saint-Pierre, Rome attirerait l'univers!

Et ce *Colisée, Colosseo, Colosse,* comme vous voudrez l'appeler, le voici éclairé par une lune d'un éclat incomparable, dont les reflets d'argent se jouent à travers les arceaux aériens de l'amphithéâtre, parmi ses dentelles ajourées et ses guipures fantaisistes, et y produisent des effets d'ombres et de lumière qui captivent et charment les sens, mais en même temps élèvent l'âme jusqu'à l'enthousiasme.

Je comprends l'engouement des poètes et des artistes pour ce sublime amoncellement de pierres, de marbre et de bronze.

J'ai joui, je me suis saturé de ce spectacle sans égal. Après quoi, épuisé de fatigue, étourdi par la contemplation, ne pouvant plus me rendre compte de mes violentes impressions, en présence de cette ruine inimaginable, j'ai dû m'éloigner, non sans jeter encore en arrière un regard fiévreux sur l'incomparable édifice.

Une heure après, alors que j'avais traversé lentement, dans toute sa longueur, le Forum Romanum inondé de lumière, je me livrais enfin à un repos bien mérité, à l'hôtel de la Minerve.

Mais le lendemain, — et combien d'autres fois ensuite! — au point du jour, je suis à mon poste, c'est-à-dire au beau milieu du même Colisée. Déjà le soleil dore sa crête circulaire, et chacun de ses arceaux s'estompe en gris sur la nappe moirée du ciel. Les ronces, les plantes parasites, les arbustes sauvages, les fleurs agrestes, lichens, giroflées jaunes, lierres aux feuilles de bronze, étalant leur végétation au plus haut des arcades et rampant de toutes parts, y produisent des tons délicieux qui s'unissent, dans une harmonie pittoresque d'art et de nature, avec les nuances lustrées dont, depuis tant de siècles, le soleil d'Italie a bruni les frises et coloré vivement les divers étages de cet amphithéâtre.

Les ruines sont toutes parfumées des émanations de ces plantes sauvages. Voltigeant en liberté parmi les broussailles, des oiseaux de mille couleurs scintillent au grand jour: le chant joyeux du chardonneret se marie au roucoulement plaintif des tourterelles nichées sous les portiques abandonnés et croulants. Certes, l'immensité du lieu a quelque chose en soi qui élève et qui pacifie. Voici bien le plus admirable des monuments. Il est à notre Europe ce que les Pyramides sont à l'Egypte, et les Israélites, captifs des Romains, ont travaillé à cet amphithéâtre, comme leurs ancêtres ont travaillé aux mausolées des Pharaons. Quelle solitude, où il y a eu tant d'hommes! Quel silence, où il y eut tant de bruit! Ce sont là de ces péripéties dont l'effet est puissant toujours sur les âmes intelligentes et méditatrices! D'un côté, palais des Césars; de l'autre, maison d'or de Néron; en face, temple de Vénus et Rome; partout des ruines, des ruines de l'aspect le plus merveilleux, le plus imposant. Les cyprès du Cœlius se dessinent sur le ciel bleu comme les ifs d'un cimetière, et, guidé par la pyramide de Cestius, qui est le seuil du désert, et par la basilique de Saint-Paul, qui en est le temple, l'œil se perd au loin dans les larges ondulations de la campagne verdoyante.

Oui, à la vue du Colisée, émergeant du sol ainsi qu'un léviathan de pierre, et se soulevant avec effort comme pour menacer le ciel de sa masse gigantesque, on est saisi d'une profonde mélancolie. On admire, on s'extasie, mais on est triste, on devient sombre.

Au-dehors, la prodigieuse enceinte que décrit l'ellipse du monument n'est pas moindre de cinq cent quarante-sept mètres, et son altitude de cinquante-deux, une élévation supérieure à celle de notre colonne Vendôme! Les pierres colossales qui composent cet édifice sont ajourées d'arceaux plein-cintre superposés, séparés par des colonnes engagées, d'ordre dorique au rez-de-chaussée, d'ordre ionique au premier étage, et d'ordre corinthien aux deux étages supérieurs. Actuellement, la surface extérieure de l'enceinte est défigurée par un nombre considérable de trous qui, jadis, étaient occupés par des crampons de bronze, reliant entre eux les gros blocs de travertin, dont est fait le monument. Un large trottoir règne autour de cette muraille grandiose, dont la base est percée de portes ouvrant sur les vomitoires ou escaliers conduisant à tous les étages.

Emu, écrasé pour ainsi dire par le saisissant aspect de cette construction cyclopéenne, vous pénétrez enfin à l'intérieur. Quelle étran impression s'empare de vous! Votre émotion n'est plus la même : elle grandit, elle s'élargit en quelque sorte avec l'espace qui vous entoure. L'arène ou sol que vous foulez, et dont à une grande profondeur le sable est imbibé, saturé, rougi du sang de tant de bêtes féroces, du sang de tant de gladiateurs, du sang de tant d'infortunés vaincus, du sang de tant de martyrs, hommes, femmes, adolescents et jeunes filles, victimes innocentes du délire sanguinaire d'un peuple abâtardi et devenu féroce, — car tous ces horribles souvenirs vous montent immédiatement au cerveau et mille blancs fantômes rouges de sang vous apparaissent, — l'arène compte quatre-vingt-cinq mètres de longueur sur soixante de largeur. Elle est bordée d'un large trottoir, d'un fossé, d'une grille et d'un mur haut de quinze pieds, plaqué de marbre rouge, afin que le sang n'y fasse point tache.

Au niveau de l'arène sont béantes des loges, jadis à portes de fer, qui contenaient cinq cents lions, quarante éléphants, et des tigres, des panthères, des ours, des taureaux en nombre incalculable. Auprès de ces *carcerès*, on voit certaines voûtes secrètes, *fornices*, où l'impudeur romaine ne craignait pas de venir chercher d'autres plaisirs, pendant que coulait le sang et que les patients enduraient d'indescriptibles supplices.

Immédiatement au-dessus de ce mur séparant les victimes des spectateurs, s'étendait dans tout le pourtour un terre-plein du nom de *podium*, galerie circulaire ornée de colonnes et de balustrades. Les colonnes étaient de jaspe et de porphyre, les balustrades de cristal. Trois mille statues de bronze décoraient ce podium et les autres étages de l'amphithéâtre : on voyait aussi nombre de vases d'un travail précieux, et en outre quantité de tableaux.

Sur le podium, au nord de l'édifice, se dressait le *segestum*, chaise curule surmontée d'un riche baldaquin, réservée aux empereurs. En face de cette loge impériale, l'ordonnateur des jeux occupait aussi un siège particulier. Les sénateurs avaient également un banc sur le podium, et une grille d'or le protégeait contre la fureur et les sauts des bêtes féroces. Les vestales, infortunées prêtresses! les questeurs, les censeurs, les édiles, les magistrats en un mot, ainsi que les *imperatores*, occupaient de même des siéges réservés, sur le podium.

C'est à partir de ce terre-plein que s'élèvent en entonnoir immense, toujours s'élargissant jusqu'au faîte de l'édifice, trois incommensurables galeries, composées de nombreuses rangées de gradins. Que vous vous trouvez petit, dans ce cirque elliptique, dont le plus étendu des gradins compte cinq cent quarante-sept mètres de pourtour, et dont le circuit des autres diminue insensiblement jusqu'à l'arène! Comme votre néant vous humilie! Qu'êtes-vous, en effet, en songeant que cette corbeille titanique de pierre renfermait cent mille spectateurs, et, en outre, vingt mille sous les portiques. Pour l'écoulement de cette foule, ivre de sang, de hurlements et de rage, chaque galerie possède des *vomitoires*, vastes escaliers et couloirs servant à faire dégorger au plus vite au-dehors cet entassement prodigieux de populaire.

Pendant les jeux, afin de rafraîchir l'air, des machines ingénieusement imaginées lançaient dans l'air des jets de vins exquis et d'eau safranée, qui retombaient en une fine rosée.

Mais en outre, la plus haute des galeries était pourvue d'un plafond en bois doré, supporté par quatre-vingts colonnes en marbre. Et quand le visiteur gravit les gradins pour atteindre la corniche qui règne tout autour du monument, il peut voir encore de nombreuses ouvertures destinées à porter de grands mâts dorés, auxquels on fixait un système de cordages servant à tendre et à maintenir un immense *velarium*, au-dessus de l'amphithéâtre, dans le but de préserver les spectateurs du soleil, du vent ou de la pluie.

Vous n'ignorez pas qu'on pouvait, à volonté, couvrir l'arène d'une eau profonde, et convertir ainsi les combats sur terre en *naumachies*, c'est-à-dire en luttes navales, avec galères à rames; mais, pour cela, le sang et la mort n'en étaient pas moins la jouissance suprême de ces épouvantables passe-temps.

On peut donc dire que le monde n'a rien vu de pareil au Colisée. Certaines fois, en le visitant le soir, car c'est vraiment l'heure qui convient pour cette promenade aux émotions rétrospectives, j'ai vu ce monument éclairé par les vives couleurs des flammes de Bengale que des amateurs se donnaient le plaisir d'allumer. C'était beau, très beau! Mais vu au clair de lune, j'aime à le redire, le Colisée apparaît bien autrement poétique et grandiose. En tout cas, sous les rayons du soleil, ou aux reflets de la lune, cette ruine majestueuse fait rêver tristement.

Ce fut là que notre famille gauloise, Eponine et Sabinus, subirent cruellement un indigne supplice! Ce fut là que la longue et sanglante procession de nos héros chrétiens les martyrs, et tant de vierges immaculées, à commencer par Perpétue et Félicité, furent livrées aux bêtes. Ce fut là que sous Septime-Sévère, Caracalla, Héliogabale, Dioclétien et Galère, le sang de ces généreux confesseurs de la Foi coula par torrents. Enfin, ce fut là, sous l'entrée de ce souterrain mettant le Colisée en communication secrète avec le palais des Césars du Palatin, que l'insensé Caracalla tomba sous les coups de Macrin, préfet du Prétoire.

L'architecte *Gaudentius*, un chrétien, est, dit-on, l'auteur du plan de cet amphithéâtre, où le christianisme allait payer de son sang le plus illustre et le plus pur sa victoire définitive.

Le croira-t-on? Après avoir saccagé Rome, les terribles Barbares venus des contrées de l'Asie et du nord de l'Europe, appelés par les richesses et les dissensions de l'Empire, respectèrent le Colisée. Tout au plus en enlevèrent-ils les attaches en bronze, auquel ils attachaient beaucoup de valeur. Alaric, Genséric, Odoacre, Totila et leurs bandes sauvages, saisis d'étonnement à la vue d'un colosse aussi prodigieux, n'osèrent le vouer à la destruction. Mais, après eux, le Colisée eut à subir l'outrage des guerres civiles. Il devint une citadelle où les Frangipani et les Annibaldi luttèrent pendant longtemps avec rage. Plus tard, au XIVe siècle, combats de taureaux et tournois rem...

cèrent les batailles du moyen-âge. On en fit ensuite un hôpital, des usines, que sais-je? Enfin, vers 1534, ce monument, construit avec les débris des palais de Néron, fournit alors à son tour ses pierres aux nouvelles constructions de Rome, soit au Champ-de-Mars, soit à la Cité-Léonine, créée au-delà du Tibre, par le pape Léon X. Le Vatican et la basilique de Saint-Pierre sont formés en partie des matériaux du Colisée! Juste, mais déplorable retour des choses d'ici-bas! Michel-Ange d'abord, puis la famille des Barberini pour leurs palais, trempèrent dans ce forfait artistique.

Eh bien! quoique exploité comme une carrière, le Colisée est debout!... Sous Pie VII, la dévastation de cette merveille de pierre cessa. On entreprit même des travaux importants pour sa restauration. Aussi, de nos jours, la croix du Sauveur est debout sur l'arène, et, tout à l'entour, quatorze oratoires, décorés de fresques, y appellent les prières des visiteurs, sur ce vaste tombeau de tant de martyrs chrétiens.

Actuellement, cher lecteur, saluons le Colisée, et acheminons-nous vers le Capitolin, afin d'étudier le *Forum-Romanum*, dont l'immense parallélogramme, bordé des plus admirables monuments, nous servira d'avenue, puisque, comme les triomphateurs, nous allons suivre la Voie Triomphale et la Voie Sacrée, qui le traversent.

N'oublions pas que le Colosseo, que nous venons d'admirer, occupe le point central de l'ancien emplacement des jardins et du parc des palais de Néron, c'est-à-dire de la maison d'or sur l'Esquilin, et du palais des Césars sur le Palatin, ainsi que la vallée qui s'étend des Carines, au pied des Esquilies, jusqu'au Cœlius.

C'est vous dire que le Forum-Romanum, se dirigeant du Colisée au Capitolin, du sud-est au nord-ouest, est placé à la suite de la vallée du Cœlius et de l'Esquilin, dans la vallée, plus étendue, qui est creusée par la nature, qui en avait fait jadis un volcan, au pied du Palatin, à gauche, et des Esquilies, du Viminal et du Quirinal, à droite. Or, sur le sol que nous allons fouler, dans l'univers entier peut-être il n'est pas une portion de terre de plus grande renommée que celle que nous avons sous les yeux. Là, sous nos pas, il y a eu des temples, des basiliques, des curies, des comices, des tribunes aux harangues, des assemblées, des rues, des places, et, là, les intrigues humaines et le délire des passions, pendant dix siècles, se sont livré des combats acharnés, desquelles luttes sortit souvent la destinée du monde.

De chaque côté du Colisée d'abord, voici deux ruines. La première, c'est le socle du piédestal qui porta la *statue équestre colossale de Néron*, amenée là par l'empereur Hadrien, à l'aide d'un attelage de vingt-quatre éléphants. La seconde, en forme de cône, est la célèbre *Meta Sudans*, fontaine à vasques, maintenant dépouillée de ses marbres, qui existait du temps de Sénèque. Ce philosophe demeurait dans le voisinage, car dans un de ses livres il se plaint fort du tapage causé par un saltimbanque appelant des amateurs au son retentissant de sa trompette, à l'entour de la *Meta Sudans*.

Sur notre gauche, entre le Cœlius et le Palatin, au débouché de la Voie Triomphale sur le Forum, *Arc de Constantin*, à trois portes en arcades et huit colonnes, sept d'ordre corinthien en jaune antique, et une en marbre jaunâtre, supportant des statues de rois captifs, statues en marbre violet, une seule exceptée, qui est en marbre blanc. C'est là un monument d'un grand effet et l'une des magnificences des belles époques de l'art. Cet arc de triomphe, célébrant la victoire de Constantin sur Maxence et Licinius, n'appartient cependant pas à ce prince. Il le prit à Trajan, usurpant ainsi pour lui-même la gloire de cet illustre personnage. Laissant intacts les bas-reliefs et autres ornements des parties hautes de l'Arc, Constantin représenta ses hauts-faits dans la partie inférieure. Or, Constantin est postérieur à Trajan de 260 ans. De cet amalgame de sculptures résulte ceci : tout ce qui se rapporte aux exploits de Trajan est d'une exécution noble et ferme, portant l'empreinte du style que l'on admire dans les sculptures de la colonne Trajane, tandis que les bas-reliefs, gravés en l'honneur de Constantin, trahissent la décadence de l'art.

Comme l'Arc de Septime-Sévère, dont nous parlerons tout-à-l'heure, l'Arc de Constantin a été longtemps à demi enfoui sous terre. Il ne fut dégagé et remis au niveau du sol des Voies Triomphale et Sacrée, par l'abaissement des terres environnantes, que sous le pontificat de Pie VII.

En 1533, un matin, sous le pontificat de Clément VII, quel ne fut pas l'étonnement des Romains passant sur le Forum, de voir les huit statues de ce monument privées de leurs têtes. Un niais orgueilleux, parent du souverain Pontife et se croyant tout permis, Lorenzino de Médicis, était l'auteur de cette stupide mutilation. Le coupable fut condamné à un exil perpétuel : mais Lorenzino se réfugia à Florence, où il assassina son cousin, le grand-duc de Toscane. *Bracci*, par l'ordre de Clément XII, agença sur la torse de ces statues, de nouvelles têtes d'après les modèles de l'antique.

Je vous ai dit que AMOR est un nom mystérieux et l'anagramme de ROMA.

L'empereur Hadrien, poète d'un goût déjà maniéré, mais charmant, conçut l'idée de construire un temple destiné à consacrer l'union mystique de Rome divinisée, et de Vénus, mère d'Énée. En conséquence, on éleva, par son ordre, un édifice double, double comme son nom, se composant de deux *cellas* ou nefs, dont les tribunes ou sanctuaires, adossées l'une à l'autre, étaient de forme hémisphérique, et on l'appela le *temple de Vénus et Rome*.

En quittant l'Arc de Constantin, nous voici en présence de la belle ruine de Vénus et Rome, sur la Voie Sacrée. La tribune qui nous fait face était consacrée à Vénus et regarde le Colisée; l'autre, celle de Rome, est tournée vers le Forum et se trouve enclavée dans le jardin du couvent de Santa-Francesca-Romana. On ne peut voir de ruines plus gracieuses et mieux faites pour rappeler le sentiment du mot *amor*.

D'énormes tronçons de colonnes, épars sur le tertre d'où s'élançaient jadis leurs tiges de granit, proviennent du double portique qui entourait le temple de Vénus et Rome.

A notre droite, en bordure sur le Forum, sont trois voûtes colossales, désignées par les uns comme l'entrée du domaine de la maison d'or, placée sur l'Esquilin, et dont Titus fit des thermes, et, par les autres, signalées sous le nom de ruines du *temple de la Paix*.

De nos jours, on préfère y voir une basilique élevée par Maxence, mais qui, après la victoire de Constantin sur ce prince, aurait pris le nom du vainqueur. Ces trois arceaux grandioses qui demeurent debout, n'étaient en quelque sorte que des chapelles latérales dans cet immense édifice, dont l'ancien revêtement de marbre adhère encore au massif de briques, au moins en plusieurs endroits. La voûte de la nef principale était soutenue par huit colonnes d'un seul bloc de quarante-quatre pieds de haut et de dix-neuf de circonférence.

Une de ces colonnes, d'un galbe vraiment admirable, a été transportée, par le pape Paul V, sur la place de Sainte-Marie-Majeure, où, surmontée d'une statue de la Vierge, elle domine une fontaine.

Le temple de Vénus et Rome n'est séparé du Palatin que par la Voie Sacrée qui, montant insensiblement depuis l'Arc de Constantin, commence à laisser voir à découvert son pavé polygonal antique, puis le cache en s'infléchissant vers le Capitole. Or, voici, sur le point culminant de cette voie, le chef-d'œuvre de la sculpture gréco-romaine et un des types de la perfection dans le bas-relief.

C'est l'*Arc de Triomphe de Titus*. Il est en marbre pentélique, ne possède qu'une seule arcade, mais de magnifiques rosaces la décorent On y voit la figure du jeune empereur assise et portée par un aigle Les quatre victoires qui ornent le tympan de l'arcade, et deux bas-reliefs placés à droite et à gauche, sous l'arc, sont les plus beaux spécimens de sculpture que l'on puisse voir, et cependant ils sont mutilés par la main du temps et des hommes. Le premier montre Titus porté sur un quadrige et ayant Rome pour *amilla* ; l'autre est la représentation de la pompe triomphale du jeune vainqueur. Entre autres dépouilles, on reconnaît les vases sacrées, la table du sacrifice et le célèbre candélabre à sept branches, du temple de Jérusalem. En effet, cet arc de triomphe fut élevé par le sénat et le peuple romain, selon la formule consacrée, en l'honneur du prince, lorsqu'il se rendit maître de Jérusalem, après un siége long et cruel.

Voici maintenant le piédestal de la *statue colossale équestre de Domitien.*

Alors que j'étais à Rome, on découvrit sur le Forum, de l'autre côté de son point central, en face de l'Arc de Titus, le piédestal d'une statue équestre colossale; c'était celle de l'empereur Domitien. Cette découverte tranchait une difficulté des plus graves, relativement à la topographie de l'ancienne Rome.

D'après beaucoup de savants, le Forum-Romanum avait changé plusieurs fois de place. Ainsi Denys d'Halicarnasse le place entre le Palatin et le Capitolin. Donatus et d'autres antiquaires acceptent cette opinion. Or, on comprend qu'en changeant ainsi l'emplacement du Forum, chaque théorie devait attribuer des noms différents à tous les édifices qui le décoraient. De sorte que la découverte seule du piédestal de la statue de Domitien, *que l'on savait avoir occupé le milieu du Forum,* pouvait faire disparaître toute incertitude. Le jour où l'on exhuma la base du piédestal d'une statue colossale, ayant la forme d'un parallélogramme, parallèle dans sa longueur à la Voie Sacrée, dont elle est distante d'environ quarante pieds, il devint facile de conclure que le Forum-Romanum s'étendait, bien certainement, entre le Palatin, le Quirinal, le Viminal et l'Esquilin, en largeur, et du Capitolin au Cœlius ou au Colisée, en longueur, car cette statue était positivement celle de Domitien.

Pendant que je traite l'article *Découvertes,* permettez-moi de vous raconter que, passant un jour dans le voisinage du *Campo Scelerato,* à l'orient de Rome, je vis un groupe de personnages fort attentifs à l'orifice d'une excavation que l'on venait de pratiquer à la surface du sol. C'était précisément le souterrain dans lequel on enterrait, vivantes, les infortunées vestales qui manquaient à leur vœu de chasteté ! Il y avait là un sarcophage en péperin, que l'on ouvrit sous nos yeux, et qui était rempli d'ossements..... Certains archéologues affirmaient que cet ossuaire date d'une période antérieure à celle de Servius-Tullius.

Plus loin, sur l'emplacement du camp des Prétoriens, à la Porta Pia, en-dedans de l'enceinte des murs, je vis exhumer, une autre fois, une tablette de pierre sur laquelle était gravée une série de noms appartenant sans doute à des Prétoriens du temps de l'empereur Claude.

On me fit voir aussi une petite chambre, que l'on venait de rendre à la lumière, et dans laquelle se trouvait un très beau vase de marbre.

Mais c'est surtout sur le Viminal que les objets les plus intéressants ont été arrachés à leur retraite ténébreuse. On y a rencontré des cristaux admirablement travaillés ; des bas-reliefs en terre cuite, une tête de femme d'une extrême beauté ; de charmantes petites tasses, etc., toutes choses, surtout les cristaux, qui sont de nature à prouver que, longtemps avant la fondation de Rome, une très ancienne civilisation existait déjà sur ce point de l'Italie.

Revenons au Forum-Romanum.

Lorsque la Voie Sacrée a franchi l'Arc de Titus, elle fait un angle droit de vingt-cinq mètres à peu près, puis elle s'infléchit encore en angle droit, pour aller passer sous l'Arc de Septime-Sévère, au pied du Capitole, et monter ensuite vers le temple de Jupiter.

Jadis elle était bordée de colonnes rostrales, de statues, etc.; elle passait aussi devant le *temple de Romulus et Rémus*. Cet édifice, de forme circulaire, existe encore, mais il sert de vestibule à l'église de Saint-Cosme et Saint-Damien. C'était sur le pavé de marbre de ce temple rond que se trouvait gravé le plan de Rome, à son origine, plan dont les fragments sont réunis au musée du Capitole.

Sur la droite de la Voie Sacrée, et en bordure du Forum, le sénat romain fit élever un temple à l'impure Faustine, devenue après sa mort, selon l'usage introduit par les infâmes empereurs, une divinité de l'Olympe. Son époux, Antonin-le-Pieux, étant mort à son tour, le sénat le divinisa de même. Ce *temple d'Antonin et Faustine* est encore debout, seulement il est enterré à une profondeur de seize pieds, et cependant on y montait jadis par un escalier de vingt-une marches. Mais on a déblayé la façade, et on peut admirer ce qu'il a de plus merveilleux, à savoir : un portique orné de dix colonnes du plus magnifique marbre cipollino, hautes de quarante-trois pieds. Les bas-reliefs de l'entablement de la frise, représentant des candélabres et des griffons, sont de toute beauté.

A la suite de ce temple, en remontant toujours vers le Capitole, voici l'église Saint-Adrien, bâtie sur l'emplacement de la fameuse *basilique Emilienne*. C'était l'un des plus beaux édifices de Rome : il avait été érigé, en 699, par Lucius Emilius Paulus. Sa façade était également en bordure du Forum, et regardait la basilique de Jules, *basilica Julia*, dont nous parlerons tout-à-l'heure. Elle présentait une colonnade à double étage, dont les colonnes étaient en *pavonazzetto*, marbre de Phrygie des plus rares. L'intérieur était composé de cinq nefs, séparées par quatre rangs de colonnes. Une très belle porte en bronze complétait la magnificence de ce splendide monument.

Les plus belles colonnes de cette basilique furent employées à décorer la superbe église de Saint-Paul, *extra muros*. Mais, en 1825, elles devinrent la proie de l'incendie qui dévora cette construction si précieuse. Quant à la porte de bronze, vous pourrez la voir et l'admirer, car elle fait la gloire de Saint-Jean-de-Latran.

La basilique Emilienne était la Bourse des bouchers.

A côté de cette Bourse se trouvait une salle assez vaste et ornée de colonnes, que l'on appelait *station des Municipes*. Elle servait de lieu de réunion aux délégués des municipalités de l'empire, venant à Rome pour y défendre leurs intérêts par-devant le sénat.

Chaque personnage ambitieux de se faire un nom, édifiait l'un quelque temple, l'autre quelque forum, etc. Aussi Jules César, le vainqueur de notre Gaule infortunée, avait-il construit, tout près de là, également, un forum assez étroit. Mais il l'avait orné du *temple de Vénus-Génitrix*, de laquelle il avait la prétention de descendre. Devant ce temple se dressait sa propre statue... Orgueil! C'était une ancienne statue d'Alexandre-le-Grand, du fameux statuaire Lysippe, dont on avait remplacé la tête... par celle de Jules César.

Entre le Palatin et le point du Forum où nous sommes arrivés, se trouvait le *temple de Vulcain*, très petit, minuscule, mais qui donnait le nom de *Vulcanal* à l'espace qui l'entourait. C'était là que le peuple s'assemblait; là que se débattaient les affaires publiques, avant l'érection des rostres ou Tribune aux Harangues; là, que Virginius poignarda Virginie, près de la statue de *Vénus-Cloacina*, du mot *cluere*, purger, parce que c'était aussi le lieu précis où Romulus et Tatius firent la paix; en un mot, c'était là que se trouvaient de nombreuses boutiques de bouchers, et plus tard de banquiers.

Au temps de l'empereur Auguste, on y voyait encore un *lotus* que Romulus y avait planté.

Près du Vulcanal était le *Putéal de Libon*, puits creusé à l'endroit où tombait le tonnerre, selon l'usage romain. Libon étant préteur, et la foudre étant tombée près de son tribunal, qui se tenait en plein air, Libon fit creuser un puits, pour que personne ne vînt souiller cet endroit en marchant dessus. Alors il lui donna son nom. Ce Putéal devint le lieu de réunion de tous les plaideurs.

En face de la basilique Émilienne, au pied du Palatin, se dressent trois colonnes magnifiques, d'ordre corinthien, cannelées et en marbre pentélique. Voilà ce qui reste du chef-d'œuvre de l'architecture romaine, au temps d'Auguste. Leur diamètre est de quatre pieds et demi, et leur hauteur de quarante-cinq, y compris la base et le chapiteau. Mais à quel édifice appartenaient ces colonnes? Hélas! *chi lo sa?* Certains savants ont prétendu qu'elles faisaient partie du temple de Jupiter-Stator; d'autres, à celui de Castor et Pollux. Cela ne peut être. Le premier se rapprochait davantage du sommet du Palatin; le second se trouvait près du Vélabre. Abrégeons : maintenant on croit y voir les restes de l'édifice qui servait de salle d'attente aux ambassadeurs étrangers, quand ils devaient être présentés au sénat. Or, comme les Grecs furent les premiers dans ce cas, on nomma le monument *Græcostasis*, station des Grecs.

On voit aussi, au centre du Forum, isolée, une colonne que dégagèrent des fouilles en 1815. C'est la *colonne de Phocas*, un empereur grec, et nous pouvons passer sans rien dire ni de la colonne, ni du personnage.

A côté de la Græcostasis, Jules César avait fondé, et Auguste avait achevé une magnifique basilique, *basilica Julia*. On n'avait rien ménagé pour en faire une merveille, et pour cela on avait largement usé de l'argent d'un usurier, ancien esclave germain, qui voulait se faire pardonner ses rapines dans les Gaules. Dans l'invasion des Barbares, elle subit le même sort que tous les autres monuments de Rome. Aussi, au moyen-âge, construisit-on sur ses ruines. On y installa ensuite une chapelle et un cimetière. Mais en 1847, des fouilles rendirent au jour la longue ligne des degrés à deux étages qui précédait son entrée, et firent connaître que la large façade de cette basilique était située le long de la Voie Sacrée conduisant au Clivus Capitolinus. Il ne reste, en entier, de cet édifice, que les dalles de marbre de son pavé.

Le Vicus Tuscus ou rue des Etrusques, très mal famé, bien que sous la protection du dieu Vertumne, dont la statue était placée à son entrée par le Forum, commençait derrière la basilique Jules.

Entre la Græcostasis et la basilica Julia, se trouvait la *Curia Hostilia*, ce palais du sénat qui occupait l'angle septentrional du Palatin, et dont la façade était tournée vers le Capitole. Vous vous rappelez que l'on y montait par un escalier de plusieurs marches, qui furent baignées du sang de Servius-Tullius, lorsque Tarquin-le-

Superbe le repoussa de la Curie. Cet édifice avait été fondé par Tullus-Hostilius, qui lui avait donné son nom, et cependant on voit encore ses murailles du fond, en *opera lateritia*. Détruit par un violent incendie, l'incendie allumé par le bûcher qui brûlait le corps de Jules César, le jour de ses obsèques et de l'émeute populaire qui les accompagna, le fils de Sylla le fit reconstruire sur de plus larges dimensions.

Mais Lépide, ami et flatteur de César, le fit abattre, et édifia sur l'emplacement même, avec une magnificence inouïe, la Curia Julia, qui se trouva ainsi voisine de la Basilique Jules.

En face de la Curia Julia, précédée d'un *temple de Minerve*, et en empiétant sur le milieu du Forum, s'éleva encore, en l'honneur de César, le *temple de Jules*, d'après un décret des triumvirs, à l'endroit où fut brûlé le cadavre du dictateur, après qu'il eut été poignardé dans la Curie et aux pieds de la statue de Pompée. Huit colonnes composaient le portique de cet édifice, qui regardait le Capitole. On y montait par un escalier de treize marches, formant pallier, et, là, se dressait une tribune décorée d'éperons en bronze de vaisseaux pris à la bataille d'Actium. On appelait cette tribune *Nouveaux Rostres*, par opposition aux *Rostres Anciens*, ou *Tribune aux Harangues*, également ornée d'éperons, et placée, en saillie sur la voie, à l'angle de la Curia Hostilia.

De tous ces monuments, qui portaient si fièrement au front le nom du *divin* Jules, plus rien, absolument rien. Le crible des Barbares a tout broyé dans sa fureur, et le vent du temps a enlevé ce qui pouvait rester de la poussière de ces témoignages de l'orgueil humain.

Plus on se rapproche du Capitole, plus l'espace s'élargit, et cependant plus il devient resserré, tant les Romains y entassent d'édifices, de temples, d'édicules, d'arcs de triomphe, de statues, d'autels, etc. Des constructions de toutes formes ont envahi la base des collines; elles envahissent aussi les vallons qui séparent ces collines. Reste-t-il entre chaque monument le moindre vide? aussitôt il est occupé, rempli.

C'est ainsi que, entre la Græcostasis et la Curia Hostilia se dresse le *Comitium*. C'est dans cet édifice, dont les larges marches de l'entrée servent de bordure à la Voie Sacrée, que se réunissent les chevaliers, qu'a lieu la réunion des comices pour l'élection de certains magistrats; c'est là que les tribus réunies dans le Forum viennent défiler tour à tour pour jeter leur vote dans l'urne du scrutin. Près de là, on fouette les criminels et on les exécute.

A proprement parler, le Forum n'a d'espace libre et n'est véritablement Forum, qu'à l'entour du lac Curtius, le cratère éteint converti en égout pour l'écoulement des eaux, la bouche de la Cloaca-Maxima, en un mot.

Devant le Comitium, la statue d'un lion signalait l'endroit précis où avait été inhumé Faustulus, le père adoptif de Romulus.

Nous voici enfin au pied du mont Capitolin. C'est là surtout que les monuments se pressent et s'accumulent, comme les vagues qui déferlent à la base des falaises. L'espace est rare, trop rare : et cependant le marbre, la pierre, le bronze se le disputent à outrance.

Tout d'abord, à droite, se dresse avec orgueil l'*Arc de Septime-Sévère*, construit en l'honneur de ce prince et de ses deux fils, Caracalla et Géta, pour leurs victoires en Orient. Cet Arc est en marbre blanc, à trois arcades; il est décoré de huit colonnes cannelées d'ordre composite, et de bas-reliefs qui se ressentent de la décadence des arts. Ils représentent les expéditions des princes contre les Parthes et les Arabes, d'après l'inscription, dans laquelle, à la fin de la troisième ligne et dans toute la quatrième, le marbre est un peu creusé, parce que Caracalla, après avoir tué son frère Géta, fit effacer son nom.

Derrière l'Arc se trouve le *temple de la Concorde*, élevé par Camille, comme nous l'avons dit. Il fut restauré par Tibère. Certaines fois, le sénat y tenait ses séances, et ce fut dans son enceinte que Cicéron articula si vivement son accusation contre Catilina, qui était présent. Il n'en reste plus que le dallage.

Du côté opposé, au-dessous de l'aile droite du Tabularium, surgissent du sol trois colonnes d'ordre corinthien, en marbre blanc de Carare. Elles appartiennent au *temple de Jupiter-Tonnant*. Le mot *restituerunt*, dont il ne reste plus, en lettres de bronze, que ESTITUER, montre que cet édifice fut restauré. Ce temple est l'œuvre d'Auguste, qui redoutait le tonnerre et les éclairs à ce point qu'il portait toujours sur lui une peau de veau marin, comme dérivatif de la foudre. La statue du dieu était en airain de Délos.

A la gauche de ce monument, on voit huit colonnes d'ordre ionique, sur la destination desquelles il y a beaucoup d'incertitude. L'opinion la mieux reçue y reconnaît le *temple de la Fortune*.

Toutefois, certains antiquaires l'appellent *temple de Saturne*, et cet édifice renfermait le trésor de la République. Cela serait rendu presque certain par la découverte faite à côté du Milliarium Aureum. En tout cas, le style de ce temple est mauvais. Le diamètre des colonnes, qui sont en granit d'Egypte, et ont quarante pieds d'élévation, est différent pour chacune d'elles, ce qui prouve qu'il a été restauré avec les restes d'autres édifices. L'architrave porte encore cette inscription : *Senatus populusque romanus incendio consumptum restituit.*

L'Histoire dit que Publicola fit placer le trésor public dans le temple de Saturne; elle ajoute que, au bas de l'édifice, Auguste avait fait mettre le *Milliarium Aureum*, colonne en bronze doré haute de dix pieds, qui servait de borne de départ pour les autres milliaria divisant par *milles* les grandes voies de l'empire. C'est donc bien du temple de Saturne que dépendent les huit colonnes en question.

J'ai dit que la *Tribune aux Harangues* était placée en avant de la Curia Hostilia.

Quand le peuple s'assemblait sur le Forum proprement dit, là où la foule se réunissait en masse plus compacte, on lui parlait de la *Tribune aux Harangues*, ou *Rostres Anciens*. Tout à l'entour s'élevaient les statues de Romulus, de Camille, d'Horatius-Coclès, de Sylla, de Pompée et d'autres personnages insignes : on y voyait aussi des colonnes dressées en l'honneur de Caïus Ménius, vainqueur des Latins; de Caïus Duilius, le premier Romain qui remporta une victoire sur mer, et sa colonne était appelée *Rostrata,* parce qu'elle était décorée de proues de navires. Dans le voisinage se trouvaient également les statues équestres de Clélie, etc., l'Arc de Fabius, etc. C'est de cette même tribune que retentit tant de fois la grande voix de Cicéron : mais ce fut elle aussi qui vit la tête et les mains de l'illustre orateur clouées et exposées à la dérision de la vile multitude, par la farouche Fulvie, femme de Marc-Antoine, dont il avait stigmatisé les écarts et les... faux cheveux !

Lorsque c'était au Vulcanal que se réunissait le peuple, on lui adressait la parole du haut des *nouveaux Rostres* de Jules César.

A l'ensemble des monuments dont j'essaie d'élucider l'histoire et de vous faire connaître la disposition dans les groupes qu'ils composent, je dois ajouter l'*Edicule des dieux Consents,* c'est-à-dire faisant partie du conseil de l'Olympe ou grands dieux, à savoir : Jupiter, Neptune, Mars, Mercure, Apollon, Vulcain, Junon, Vesta, Minerve, Cérès, Diane et Vénus. Ajoutons encore le *temple de Janus,* au double visage, construction des plus minuscules.

Tous ces édifices portent des traces évidentes d'une calcination produite par l'action du feu, ce qui indique nettement que les Barbares, afin d'accomplir plus rapidement leur œuvre de destruction, eurent recours à l'incendie.

A la racine de la colline du Palatin qui regarde le nord-est, sur le Forum, trois choses intéressantes, placées là par la nature, entre les magnificences de l'art :

La première, c'est le *Figuier Ruminal,* du mot *rumen,* mamelle, verdoyante frondaison d'arbuste sauvage, sous lequel Acca-Laurentia, la prétendue *Louve,* allaita Romulus et Rémus, trouvés par le berger

Faustulus, et, pour lequel figuier, les Romains se glorifient d'avoir un culte de profonde vénération;

La seconde n'est autre qu'une médiocre caverne creusée à la base septentrionale du Palatin, et appelée *Lupercal*, parce que la tradition romaine en fait la tanière de la Louve, et que, dans Rome, on célébrait sa fête sous le nom de *Lupercales*;

Et enfin la troisième, *fontaine de Juturne*, nom d'une jeune Latine, sœur du roi Turnus, laquelle jeune fille fut changée en source par le capricieux et vindicatif Jupiter. Or, la même tradition veut que, le soir de la célèbre bataille du lac Régille, gagnée par Posthumius sur les peuples du Latium, on vit tout-à-coup deux jeunes gens arrivant à Rome, à franc étrier, porter aux Romains la nouvelle de la victoire. Ils s'arrêtèrent près de cette fontaine et y firent boire leurs chevaux. Après quoi, leurs armes d'or brillant dans l'obscurité, les deux guerriers disparurent.

On ne doute pas, dans Rome, que ces deux cavaliers ne soient Castor et Pollux, les fils de Léda. Aussi bientôt est fondé, en face même du Forum et à l'angle du Palatin, un édifice nouveau, le *temple de Castor et de Pollux*, près de la fontaine de Juturne et à côté du temple circulaire de Vesta. C'est l'un des plus splendides monuments de cette partie de Rome, le Forum-Romanum.

Vous voyez maintenant en esprit, je l'espère, cher lecteur, le tableau de cet amoncellement de temples, grands et petits, et d'édifices, etc., qui décoraient le Forum-Romanum, dans toute son étendue; mais aussi, mais surtout l'immense agglomération de splendeurs architecturales qui se groupe et se concentre à la base du Capitolin. N'oubliez pas d'y placer, comme accessoires, à votre gauche, la muraille nue, déchirée, abrupte, à pic et par conséquent escarpée de la *Roche-Tarpéienne*, qu'il vous semblera voir encore maculée du sang de nombreuses victimes. Elle s'élève à une hauteur de cent pieds. Jadis, elle avait pour diadème l'Arx de Romulus, actuellement elle porte le palais des conservateurs du musée du Capitole. A votre droite, faites légèrement émerger du sol la *prison Mamertine*, creusée dans le tuf à une grande profondeur. Elle aussi porte une couronne royale : autrefois, c'était le splendide temple de Jupiter-Capitolin, dont le toit d'or scintillait au soleil; de nos jours, c'est la modeste église Ara Cœli et le musée du Capitole. Enfin, entre l'Arx et le temple, comme toile de fond, développez à mi-côte le vaste monument appelé *Tabularium*, dont les arceaux ruinés qui se succèdent produisent l'effet le plus pittoresque. En dernier lieu, sur l'*Intermontium*, qui lui sert de bandeau impérial, érigez l'altier campanile dont Michel-Ange a orné le palais dit du Sénateur, et vous aurez à jamais le souvenir du Forum dans l'imagination.

Entre tous les édifices qui paraissent escalader le Capitole, tracez, ici et là, gravissant comme eux la hauteur, la Via Tarpéïa, les cent degrés, le Clivus Sacer, le Clivus Capitolinus, l'escalier des Gémonies, les cent autres degrés, et le dernier Clivus, passant sous l'Arc de Septime-Sévère, pour conduire au triple temple du Capitole.

Et dire que, aujourd'hui, dans ce Forum, où les plus illustres généraux ont étalé leurs triomphes, avec leurs légions; où les dictateurs et les consuls ont fait briller leurs trabées à raies de pourpre et d'or; où sénateurs et patriciens se sont si orgueilleusement drapés dans leurs laticlaves, et les chevaliers dans leurs angusticlaves; où les plébéiens ont tant lutté; où tous les peuples du monde ont passé; où se sont promenés tant de philosophes, de fameux écrivains, de grands orateurs, de femmes célèbres, de rois, de reines et d'empereurs, l'espace est désert, l'herbe croît; il n'y végète que des arbres rabougris. On a déshonoré ce Forum.

Oui, le Forum ne s'appelle plus que *Campo Vaccino*, le Champ aux Vaches, parce qu'il sert de marché aux bœufs!

Cela serre le cœur! Et le Capitole, *Campi d'Oglio*, le Champ à l'Huile!

C'était là, cependant, que s'agitaient les grandes délibérations qui décidaient du sort de tant d'empires! Sous ces portiques retentissait l'éloquence d'Hortensius et de Cicéron. Sur ces marches de temples, les Gracques faisaient entendre leurs mâles harangues, en faveur d'un peuple déshérité.

Mais à présent, le paysan de l'Agro-Romano, avec ses sandales d'écorce de bouleau, foule le sol où le pied de Romulus s'est posé, où ont passé Camille, Fabricius, les Scipions, des empereurs, etc. Les grands bœufs du Clitumne traînent l'antique chariot volsque, là où le char d'une Lesbie et d'une Poppée arrêtait la litière d'un personnage consulaire. Les vaches et les chèvres broutent le gazon sur les voies où le flamine et les Saliens couraient pour aller encenser leurs dieux, où les rhéteurs se hâtaient d'ouvrir leurs écoles, et les chevaliers de réunir leurs équipages pour la chasse.

Or, certain jour, moi, simple touriste errant à l'aventure sur ce Forum pour étudier ses édifices, tellement innombrables que la vie d'un homme ne suffit pas à les connaître, je n'ai pas vu, en six heures, un seul passant. D'autres fois, à peine ai-je rencontré quelques gens du Transtevere ou du Vélabre, s'avançant comme des fantômes d'impératrices déchues ou de souverains tombés dans la fange, en un mot des femmes misérablement vêtues et des hommes en guenilles.

Mais ces femmes, d'une admirable beauté, d'une prestance majestueuse, ne regardaient pas même celui qui se trouvait sur leur chemin; et les hommes, taillés à l'antique, ne se donnaient point la peine de saluer celui qui leur ôtait son chapeau.

Ceux-ci semblaient dire : Nous sommes les fils des rois du monde!

Et celles-là : Sachez que la grande Cornélie est de nos ancêtres!

De quelque point que l'on contemple ces scènes d'un Forum devenu muet et insensible, rien n'est plus imposant qu'un tel aspect, rien n'est plus navrant que cette mélancolie!

Disons-le pour la gloire de la France, ce sont les Français qui ont fait le plus de fouilles à l'entour des édifices de Rome et du Forum, et c'est à eux que l'on doit le plus grand nombre de découvertes obtenues sur ce sol de gloire et d'immortalité.

Maintenant, terminons ce que nous avons à dire sur le Forum, par les quelques lignes qui suivent.

Une des plus étonnantes merveilles de Paris, et peut-être bien le plus admirable travail qu'il y ait en France, ce sont les *égouts*. Il y a toute une ville sous la ville, et toute une armée d'hommes qui vit sous les pieds des vivants; tout un peuple souterrain qui s'agite et travaille, enfoui dans la terre, navigant sur des fleuves ignorés qui charrient sans relâche, à la Seine, les fanges de la grande cité.

Quel fut le Christophe Colomb de ces régions ténébreuses? Qui osa, le premier, s'aventurer dans ces méandres redoutables, arpenter, curer, sonder et purifier ces abîmes?... Ce fut Bruneseau. C'est à lui que Paris doit cet inappréciable bienfait d'être une ville saine, et de vivre entre une double couche d'air et d'eau, sans miasmes au-dessus, sans exhalaisons au-dessous.

Les égouts ont tenu de tout temps une place importante dans l'histoire des grands peuples et des vastes cités.

Paris, au moyen-âge, avait ses trous *punais;*

Ninive, bien plus haut dans les âges, ses *sentines;*

Bénarès, dans l'Inde, sa *fosse aux vermines;*

Munster son *puisard* sans fond d'où Jean de Leyde faisait sortir sa fausse lune;

Rome a eu ses *cloaques.*

Les hommes avaient pour ces gouffres infects une horreur mystérieuse qui arrivait à l'épouvante. C'était l'asile des criminels et des reptiles; c'était le sépulcre des suppliciés.

La mort y élisait domicile; la peste en sortait; la terreur les gardait.

Un seul peuple, dans l'antiquité, osa s'attaquer à ces profondeurs sinistres. Ce fut le peuple romain.

Il se trouva un Bruneseau à Rome, et ce Bruneseau fut Tarquin.

On trouve dans Pline, dans Tite-Live et dans Tacite des indications très précises sur ces travaux gigantesques et les procédés de constructions et de curage qui furent employés. Quand Tarquin entreprit cette tâche, Rome n'était pas en état d'en supporter la dépense. Les esclaves ne suffisaient pas. L'œuvre étant nécessaire, indispensable, le roi y fit travailler le peuple.

Le Forum, dans les temps primitifs, était le cratère d'un volcan. Ce cratère s'était converti en lac, le lac était devenu un marais. Il s'agissait de l'assainir. On commença par le vider au moyen de vases jetés avec des cordes; des chariots transportaient les boues dans le Tibre. Lorsque vint le moment où on trouva le fond solide de l'abîme, on y descendit et on commença à creuser un canal souterrain qui devait aboutir au fleuve. Le sol était si marécageux, que les travailleurs s'y enfonçaient. Il fallut suppléer à cette inconsistance du terrain par des madriers énormes, au-dessus desquels on construisait la voûte et le dallage. Cela présentait de telles difficultés et de si grands périls, qu'un grand nombre de citoyens rebutés, découragés, se suicidèrent, préférant la mort à ce travail exténuant.

C'est alors que Tarquin, pour mettre fin à ce désespoir, imagina un moyen dont on ne connaît aucun exemple. Il fit mettre en croix les corps des suicidés, et les exposant aux yeux de tous, il les abandonna aux oiseaux de proie. Ce supplice posthume eut l'effet qu'attendait Tarquin. Les Romains redoutèrent son ignominie, comme s'ils devaient être sensibles à la honte, même après la mort, et personne ne se tua plus.

C'est ainsi que fut construit le premier égout de Rome : Tite-Live l'appelle *Cloaca-Maxima*, parce qu'il fut le plus grand de tous ceux que l'on construisit après Tarquin.

Ce cloaque compte maintenant 2600 ans. Il existe encore en grande partie. Je me suis enfoncé sous sa voûte énorme, à son point d'arrivée dans le Tibre, tout près du charmant édicule de *Vesta* (1), et de l'autre temple, non moins admirable, de la *Fortune Virile* (2).

En face de l'Arc de Septime-Sévère, sur le Forum, au pied du Capitole et devant la prison Mamertine, on trouve un petit canal, sous une sorte d'antre, et dans ce canal coule une eau d'une incomparable limpidité. Le peuple l'appelle *Acqua Argentina*, l'eau d'argent.

Comme contraste, à une courte distance on rencontre une ruine qui semble un précipice, et dans cette profondeur, coule un fleuve d'immondices. C'est le *Cloaca-Massima*, comme disent les Italiens, le grand égout de Tarquin, en un mot. Son point de départ est là, au centre du Forum, à l'endroit précis où se trouvait le lac ou marais qui se nommait lac de Curtius, depuis que ce guerrier, dans la bataille qui suivit l'enlèvement des Sabines, s'y précipita pour se dévouer aux dieux infernaux en faveur de sa patrie.

La voûte de ce cloaque est à plein cintre, composée d'un triple rang de voussures superposées et hautes de trente pieds. Les murailles et le fond sont en très grosses pierres de taille, dites *péperin*, jointes en-

---

(1) Vesta, déesse qui présidait au feu, fille de Démogorgon. Elle était primitivement adorée auprès du foyer. Son culte consista plus tard à entretenir un feu perpétuel dans son temple. Ses prêtresses veillaient chacune à leur tour à la garde du feu sacré. Ce feu devait être entretenu jour et nuit : s'il venait à s'éteindre, on croyait l'état menacé de quelque malheur, et la vestale était punie de sa négligence par le fouet. Les vestales étaient vierges ; celle qui violait son vœu de chasteté était enterrée vive. En revanche, les vestales jouissaient de grands priviléges : elles n'étaient point assujéties à l'autorité paternelle ni à la tutelle ; elles étaient crues sans serment en justice ; leur présence sauvait la vie au criminel qu'elles rencontraient par hasard, etc.

(2) La construction du temple de la *Fortune Virile* est attribuée à Servius-Tullius. Fils d'une esclave échue comme prisonnière de guerre à Tanaquil, femme de Tarquin, Servius-Tullius se fit distinguer par sa bravoure et son intelligence, et parvint à devenir le gendre du roi. Élu roi après la mort de son beau-père (578 av. J.-C.), il défit les Etruriens et les Véiens, établit le cens, augmenta le nombre des tribus, et agrandit Rome. Servius-Tullius fut assassiné par l'ordre de Tarquin-le-Superbe, époux de sa fille Aullie,

semble par cet indestructible ciment dont le secret s'est perdu depuis, et qui donne à toutes les constructions romaines cette solidité inaltérable sur laquelle les siècles écoulés sont encore impuissants aujourd'hui.

Sous le règne de l'empereur Auguste, le curage de cet égout, prescrit par les censeurs, coûta au trésor de Rome la somme de 1000 talents, soit 5,216,000 francs.

Dans l'avenir des siècles, si notre belle capitale venait à cesser d'être, les curieux qui fouilleront alors le vieux sol parisien y retrouveront les voûtes du grand collecteur... Ils s'arrêteront pensifs, devant la grandeur de cette œuvre, comme font les voyageurs de nos jours devant les ruines des monuments de l'ancienne Rome!

IX

Les perspectives de l'observatoire d'un artiste, sis sur les rives du Tibre. — Le Vélabre. — Le mont Palatin. — Ce qui reste de la *Roma-Quadrata*. — Où demeurèrent les cinq premiers rois de Rome. — Personnages qui ont habité le Palatin. — Palais des Césars. — Résurrection de leurs ruines. — Ce que fait Auguste, sur le Palatin. — *Domus Augustana*. — *Fanum* de Vesta. — *Delubrum* de Cybèle. — Sanctuaire d'Apollon Palatin. — Bibliothèque Palatine. — Palais de Tibère. — *Domus Tiberiana*. — Constructions de Caligula. — Pont en bronze, du Palatin au Capitolin. — Claude et quelques impératrices. — Comment Néron transforme le Palatin. — *Domus transitoria*. — Incendie de Rome, parce que Rome lui déplaît. — Nouveaux plans. — Maison d'Or qui réunit le Palatin à l'Esquilin, et la vallée qui les sépare. — Comment le Colisée actuel occupe cette vallée. — Esquisse du Palatin actuel. — Ombres qui errent dans les ruines et les jardins. — *Orti farnesiani*. — Trois chambres de l'ancien palais d'Auguste. — Où reparaît le *Clivus Victoriæ*. — Le couvent de Saint-Bonaventure. — Villa Smith. — Cirque-Maxime. — Ses uniques débris. — Sa magnificence d'autrefois. — Un cortège des grands jeux du Circus-Maximus. — Ponte-Rotto. — Argilète. — Temple de Vesta, une perle sans prix. — Les mystères du temple de la Fortune Virile. — Forum Boarium. — Arc de Janus Quadrifrons. — Forum de Jules-César. — Forum d'Auguste. — Forum de Nerva. — Forum de Trajan. — La colonne Trajane. — Forum d'Antonin. — Colonne Antonine. — Statue équestre de Marc-Aurèle. — Les splendeurs de tous ces Forums.

Rome est le pandémonium des arts. Toutes les contrées du monde y ont des artistes. Il y a tant à voir, tant de sujets à étudier, tant de grands modèles à connaître, tant d'horizons à voir!

L'Allemagne y est représentée par Brandt, Dreber, Lindemann,

Meyer, Osterwald, Overbeck, Polak, Riedel, Steinhaeuser, Wolff, Tœrmer; l'Angleterre, par Chapman, Dessoulavy, Hellingford, Macdonald; la Belgique, par Sopers et Brake; le Danemark, par Jérichau; la Pologne, par Sosnowski; la Russie, par Raouloff; la Suisse, par Imhof; la France, par Benouville, Châtelain, R. Lehmann, etc.; et l'art italien, par Amici, Benzoni, Consoni, Corrodi, Jacometti, Minardi, Podesti, Rossatti, Zénérani, etc.

J'ai quelques amis parmi nos artistes français en résidence à Rome, et, un matin, frais et dispos, je traverse le quartier du Panthéon, jadis le Marais de la Chèvre, au Champ-de-Mars de Romulus, et me voici m'acheminant le long des quais du Tibre, vers une maison de haute encolure, faisant à peu près face au Ponte-Rotto.

J'escalade cinq étages, et j'arrive au grand air, sous un berceau de solanums et de passiflores, assez bien éduqués pour vivre à l'aise sur une terrasse garnie des plus belles plantes méridionales et tropicales. Tel est le vestibule de l'atelier de mon ami Gustave Le Pellier.

De la terrasse rectangulaire à balustrade qui couronne la maison, la vue s'échappe en perspectives merveilleuses sur tout Rome. C'est à être ébloui! Entre deux rideaux de verdure et de fleurs, le cours du Tibre, les champs de Cincinnatus, le Monte-Mario, avec ses villas abritées sous des pins parasols, le pont Saint-Ange, le môle Hadrien, le palais du Vatican, la basilique de Saint-Pierre, en un mot la cité Léonine, d'un côté; de l'autre des fugues admirables sur le Transtevere, sur le Janicule, ses églises, ses fontaines, l'Aventin, sur l'antre de Cacus, sur Saint-Paul hors des murs et la pyramide de Cestius; et enfin, en achevant le tour de la terrasse, le Palatin tout entier sur lequel on plane et dont on n'est séparé que par la vallée Murcia, l'ancien Circus-Maximus et le Vélabre; et puis le Champ-de-Mars, c'est-à-dire la nouvelle Rome, le Panthéon, le portique d'Octavie, le Ghetto, etc., vous apparaissent et vous sourient.

Mais nous allons revenir sur le détail de ce magique panorama.

Passons d'abord dans l'atelier pour y saluer le maître. Nous y trouverons les habitants de ces campagnes, de ces collines, de ces horizons dont les belles lignes viennent de charmer nos yeux. Voici le joueur de musette, voici le gardeur de buffles, voici le brigand, voici le moine, voici le mendiant. Qu'ils sont nobles et gracieux dans leur misère et sous leurs lambeaux! Et les femmes, qu'elles sont gracieuses, sveltes et légères! Voyez cette fileuse, cette laveuse, cette vendeuse de raisin, cette petite sœur gardant le berceau de son frère pendant que les parents font la moisson : comme c'est joli, comme c'est vrai! Certes, aucun de ceux qui connaissent la population de la Campagne de Rome ne songera à taxer notre artiste d'exagération. Il a su être poétique, sans s'écarter de la nature. Voilà le véritable réalisme.

Ne pénétrons pas plus loin dans l'atelier. Ce serait un voyage fantastique à travers les régions brillantes de la fable et de la poésie, car l'art vit aussi, et surtout, de la fable et de la poésie. A quoi bon perdre notre temps à contempler les riantes divinités de l'Olympe et du Parnasse, qui n'ont nulle part plus d'adorateurs qu'à Rome? Et on accuse cette chère Rome d'intolérance! Mais, au monde, il n'y a pas cité plus tolérante!

— Mais pourquoi toute cette mythologie? allez-vous me dire. Pourquoi les artistes ne se contentent-ils pas des sujets réels, de ceux que l'on trouve dans l'Histoire, que l'on rencontre dans la vie?...

Et je vous répondrai : Hélas! c'est que les sujets mythologiques, quoiqu'on en dise, sont encore les plus aptes à être traités par l'art, peinture ou sculpture.

Que recherche-t-on dans l'art?

Le *beau*, n'est-ce pas? Eh bien! le beau se compose de trois éléments : la force, la santé, la grâce. Une figure souffrante peut être intéressante, mais elle ne saurait être *belle*, dans le sens propre du mot. Le Laocoon, par exemple, est une belle statue : mais Laocoon lui-même n'est pas beau. Ce qu'on admire dans ce chef-d'œuvre, ce n'est pas le type représenté, c'est la manière dont il est représenté, c'est le génie de l'artiste qui a su exprimer des douleurs effroyables, sans inspirer ni horreur, ni dégoût. J'en dirai autant de l'athlète Borghèse. Ce qu'on y admire, c'est l'habileté, la science, ce n'est pas le type.

Il en est tout autrement des marbres du fameux Parthénon d'Athènes. Là, on admire tout ensemble le sujet et l'exécution, la forme et le travail. Les dieux de Phidias et de Praxitèle sont beaux d'une beauté calme, sévère, heureuse, telle que doit être la beauté divine et telle que ne peut être la beauté mortelle et terrestre. Ils sont la plus parfaite expression du beau, ou l'idéal de la beauté. Voilà pourquoi les artistes qui veulent traiter le vrai beau, vont chercher leurs sujets dans le ciel mythologique.

Pardon de vous armer aussi rapidement de pied en cap du blindage nécessaire pour étudier Rome artistique, ses églises et ses musées; mais il est urgent que vous ayez tout au moins l'intelligence des premiers principes de l'art, dans une cité où l'art est partout.

Assez de ce sujet, saluons mon ami G. Le Pellier, et sortons. Nous sommes autorisés à user de sa terrasse, véritable et splendide observatoire. Ouvrez donc les yeux, voyez et jugez...

Ne dirait-on pas que nous occupons la nacelle d'un aérostat captif? Comme nous planons sur la Ville-Eternelle!

A nos pieds, à droite, voici le *Vélabre*, ainsi nommé du mot grec *Helos*, marais. C'est en effet dans l'espace fangeux, couvert jadis par les lagunes du Tibre, que fut exposée la corbeille de joncs portant Rome et sa fortune, c'est-à-dire les fondateurs qui allaient la faire sortir de terre. Les Tarquins firent élever une forte digue sur les rives du fleuve, si bien que les marécages disparurent. Puis le terrain se couvrit d'habitations et forma l'un des quartiers les plus peuplés et les plus commerçants de la ville.

On voit encore quelques restes du quai construit par les Tarquins. Or, selon Virgile, ce serait à l'endroit précis où furent exposés Romulus et Rémus, que mit pied à terre Enée, le pieux Enée, venant demander du secours à Evandre.

Mais tournons le dos au Tibre et au Vélabre, et prenons place en regard du *Palatin*, qui s'étale à nos pieds, séparé de nous seulement par l'emplacement du Grand-Cirque, théâtre de l'enlèvement des Sabines, et par la vallée Marcia. Maintenant que vous connaissez le Forum qu'il nous est facile d'entrevoir par-delà le Palatin, le Forum avec sa ceinture de collines volcaniques rangées en cercle autour de son cratère, c'est le Palatin, c'est le berceau de Rome, c'est la Pallentum d'Évandre, c'est la Roma-Quadrata de Romulus, c'est la ville agricole et pastorale de la République, avant d'être l'enceinte des palais de marbre des Césars, sous l'Empire, que nous allons étudier et observer.

Le Palatin est la plus considérable des collines comprises dans la ville de Rome, de ces collines dont le nombre s'est trouvé porté de sept à douze, par l'agrandissement successif de la ville. Sa forme est à peu près celle d'un trapèze. Il compte deux mille cent mètres de circonférence, et cinquante-deux de hauteur au-dessus du niveau de la mer.

Par ces dimensions, on peut juger de la petite place qu'occupent, sur notre sphère, ces *monts*, dotés cependant d'une si juste gloire et de tant de renommée!

Je n'ai pas besoin de vous rappeler l'étymologie du mot Palatin : vous savez où elle se trouve dans la partie de l'histoire romaine qu'on peut le mieux qualifier de légendaire.

Rémus voulait asseoir la ville qu'il allait fonder, avec son frère, sur l'Aventin, plus favorable en apparence, abondant en bois et en sources, à peine séparé du Palatin par un ravin où coulait un faible ruisseau, mais qui, déjà, semblait se dresser contre lui en antagoniste, comme il le fit plus tard en réalité, quand les plébéiens se révoltèrent contre les patriciens et prirent asile sur l'Aventin. Mais Rémus fut tué par Romulus, comme vous savez. Rémus, une fois enterré sur l'Aventin, au lieu même où il avait élevé une sorte de camp retranché dans le but de lutter contre son frère, Romulus devint seul maître, entoura Rome d'une enceinte carrée, et s'établit sur le Palatin, à l'angle occidental de la colline, non loin du fleuve, à l'endroit appelé les *degrés de la belle rive*.

De notre observatoire, il est facile de suivre la ligne de l'enceinte carrée de la colline, son antique *pomœrium* ou versant tenant lieu de glacis et de chemin de ronde extérieur. C'est bien au point milieu de ce côté du Palatin regardant le fleuve, que s'ouvrait la porte Mugonia. A notre droite, en face de l'Aventin, la porte Romanula ; à notre gauche, vers le Capitolin, la porte Januale, et la porte Carmentale. Plus tard, sous les empereurs, on ouvrit aussi une porte sur la partie du Palatin qui fait face au Forum : ce fut la *porte Romaine*, vers l'Arc de Titus.

Les cinq premiers rois de Rome habitèrent le plateau de cette colline. Seuls, Servius-Tullius et ses filles, ainsi que son gendre Tarquin-le-Superbe, allèrent s'établir sur le Viminal.

Le premier temple qu'on éleva dans la nouvelle cité fut le triple sanctuaire de Jupiter, Junon et Minerve : il occupait ce petit point culminant, sur le côté de la colline qui regarde le Capitolin.

Puis, dans le voisinage de sa demeure royale, Romulus érigea le temple de Jupiter-Stator.

Il fit construire aussi, non loin de là, l'Auguratorium, sorte de basilique destinée à la consultation des augures, qui, sous Numa, eurent un collége et des habitations spéciales.

L'Ara-Maxima, cet autel que se dressa Hercule après qu'il eut étouffé Cacus, occupait l'emplacement de l'église Sainte-Anastasie, que vous voyez là, vers l'angle occidental.

Numa vint ensuite, et il éleva le temple rond de Vesta, sur la déclivité septentrionale de la colline, car il fallait ménager l'espace. Un petit bois sacré tout verdoyant fut annexé à l'édifice et servait de promenoir aux vestales. C'est ce même temple que, d'ici, vous voyez transformé en église. Elle conserve la forme circulaire que lui avait donnée Numa, puisque ce sont les mêmes murailles antiques.

A l'angle du mont qui fait face à la Roche-Tarpéienne, Tullus-Hostilius construisit le palais du sénat, c'est-à-dire la tant célèbre Curia Hostilia, où fut mis à mort l'infortuné Servius-Tullius.

Le reste de cet espace qui se trouve à notre droite était occupé par des maisons simples et modestes. Les plus célèbres citoyens ambitionnaient d'avoir là leurs demeures. Flavius-Flaccus, L. Crassus, Marc-Antoine, Claude Néron, père de Tibère, etc. Cicéron, Hortensius, Catilina, la famille d'Auguste, etc., avaient leurs habitations sur le versant qui fait face au Cœlius et à l'Aventin. Le peuple, au début de Rome, campait sous le chaume, vers le point central, et de longues étables entouraient les cabanes des agriculteurs, qui envoyaient leur bétail se désaltérer dans les eaux du Tibre. C'était par la porte Mugonia que sortaient les troupeaux. Plus tard, sous la République, les laboureurs, comme Cincinnatus et autres, commencèrent à vivre aux champs, où ils se construisaient leurs maisons.

— Maintenant, allez-vous me dire, quelles sont donc ces ruines immenses, non pas colossales, mais grandioses, qui couvrent la partie occidentale du Palatin, celles que voici devant nous, et dont l'agencement merveilleux, à l'état de décombres, révèle de quelles magnificences elles durent être revêtues.

A votre question je répondrai :

Quand l'Empire remplaça la République, Octave-Auguste, le premier empereur, né sur le Palatin, s'empressa d'y relever la maison paternelle détruite par un incendie. Ce fut lui qui s'écria dans un moment d'orgueil :

— Je trouve Rome toute de pierres, mais je veux la laisser toute de marbre...

Il tint parole. Nonobstant la modestie qu'il affectait, on le vit faire du premier palais que porta le Palatin, un modèle d'immensité, d'élégance et de richesse. De ce palais, enrichi d'un somptueux *pulvinar*, immense balcon dont vous pouvez voir encore quelques reliefs, et d'où l'on contemplait le cours du Tibre, mais surtout les jeux du Grand-Cirque, placé immédiatement au-dessous, on pouvait errer à l'aventure sous un splendide portique et des jardins merveilleux entourant la demeure impériale.

C'était donc moins un palais que l'agglomération de plusieurs temples et palais superposés les uns au-dessus des autres, ceux-ci coudoyant ceux-là, tous souriant au soleil couchant; quelques-uns, celui du centre, montrant une façade semi-circulaire, dont le vide composait une terrasse supportée par des arcades à plein cintre. Ces édifices, comme les maisons romaines en général, étaient couronnés de balustrades entourant les toits plats et dallés, et de nombreuses statues les décoraient. Il était même tel de ces palais qui faisait épanouir ses campanili dans l'azur du ciel, comme la gerbe blanche d'un feu d'artifice. Tous bordaient de haut le Circus-Maximus assis à la base de la colline du Palatin. Quelle différence entre ce Circus-Maximus et ces palais impériaux d'Auguste, avec le cirque et la cabane de terre et de roseaux de Romulus!...

A ces premiers édifices, Auguste adjoignit trois temples, les *temples de Cybèle*, de *Vesta* et d'*Apollon*, dont le groupe charmait le regard par la splendeur des constructions.

Dans ce dernier sanctuaire, l'empereur, si modeste, se fit représenter avec les attributs du dieu, et sa statue en bronze s'élevait à la hauteur de cinquante pieds.

Il faut l'avouer, presque tous les temples de Rome se ressemblaient à peu près, sauf le plus ou le moins d'étendue. Figurez-vous ces sanctuaires, tout en marbre, copiés sur notre église de la Madeleine, et quantité d'autres monuments modelés sur notre monument de la Bourse; les temples, le plus souvent, dans des proportions bien plus restreintes. Vous aurez alors une idée exacte des temples si nombreux de Rome.

Tel était le temple d'Apollon-Palatin. Seulement, cet édifice, selon l'usage romain, et comme beaucoup de temples annexés à des portiques, avait un vaste atrium en face de son entrée, de sorte qu'il enveloppait cet atrium d'un portique quadrangulaire qui allait se rattacher à la muraille postérieure du sanctuaire. En outre, entre chaque colonne, et elles étaient nombreuses, se dressaient des statues, équesques les unes, debout les autres, beaucoup en marbre, beaucoup en bronze.

Auguste acquit ensuite les maisons d'Hortensius et de Catilina, pour donner plus de développement à sa résidence, qu'il appela *Domus Augustana*. Elle regardait l'Aventin, et, cette fois, la colline démocratique n'en prit pas ombrage : il lui suffisait que le palais du César s'élevât sur les ruines du patriciat.

Une bibliothèque, la fameuse *bibliothèque Palatine*, fut aussi créée par le jeune empereur, et ce sont ces ruines que nous admirons qui composèrent ce *palais des Césars*.

Cependant, Rome aussi s'élargissait et devenait une ville tellement immense, et possédant des palais si nombreux et si opulents, qu'il fallut la diviser en quatorze régions.

Tibère et Caligula, à leur tour, ne se contentèrent pas de la magnifique résidence d'Octave-Auguste. Le premier agrandit le palais des Césars, en l'étendant vers l'angle occidental, où est cette église de Sainte-Anastasie que je vous ai déjà désignée. On appela ses constructions *Domus Tiberiana*.

Caligula prolongea les siennes vers le Forum, sur la partie du Palatin regardant le Vicus-Tuscus, la vallée du Capitolin, en un mot.

D'abord il construisit un palais superbe. Mais comme le temple de Castor et Pollux le gênait, et qu'il était ancien déjà, ayant été restauré plusieurs fois, il en fit un des vestibules de la demeure impériale. Alors plaçant sa statue entre les deux images des fils de Léda, ce misérable insensé se faisait adorer par la foule des courtisans.

Il construisit ensuite un *théâtre*, puis un autre temple, dans lequel on lui rendait les honneurs divins, car il s'était fait représenter sur l'autel sous les traits et avec les attributs de Jupiter.

Enfin il mit de plain-pied le Palatin avec le Capitolin, au moyen d'un viaduc en bronze, du haut duquel faisant courir ses coursiers attelés à un char d'airain, il prétendait imiter le bruit de la foudre.

Mais Claude, un autre fou, Claude qui, des bras de l'impudique Messaline, passa dans ceux de l'orgueilleuse Agrippine, mère de Néron, détruisit l'œuvre de Caligula.

Survint alors Néron.

Pour ses palais, les constructions d'Auguste, de Tibère, de Caligula, ne suffisaient pas à ce prince. Il occupa tout le Palatin, il occupa toute la vallée qui s'étend entre la pointe orientale du Palatin et l'Esquilin, il occupa l'Esquilin.

Sur l'Esquilin, il éleva un palais des plus riches, qu'il appela *Domus transitoria*, maison provisoire. Puis, trouvant que Rome était trop antique, il ordonna qu'on livrât Rome à l'incendie. Sa maison provisoire lui semblant trop petite, il la brûla. Mais pour rendre odieux les chrétiens, dont la nouvelle religion commençait à se répandre, il eut soin de faire tomber sur eux cet horrible crime d'incendie.

Quand les flammes eurent anéanti ce qui avait été Rome, le stupide empereur, qui préludait ainsi à ses criminelles folies, fit décorer avec un luxe inouï les habitations du Palatin élevées par Auguste, Tibère et Caligula. Puis il édifia sur l'Esquilin un palais tellement merveilleux qu'on l'appela Maison d'Or, *Domus Aurea*. Les voûtes de cette résidence étaient plaquées en ivoire; dans ses murailles on avait incrusté de magnifiques pierres précieuses. Les peintures, en arabesques, étaient d'un goût exquis.

On y voyait une rotonde qui, tournant sur elle-même, marquait les heures du jour et de la nuit, et représentait, sur un fond concave de lapis-lazuli, les constellations du firmament, etc.

Il y avait là aussi un *temple de la Fortune*, d'un marbre transparent comme un miroir.

Le palais était entouré d'un portique composé de trois mille colonnes en marbre, dont l'entrée principale avait un vestibule haut de cent pieds, sous lequel se dressait la statue de l'empereur, d'une altitude de quatre-vingts.

Enfin, Palatin, vallée du Cœlius et Esquilin furent enveloppés dans une même enceinte, et dans la vallée, comme autour des palais, on créa un parc admirable, on creusa des lacs, des rivières, des cascades, on planta des bois, etc.

Ce fut dans ce parc, comme dans les jardins de la vertueuse Agrippine, femme de Germanicus, transformés en cirque par Caligula, son fils, et échus en héritage à Néron, que cet infâme et cruel empereur faisait enduire de poix les chrétiens, et les brûlait vifs, pour éclairer ses orgies et ses fêtes cynégétiques.

A la mort de cet odieux personnage, la maison d'Or n'était pas encore achevée. Othon, successeur de Néron, y engloutit près de dix millions de sesterces. Mais alors la famille des Flavius, c'est-à-dire Vespasien et Titus, en montant sur le trône, firent jeter bas tous les édifices de Néron, — ceux qui n'étaient pas sur le Palatin, — et, sur l'emplacement de la maison d'Or, Titus éleva ses thermes, et Vespasien le Colisée, avec les pierres qui en provinrent.

Or, vous savez que le Colisée occupe une partie du parc splendide qui unissait le palais de l'Esquilin aux édifices du Palatin. Des constructions de Néron il ne resta donc rien, si ce n'est Rome à rebâtir. Incendiée jusqu'à sa racine, la capitale de l'empire sortit de ses ruines plus immense et plus belle.

Hélas! de gros nuages noirs voilaient déjà l'horizon, en ces temps de turpitudes impériales. Il se préparait de terribles tempêtes, et bientôt elles allaient fondre sur la grande cité tant renommée. L'invasion des Barbares approchait... Vint un jour où la foudre éclata. Rome devint la proie des envahisseurs!

Dévasté par Alaric et Genséric, restauré en partie sous les derniers empereurs, et ruiné enfin de fond en comble, pendant les désordres du moyen-âge, le mont Palatin, c'est-à-dire le palais des Césars, dont voici les immenses squelettes qui se dressent devant nous, perdit toute sa gloire et offrit l'aspect le plus sinistre. Les longues herbes ont envahi les parterres; les fontaines sont taries; les allées masquées; les sentiers scabreux. Les ruines se confondent, affectant mille formes, mille teintes. Heureusement la nature italienne, si riche et si vigoureuse, rendue à sa liberté, jette sur toutes ces ruines une profusion, une variété de verdure qui rappelle les forêts vierges de la Maremme.

On dirait, en vérité, le vieux mont Palatin revenu au temps d'Evandre.

Du point culminant que nous occupons, que de souvenirs, pour nous, planent sur ces palais debout, mais éventrés, déflorés! De combien d'ombres et de fantômes elles se peuplent sous nos yeux, quand la nuit tombe! Auguste, Livie, Tibère, Caligula, Néron, Poppée, Agrippine, Sénèque, Burrhus, Britannicus, et *tutti quanti!* Aussi ne peut-on se défendre d'une profonde mélancolie en pensant aux vicissitudes des choses et aux caprices de la fortune...

Est-il un sol qui ait été plus travaillé, qui ait subi plus de transformations que le sol du mont Palatin? Mais la plus étonnante de toutes, c'est de voir la charrue sillonner quatre à cinq pieds de terre végétale amoncelée sur le pavé de portiques, de temples, de théâtres, de vastes appartements des Césars.

Singulière destinée des choses de la terre! Paul III, un *Farnèse*, veut se bâtir une villa, et, pour cela, c'est le mont Palatin qu'il choisit. Il dépense des sommes considérables, et enfin il parvient à se former un parc, avec jardins, fontaines, belles allées. Mais cela dure peu, car la vie des papes est courte. Quand les biens des Farnèse passèrent en héritage à la cour de Naples, tout fut abandonné, et maintenant ce sont des ruines sur des ruines.

Ces *orti Farnesiani* se trouvent renfermés dans le mur qui enveloppe une partie septentrionale du Palatin. Il reste à l'entrée de ces jardins la jolie porte de *Vignole*, qui mérite bien un regard. Donnez-le lui en passant. D'ailleurs, tout livrés à l'abandon qu'ils soient, ces jardins du Palatin ne sont pas sans charmes pour le promeneur. Une sorte de restaurant, je n'ose pas dire un cabaret, s'est établi sur les hauteurs, avec de belles voûtes antiques pour cabinets particuliers. Là, abrité du vent et du soleil, en compagnie d'une fiasque d'Orvieto, qu'on n'est pas obligé de boire, on peut jouir d'un des plus beaux points de vue de Rome.

Maintenant, plus au centre de la colline, ne voyez-vous pas une sorte de petit château à prétentions gothiques, qui sent tout le mauvais goût du moyen-âge... septentrional?... C'est la *villa Spada*, jadis charmante, mais ainsi défigurée par un Anglo-Saxon du nom de Mills. La grande curiosité du lieu, ce sont trois *chambres*, presque intactes, de l'*ancien palais d'Octave-Auguste;* un portique, avec fresques de Raphaël; et quelques ruines intéressantes.

Enfin, sur ce même Palatin, presque en face de l'Arc de Titus, debout sur le Forum, voici le *couvent de Saint-Bonaventure*, un des mieux situés et des plus souvent visités de Rome. Une petite rue, ouvrant sur le Forum, y conduit. Ce monastère est célèbre par la vue qu'on a de ses jardins, par ses eaux jaillissantes, et surtout par deux magnifiques palmiers qui les décorent.

La petite rue que je viens de signaler, qui a nom *Via di San-Bonaventura*, et qui n'est autre que le *Clivus Victoriæ*, existant déjà au temps de Romulus, conduit aussi à la villa Smith.

La *villa Smith* est un petit château gothique, du meilleur goût, celui-là. C'est même plutôt un cottage écossais. Tout est plein de verdure et de parfums dans ce délicieux séjour. Ce ne sont que parterres émaillés de fleurs, allées bordées de lauriers, bosquets, etc.

Infortuné Palatin! N'a-t-il pas besoin de repos? Et cependant voilà qu'on le tourmente encore et toujours... C'est la France, maintenant, qui, ayant acquis une partie des ruines des palais des Césars, y fait pratiquer des fouilles et obtient les plus belles découvertes : statues, peintures, temples, clivus, appartements, thermes, etc.

Mais assez sur le Palatin : il a déjà pris trop de place dans ce livre!

Toutefois, avant de porter nos regards sur un autre point, je vous prie de remarquer le *Circus-Maximus*, le premier des grands monuments de Rome.

— Le Circus-Maximus! Mais veuillez d'abord nous faire savoir où se trouve ce cirque!... me direz-vous.

Eh bien! là, à nos pieds. Voyez-vous ce vaste emplacement, entre le Palatin et l'îlot de maisons dont nous occupons la crête, en partie sillonné par la charrue et en partie planté de vignes, au milieu duquel passe un chemin qui se soude à la rue Saint-Sébastien? Le champ, c'est le Cirque-Maxime; et le chemin, c'est l'antique Voie Triomphale, qui le traversait, car le cirque occupait tout l'espace compris entre le Palatin et l'Aventin.

Le Circus-Maximus était une des merveilles de Rome. Cette immense arène comptait deux mille quatre cents pieds de long, sur quatre cent cinquante de large. Il avait assez de gradins pour offrir des places à deux cent cinquante mille spectateurs : c'est pour cela qu'on le nommait *Circus-Maximus*, cirque immense, le plus grand des cirques.

De ce vaste édifice, rien, rien que quelques fragments de murs à la base de l'Aventin et du Palatin... Disons pourtant que l'usine à gaz de Rome occupe les ruines des antiques *carceres*.

Le Cirque-Maxime avait la forme d'un parallélogramme. Un hémicycle, au milieu duquel se trouvait un arc de triomphe formant entrée, le terminait à son extrémité sud-est : à l'extrémité nord-ouest, il était fermé par une ligne de douze petits portiques, servant de *carceres* ou remises pour chars, chevaux et bêtes féroces. Le pourtour, à l'exception du côté où se trouvaient ces *carceres*, était rempli de gradins montant à une grande hauteur. Un portique en colonnade couronnait tout l'édifice. Les derniers gradins inférieurs étaient séparés de l'arène par un canal d'eau vive, appelé *Euripe*, qui était large de douze pieds. Il était destiné à garantir les spectateurs contre les animaux qui combattaient dans l'arène. Un long piédestal, nommé

Spina, partageait l'arène en deux, dans le sens de sa longueur. Du côté des *carceres*, ce piédestal commençait au tiers de la longueur de l'arène, et laissait vers l'hémicycle un espace deux fois moins considérable, pour le passage des lutteurs, dans les courses de chars et de chevaux. Cette *Spina* était large de douze pieds et haute de quatre. Elle avait aux deux extrémités trois bornes, *metæ*, en bois doré, en forme de cônes allongés, placées toutes trois de front sur un piédestal commun. Les chars, à leur sortie des *carceres*, prenaient à droite : la course consistait à faire sept fois le tour du cirque.

En partant des carceres à l'épine, près de la première borne, se dressait une *ara* ou autel dédié à *Vénus-Murcia*, protectrice de la vallée Murcia, où était le cirque, puis venait l'*ara* du dieu *Consus*. Elle était voilée, mais à l'heure des courses on découvrait cet édicule. Quatre gradins conduisaient à la *Spina*, sur laquelle se dressaient d'autres autels ; deux colonnes consacrées à Cérès ; deux statues couchées de divinités, ayant des branches dans les mains, symbole de repos ; deux autres colonnes, dédiées à Tutilina, tutrice du peuple ; une colonne surmontée d'une victoire ; quatre autres colonnes encore reliées par leurs corniches, et consacrées à Neptune terrestre ; la statue de Cybèle personnifiant la terre ; un obélisque dédié au soleil et ayant à sa base un petit temple d'Apollon ; un trépied expiatoire ; un autre édicule en l'honneur de la Fortune ; une *ara* consacrée aux dieux suprêmes, *magni dii* ; enfin, un second obélisque donné par l'empereur Constance, et derrière cet obélisque, la dernière borne.

Les Barbares ont ruiné complètement le grand cirque : mais des fouilles intelligentes, faites en 1587, firent découvrir, à une profondeur de vingt-quatre pieds, couchés sur des décombres, les obélisques d'Auguste et de Constance, qui décoraient la *Spina*.

Actuellement, le premier de ces obélisques fait l'ornement de la place du Peuple, *piazza del Popolo*, et le second s'élève majestueusement en face de Saint-Jean de Latran.

Vous est-il agréable d'avoir l'idée du cortége romain se rendant aux *Ludi Magni* ou grands jeux du *Circus-Maximus?* Ecoutez, suivez ce détail en portant les yeux sur les points que je vais vous signaler. C'est par le Vélabre que défile l'interminable procession. Elle se compose d'abord des statues des grands dieux, qui s'avancent traînées par des éléphants et des chameaux richement caparaçonnés. Viennent ensuite les coursiers destinés aux jeux, conduits par de jeunes orphelins, vêtus de blanches chlamydes. Puis apparaît une nombreuse chevauchée de sénateurs et de fils de chevaliers, lesquels chevaliers, *equites*, constituaient un ordre de l'Etat. Les sénateurs sont revêtus de la toge bordée de pourpre qui est l'insigne de leur dignité : les chevaliers se distinguent des précédents par l'angusticlave, c'est-à-dire une bordure de pourpre, moins large, appliquée à leur manteau, et par l'anneau d'or qu'ils portent au doigt. Les chars des courses arrivent à leur tour, conduits par les lutteurs; puis les gladiateurs, choisis pour la plupart parmi les prisonniers de guerre, les esclaves, et quelquefois les hommes libres; et enfin des athlètes et des danseurs, qui exécutent des danses grotesques au son d'une musique bruyante.

Survient ensuite le cortége religieux : les *aruspices* avec leurs couteaux sacrés; les *camilli*, ou assistants du grand-prêtre, avec leurs victimes magnifiquement parées; le *Pontifex-Maximus*, accompagné du collége des pontifes, le *Flamen*, les augures, les vestales, les quindécemvirs, gardiens des Livres sibyllins, etc. Là marche est fermée par les chars qui portent les dépouilles opimes, précédés par des ministres du culte d'un grade inférieur.

Les jeux durent dix jours. Le cirque offre alternativement le spectacle de Courses de Chevaux et de Chars; de jeux de force et d'agilité; des Combats de Gladiateurs; puis de Course, de Saut, de Pugilat, de Lutte corps à corps; de Disque; et enfin de Jeux-Troyens, où des chevaliers combattent entre eux; de Combats d'Animaux féroces entre eux ou contre des hommes. C'est dans une lutte semblable qu'un lion, reconnaissant d'un bienfait qu'il en avait reçu, se connut l'esclave Androclès, et au lieu de le combattre, se prit à lui lécher les mains et les pieds, et le défendit contre toute attaque.

Mais j'en ai dit assez sur le Grand-Cirque et le mont Palatin, d'où vous voyez que les empereurs ont chassé peu à peu les citoyens, pour y élever les demeures impériales au niveau de leur folie et de leur orgueil. La *Roma-Quadrata* de Romulus et ses chaumières, mais aussi ses vertus, ont cédé la place aux opulentes habitations des Auguste, des Tibère, des Néron, des Caligula, des princes de la famille Flavia, etc., mais aussi à leurs vices et à leurs inexprimables turpitudes. C'est pourquoi le souffle de la colère de Dieu a passé sur le Palatin : palais et splendeurs ont disparu ; il n'y reste pas pierre sur pierre, et l'abomination de la désolation y règne en souveraine maîtresse.

Maintenant, un dernier regard sur le courant du Tibre, sur l'Aventin, le Cœlius et le Janicule, nageant dans l'éther bleu, mais ensoleillés par les feux du midi ; et quittant la terrasse de l'ami Le Pellier, allons ensemble voir encore, dans Rome, les autres monuments de l'antiquité qui nous restent à connaître.

D'abord, puisque nous voici près de l'ancien pont Palatinus, le second, après le Sublicius, qui fut imposé au fleuve, remarquez ce nouveau *Ponte-Rotto*, son successeur. On a dû en faire un pont suspendu et le placer au-dessus des atteintes du Tibre, tant celui-ci, capricieux et turbulent, jouait de tours aux architectes.

C'était en face de ce pont, de ce côté du fleuve, et aussi dans le Transtevere actuel, que se développait la fameuse et splendide *rue de l'Argilète*, occupée spécialement par des copistes ou libraires. Certes, on ne soupçonne pas ce que dut être l'antique splendeur de ce quartier de l'Argilète, de nos jours solitude et misère ! Rues tracées au hasard ! ruelles, impasses, enfoncements irréguliers, véritable dédale sans nom ! Ah ! les Barbares ont passé par là...

A l'extrémité de l'Argilète du Transtevere, s'ouvrait la Porte Flumentane, de l'enceinte de Servius-Tullius.

Détournons les yeux du Transtevere, et suivons un instant le quai du Tibre, sur la gauche du Ponte-Rotto. J'ai à vous mettre en face de deux magnificences de la grande Rome d'autrefois.

Le *temple de Vesta*, tel est le nom du premier de ces édifices.

C'est ce temple circulaire, d'une exquise élégance, qui se dresse, là, sur la rive gauche du Tibre. Jadis il était ouvert de tous côtés et se composait seulement d'une légère coupole supportée par vingt colonnes cannelées, de marbre blanc de Carrare et d'ordre corinthien. Le style des chapiteaux et la proportion, peut-être trop svelte, des colonnes, s'élevant, sur sept marches, à une hauteur de onze mètres, semblent indiquer que cet édicule aurait été refait au temps de Septime-Sévère. Rien n'est gracieux comme ce petit monument, dans lequel les uns croient que l'on honorait Vesta, d'autres Hercule vainqueur. La coupole et l'entablement, ayant été détruits, on les a remplacés par un toit de tuiles formant un cône bas et cannelé. La *cella* qu'on a édifiée dans l'enceinte des colonnes qui forment son portique, est faite de murs en gros blocs de marbre blanc parfaitement jointoyés.

La circonférence du portique circulaire est de cinquante-deux mètres, et la cella n'en compte que vingt-sept. Une restauration de quelques louis, dit Sthendal, ferait de ce monument une aussi jolie chose que le temple de Diane, à Nîmes.

De la cella on a fait le petit *sanctuaire de la Madona del Sole*, Notre-Dame du soleil. Pourquoi ce nom? Le voici.

Une dame romaine voit, un jour, un coffret qui flotte sur le Tibre. Elle le fait enlever au fleuve. La dame entr'ouvre le coffret, et soudain un vif rayon lumineux s'en échappe. Elle regarde cependant, et, au fond, elle voit admirablement peinte une portraiture de la sainte Vierge. L'événement fait bruit; l'image est déposée dans le temple de Vesta, et l'édicule, mué en chapelle, devient *Sancta Maria del Sole*.

Le *temple de la Fortune-Virile*, tel est le nom de la seconde magnificence que je vous ai annoncée.

L'origine de ce petit édifice, séparé du précédent par la largeur du quai seulement, remonte aux premiers temps de Rome. Il est d'ordre ionique et construit en tuf et en travertin. Ses colonnes sont revêtues de stuc et cannelées. La frise est ornée de candélabres sculptés alternant avec des bucranes. La nature de ces matériaux dénote que l'édicule appartient aux époques primitives : mais sa forme rectangulaire en est si élégante, ses proportions sont si heureuses, qu'on le trouve beau et qu'on l'admire.

La tradition veut que Servius-Tullius ait élevé ce temple à la Fortune, parce que d'esclave elle l'avait fait roi.

Les anciens Romains y célébraient les fêtes du 1er avril. Ovide, très indiscret, raconte que les femmes de Rome prenaient un bain, ce jour-là, puis venaient sacrifier à la déesse, en la conjurant de dissimuler aux yeux de qui de droit leurs défauts corporels.

La religion catholique a fait de ce monument, fort restreint du reste, une *chapelle de Sainte-Marie l'Egyptienne*.

Traversons la vallée qui sépare le Palatin du Capitolin, passons en avant des temples qui décorent la base du Capitole, et, par la Via Bonella, acheminons-nous vers toute une série de Forums.

D'abord, avant de pénétrer dans la vallée en question, qui n'est autre que la rue Saint-Théodore, l'ancien *Vicus-Tuscus*, nous venons de fouler aux pieds le *Forum-Boarium*, vaste espace, sur les bords du Tibre, réservé à la vente des bœufs. Et cependant il ne manquait pas d'une certaine élégance. Au milieu, se dressait le célèbre *taureau en bronze*, de Miron, pris à Egine. La *Fons-Muscosa*, était à deux pas de là. Plus loin, surgissait du sol le *temple de Matuta*; celui de la *Fortune Vierge* ponctuait un autre point du voisinage. Il y avait aussi l'*édicule* circulaire d'*Hercule triomphant*, dont la statue, en airain doré, avait été érigée par Evandre. Les jours de triomphe, on la couvrait d'une toge de triomphateur. Sixte IV la retrouva enfouie dans les ruines, et c'est l'une des antiquités du Musée du Capitole. On voyait encore le *temple de la Pudicité patricienne.* De toutes ces décorations du Forum-Boarium, plus rien, rien, si ce n'est

L'*Arc de Janus Quadrifrons.*

Quand on arrive sur le Forum, par la Via San-Giorgio in Velabro, on est frappé d'étonnement par la vue subite d'un édifice dont la forme particulière vous jette dans l'indécision. C'est un Arc, assez vaste, tout composé de blocs énormes de marbre blanc, couvert d'un luxe d'ornements d'assez mauvais goût, sujets allégoriques parmi lesquels on voit des marchands amenant des bœufs, qui annonce, par son style, la décadence de l'art, et fut certainement élevé sous le règne de Septime-Sévère. Ce fut une gracieuseté des marchands de bœufs à l'adresse du prince. Il avait pour but de faciliter aux traficants les moyens de se réunir à l'abri de la pluie et du soleil. Et, comme il était isolé, on le nomma Janus Quadrifrons, Janus aux quatre faces.

A l'orient de Rome, maintenant.

Jules-César fut le premier qui ouvrit un Forum. Celui-ci porta son nom. Le *Forum de Jules-César*, rien que pour le terrain, coûta 25,000,000 de francs. Et les Parisiens se plaignent!

Il y eut ensuite le *Forum d'Auguste*, voisin du précédent, et situés l'un et l'autre derrière les monuments en bordure de l'orient du grand Forum-Romanum.

Dans le voisinage également, fut créé le *Forum Palladium*, dédié à Pallas, par Domitien, et dont on fit plus tard le *Forum de Nerva*. Au centre de ce forum, Domitien érigea le *temple de Pallas-Minerve*, et il le décora de toutes les magnificences de l'art. Nerva, son successeur, le mit à fin et lui donna son nom.

Nous voyons souvent dans la mythologie et les ouvrages qui traitent de l'art, le nom de Pallas seul, et celui de Minerve seul également; puis souvent ils nous apparaissent accolés, réunis. Pallas et Minerve étaient-elles donc deux divinités distinctes, ou une même divinité? M. de Witte nous affirme le dualisme de la fille de Jupiter de la manière suivante : Apollodore raconte que Minerve, — *Athéné,*

— fut élevée par Triton, qui avait une fille nommée *Pallas*. Toutes deux aimaient les exercices guerriers et la lutte. Une querelle s'éleva, Minerve tua Pallas en lui présentant la terrible égide à laquelle était clouée la tête de Méduse. Accablée de douleur, elle fit une statue en bois semblable à Pallas, lui mit l'égide sur la poitrine et la consacra à Jupiter. Puis elle prit le nom de *Pallas-Athênê*, ou Minerve-Pallas.

De ces trois forums il ne reste, dans ce dernier, que de très belles colonnes que l'on trouve adossées contre un mur formé de blocs de péperin, et à moitié ensevelies. Elles supportent un entablement surmonté d'un attique au milieu duquel on voit la figure de Pallas. Le tout est en marbre finement travaillé et du style de la meilleure époque.

Le Forum de Nerva perdit ce nom, et comme il servait de communication avec d'autres quartiers et le Forum-Romanum, on l'appela *Forum transitorium*.

Lorsque Trajan devint empereur, et que le monde put enfin respirer, ce prince fit venir l'habile architecte Syrien Apollodore et lui demanda un Forum qui surpassât en magnificence tout ce que l'on avait vu jusque-là. L'artiste tailla dans l'espace; il retrancha même quelque peu de la base du mont Quirinal, afin de s'élargir; mais il créa le *Forum de Trajan*, d'une longueur de trois cent soixante-cinq mètres sur cent soixante-six de largeur.

Le Forum de Trajan, exhumé par les Français, ainsi que le temple de Vesta dont nous parlions tout-à-l'heure, et de beaucoup d'autres, existe encore, mais décapité. Il se compose d'un parallélogramme entouré d'un superbe portique à colonnes. A l'extrémité septentrionale, un temple fut érigé : à l'extrémité méridionale, on éleva une basilique à cinq nefs coupée par quatre rangs de colonnes. Aux quatre angles de la place, arcs de triomphe. Au centre, une colonne triomphale dédiée à Trajan, par le sénat, en l'an 99 de J.-C.

Vous pouvez vous figurer le magnifique spectacle qu'offrait ce Forum, surtout lorsque je vous aurai dit que les frontons, les corniches, les attiques, étaient revêtus des marbres les plus rares et les plus merveilleusement travaillés. Les marches de la basilique étaient en jaune antique massif. Ajoutons que l'immense place était décorée de statues en bronze doré. La colonne était en marbre de Carrare.

On raconte que l'empereur Trajan, en pénétrant pour la première fois sur son Forum, demeura muet de surprise et d'admiration, ne sachant si c'était l'œuvre des hommes ou des dieux.

Le Forum existe, ai-je dit : mais j'ai ajouté : hélas! il n'y a plus que la base, le pied de toutes ces majestueuses magnificences, et encore combien a-t-il fallu creuser pour le dégager des terres qui le tenaient enseveli, par suite de l'exhaussement étrange du sol, dont on voit à Rome tant d'exemples.

La *colonne Trajane* est le seul reste de l'antiquité romaine qui soit absolument dans son entier. Après dix-huit siècles, elle est debout, intacte et sans lésion. Elle compte quarante-quatre mètres de haut. Les proportions en sont irréprochables : on les a copiées pour notre colonne Vendôme. Le socle a un mètre; le piédestal quatre mètres soixante-sept centimètres; le fût, avec base et chapiteau, trente; le piédestal de la statue quatre mètres soixante-sept, et la statue trois mètres soixante-six centimètres. Cette statue se trouve montée au niveau du mont Quirinal.

Cette admirable colonne, tout en marbre de Carrare, est formée de vingt-trois blocs si parfaitement jointoyés à l'aide de crampons de bronze, qu'elle paraît être d'une seule pièce. Là, deux mille cinq cents figures d'empereurs, de princes, de consuls, de généraux, de soldats, d'ennemis, de prisonniers, etc., se meuvent et s'agitent. Et cependant cet incommensurable bas-relief est dessiné avec une indicible correction. Le modèle en est large, naturel, vivant. On croirait voir les métopes et les frises du Parthénon, courant de bas en haut. Des trophées, des aigles, des guirlandes, et le tout admirablement sculpté, décorent le piédestal, sous lequel devait reposer Trajan, dans une urne d'or. Mais!...

Jadis, sa statue en bronze doré surmonta la colonne. Il en fut de la colonne comme de l'urne d'or. Sixte V la fit remplacer par la statue du prince des Apôtres, qu'on y voit aujourd'hui.

Il est dans Rome, presque sur l'antique Voie Flaminienne, c'est-à-dire au Corso, place Colonna, un autre monument de souverain empereur, qui mérite que je le nomme : c'est la *colonne Antonine*.

Elevée, elle aussi, au milieu d'une piazza qui est en partie l'ancien *Forum d'Antonin*, elle devrait porter le nom de Marc-Aurèle, car c'est à cet empereur qu'elle fut dédiée. Elle compte vingt-huit blocs de marbre, et, comme celle de Trajan, ses bas-reliefs sont en spirale montant vers le faîte, que domine la statue de Marc-Aurèle. Mais le travail des sculptures est de beaucoup moins beau.

Pendant que les bas-reliefs de la Trajane représentent les triomphes de Trajan sur les Daces, marches, campements, passages de fleuves, batailles et victoires, la colonne Antonine offre l'effigie des victoires remportées par Marc-Aurèle sur les Germains.

On y remarque la figure de Jupiter-Flavius, rappelant le miracle obtenu par la légion fulminante, toute composée de chrétiens, lesquels obtinrent de leur Dieu le prodige dont les païens remercièrent Jupiter. Et dire que Marc-Aurèle était un libre-penseur !

La statue de saint Paul, en bronze doré, remplace, sur cette colonne, la statue de Marc-Aurèle, qui occupait autrefois sa plate-forme aérienne.

Puisque nous parlons de Marc-Aurèle, disons de suite que la statue équestre de cet empereur philosophe occupe le centre de la place du Capitole. Impossible de ne pas aller admirer cette œuvre capitale. Elle est en métal corinthien, et jadis elle fut dorée. Cette *statue de Marc-Aurèle* n'a pas son égale dans le monde, et c'est la seule qui, de l'antiquité, soit arrivée intacte jusqu'à nous. Depuis les pieds du cheval jusqu'aux cheveux du héros, tout respire la vie.

Quand Michel-Ange, auteur des constructions qui décorent la place du Capitole, l'eut fait placer là, sur un piédestal de marbre monolithe arraché à une architrave du Forum transitorium, il se mit en face du bel animal, et le caressant de la main :

— Maintenant, lui dit-il, souviens-toi que tu vis, et marche!...

Avait-elle été le jouet de la fortune, cette statue! Totila, roi des Ostrogoths, l'avait enlevée, lorsqu'il fit le sac de Rome, et déjà le bronze était sur la route d'Ostie pour y être embarqué, lorsque survient Bélisaire, qui met en fuite l'armée de Totila, reprend la statue et la fait retourner à Rome.

Impossible de dire combien de fois elle changea de place; mais un souvenir qu'elle évoque, c'est qu'elle s'élève actuellement à l'endroit précis où fut brûlé le révolutionnaire Arnaud de Brescia.

Un peu de repos vous sera peut-être aussi agréable qu'à moi-même, cher lecteur? Séparons-nous donc quelque peu; nous nous retrouverons ensuite.

X

Que Rome était belle! — Magnificences de l'art. — Physionomie pittoresque de la grande cité. — Temples hissés sur les collines. — Maisons à cinq et six étages. — Immensité de Rome. — Façades et distribution des demeures. — Ce qu'on appelait *Prothyrum*, — *Atrium*, — *Impluvium*, — *Cubicula*, — *Alœ*, — *Tablinum*, — *Péristyle*, — *Œcus*, — *Triclinium*, — *Posticum*. — Ce que devinrent ces splendeurs quand passa le fléau de Dieu appelé Invasion des Barbares. — Physionomie du Champ-de-Mars au temps des splendeurs de Rome. — Bordures de la Voie Flaminienne. — Villa Publica. — Portique des Argonautes. — Diribitorium. — Portique de Pola. — Nymphée de Jupiter. — Théâtre, Temple de Vénus et Curie de Pompée. — Transformation du Marais de la Chèvre. — Première coupole connue. — Panthéon d'Agrippa. — Esquisse de cette merveille. — Impressions que fait subir la vue du Panthéon. — Thermes d'Agrippa, les premiers de Rome. — Mausolée d'Auguste. — Portique d'Octavie. — Temples de Jupiter et de Junon. — Portique de Philippe. — Temples d'Hercule et des Muses. — Portique de Minutius. — Théâtre de Marcellus. — Cirque de Flaminius. — Cirque Agonal ou Alexandrin. — Amphithéâtre de Balbus. — Portique Corinthien. — Amphithéâtre de Statilius Taurus. — Portique d'Europe. — Collines artificielles de Rome produites par les ruines de plusieurs de ces monuments. — Monte-Cenci. — Monte-Giordano. — Monte-Citorio. — Cirque et villa de Salluste sur le Pincius. — Amphithéâtre Castrense. — Cirque d'Héliogabale. — Amphithéâtre de Caligula, remplacé par Saint-Pierre de Rome. — Cirque de Flora. — Ce qu'on appelle *Thermes*. — Plan de Thermes. — Thermes de Caracalla. — Thermes de Dioclétien. — Esquisses, impressions et souvenirs.

Que Rome était belle lorsqu'elle s'épanouissait, scintillante et radieuse, sous les chauds rayons du soleil de l'Italie, tantôt cavalcadant sur les cimes de ses collines ardues, tantôt, comme une avalanche de marbre, ruisselant dans les plis de toutes les vallées, au milieu de la verte plaine arrosée par le Tibre!

Certes, j'aime les rochers noirs, les bois pleins d'ombre, les champs ensoleillés, les lacs mystérieux et endormis, les montagnes qui estompent leurs croupes sur l'azur du ciel, et la mer qui déferle et se lamente au pied des falaises, en un mot tout ce qui appartient à une riche et belle nature.

Mais l'art a ses magnificences, lui aussi! Et une ville comme Rome, composée de tant de palais aux éblouissantes colonnades, de tant de thermes aux portiques ombreux, de tant de temples, de théâtres et d'amphithéâtres couronnés de statues, se détachant en blanc sur le bleu du firmament, de tant d'édifices aux frontons et aux entablements ayant des toits d'or pour bandeau royal, enfin de tant de maisons décorées de larges terrasses à balustrades, faisant office de diadèmes, le tout noyé dans la verdure opulente des bois sacrés, sous les hauts arbres des avenues, au nadir d'un soleil rutilant, et parmi des gazouillements d'oiseaux loquaces et familiers, oh! c'est là aussi un spectacle que j'aime!

Dans Rome, grâce aux collines qui la ponctuent, tantôt d'une cime d'éminence, tantôt du plateau occupé par un édifice; ici, du sommet d'un clivus, là, de la terrasse qui précède l'area d'un temple, soudain vous apparaissait un spectacle magique, une décoration d'autant plus enchanteresse qu'elle était imprévue. On pouvait jouir du coup d'œil de l'ensemble de la cité, ou se rendre compte, en les admirant, du détail des somptueux quartiers, échelonnés, se superposant les uns aux autres, ou formant cascade dans tel ou tel pli de terrain.

Je n'insisterai pas davantage cependant sur la Rome de marbre rendue si brillante par Auguste, délaissée par Tibère, qui toutefois embellit le Palatin, incendiée ensuite par Néron, dans le but de la faire reconstruire d'une façon plus grandiose encore et plus régulière.

Relevée en effet, et devenue si admirable que de tous les points de l'Empire on venait s'y établir et boire à la coupe de ses voluptés, la population dépassa bientôt le chiffre de 2,000,000 d'habitants. En ces temps-là, les maisons, comme celles de nos grandes cités modernes, s'élevaient sur des maisons, c'est-à-dire qu'on donnait aux demeures, d'apparence plus magnifique encore que celle de nos habitations parisiennes, jusqu'à 5, 6, 7 et 8 étages. L'océan de pierre et de marbre étendait des vagues agitées jusqu'au-delà du Ponte-Molle, le pont Milvius d'autrefois, maintenant désert et isolé au milieu de la plaine que traverse la Voie Flaminienne. Ce qui le démontre, ce sont les pages des auteurs latins, les Annales de Tacite par exemple, racontant avec dégoût que, chaque nuit, Néron, l'infâme Néron, aimait à errer à l'aventure, sous un travestissement, dans le voisinage du pont Milvius, dont le quartier passait pour mal famé, et où il se livrait à de tels excès que la plume ne peut les retracer.

Les maisons de Rome possédaient des balcons suspendus aux nombreuses fenêtres des façades, et certainement les belles matrones ne se refusaient pas le plaisir de s'amuser aux distractions de la rue.

Il est certain toutefois que le rez-de-chaussée et les appartements les plus nobles et les mieux habités groupaient leurs pièces à l'entour de deux cours intérieures et tournaient le dos à la rue. Or, ces deux cours s'ouvrant l'une derrière l'autre, le développement de la façade de l'édifice était peu de chose, comparativement à sa profondeur.

On arrivait de la rue à l'atrium par le *prothyrum*, allée étroite, ouvrant sur le trottoir une porte à deux battants. Les portes étaient en chêne, à panneaux, ornées de clous dorés, garnis d'un anneau qui servait à les tirer, et surmontées d'une fenêtre éclairant l'allée. Elles s'ouvraient en-dedans et se fermaient au moyen d'un verrou qui ne les barrait pas en travers, mais qui descendait verticalement et s'enfonçait dans le seuil.

La première cour s'appelait *atrium*. C'était moins une cour qu'une grande salle couverte d'un toit, au centre duquel s'ouvrait une large baie carrée. Ainsi l'air et le jour se répandant librement dans cette vaste pièce, soutenant le toit à l'aide d'élégantes colonnes, décorée de statues de bronze ou de marbre, offrant ici et là des trophées militaires ou cynégétiques, la pluie pouvait y tomber du ciel ou bien elle s'égouttait des quatre toits inclinés dans un bassin de marbre appelé l'*impluvium*.

A l'entour de l'atrium s'ouvraient des cabines, *cubicula*, qui ne recevaient de jour et d'air que par la porte ouverte. On y trouvait des couchettes en bronze ou en bois. L'esclave chargé de la porte d'entrée, ou *janitor*, occupait un de ces cubicula : souvent il y était enchaîné.

Après les cubicula, venaient les *alæ*, les ailes du logis. C'était là que, le matin, le maître de la maison recevait ses visites : amis, clients, parasites. Les salons qui composaient les ailes étaient riches, pavés de losanges de marbre, entourés de siéges ou de divans.

La grande pièce du fond était le *tablinum*, qui séparait ou plutôt qui reliait les deux cours. Ce tablinum était la salle d'apparat. On y étalait sur les murailles richement peintes les *imagines majorum*, figures coloriées en cire, et exaltées par de magnifiques inscriptions, des ancêtres de la famille. Là aussi se conservaient les archives.

A gauche du tablinum s'ouvrait la *bibliothèque*, qui se composait de manuscrits sur parchemins, disposés en rouleaux.

A droite, glissaient les *fauces*, étroit corridor dissimulant le service et les mouvements des esclaves de la maison.

Survenait alors le *péristyle*, véritable cour ou jardin entouré de colonnes formant portique. Dans quelques maisons, ces colonnes étaient reliées par des balustrades ou des murs à hauteur d'appui, que l'on chargeait de vases de fleurs, et quelquefois de jardinières en marbre. Le jardin était entretenu avec le plus de magnificence possible. On y voyait des plantes de toutes les contrées, des treillages dorés; on y entendait le chant des oiseaux, les plus riches en couleurs, enfermés dans de superbes volières.

On peut dire que l'atrium était la partie publique de la demeure, et le péristyle la partie privée : le premier appartenait au monde, et le second à la famille.

Au fond s'ouvrait l'*œcus*, la plus vaste de toutes les pièces, suivie d'un salon plus petit.

A l'aile droite du péristyle, au dernier plan, se trouvait le *triclinium* ou salle à manger. Ce mot signifie *triple lit*, et, en effet, trois lits y étaient disposés en fer à cheval, à l'entour de la table, car les Romains se tenaient couchés et appuyés sur le coude gauche, pour manger.

A droite du péristyle, au premier plan, apparaissait un corridor fuyant vers une porte de dégagement ouvrant sur une petite rue. C'était le *posticum;* par là, le maître échappait aux fâcheux qui remplissaient l'atrium.

Le côté gauche du même péristyle était occupé par trois chambres à coucher, et par la cuisine qui se cachait au fond.

Un premier cabinet voisin était l'office; dans un second cabinet, également voisin, se trouvait... l'indispensable.

Alliez-vous frapper à la porte de la maison? le *janitor* ou *ostiarius* ouvrait. L'esclave chargé de l'atrium, *atriculis*, accourait et vous annonçait, etc. Le *scoparius* et les *cubicularii*, c'est-à-dire l'épousseteur et les valets de chambre, tous esclaves, sortant de leurs *cubicula*, vous offraient des siéges, etc. On ne marchait que sur des tapis précieux cachant les mosaïques et les marbres. Des draperies superbes tenaient lieu de rideaux et de portières. Ce n'était en tout lieu que divans, bancs sculptés, tables, consoles, vases rares et curieux, lampes magnifiques en bronze et du plus admirable travail, candélabres en argent et en or, coupes enrichies de perles et de rubis, etc. Les plus belles peintures racontaient aux yeux les belles scènes de l'Olympe et les grandes actions des héros. Tantôt c'étaient des nuées de petits génies tressant des couronnes, pêchant à la ligne, chassant des oiseaux, courant dans des chars, ou dansant sur la corde en portant des thyrses pour balanciers : celui-ci accroupi; celui-là agenouillé; cet autre jouant de la lyre, et un autre encore de la double flûte. Ou bien, plus gracieuses encore que ces *amorini*, flottaient sur des nuages des danseuses, merveilles de grâce et de légèreté, comme de nonchaloir, soutenues dans l'air vaporeux, et heurtant des cymbales, frappant un tambourin, tenant un rameau de cèdre ou un sceptre d'or, etc.

Hélas! toutes ces splendeurs, ces richesses, cette opulence, et puis les querelles intestines des grands et des empereurs, et puis les débauches impériales, et puis les trahisons, les conspirations, la haine, les guerres, les envahissements, etc., appelèrent un jour et représailles et revendications. Les peuples vaincus et décimés, les nations dépouillées et faites esclaves, le sang répandu à profusion dans les arènes et sur les champs de bataille, éveillèrent les convoitises et allumèrent la vengeance.

Alors apparurent les Barbares... Ils franchirent les limites de l'empire. Ils envahirent l'Italie. Ils entrèrent dans Rome. Ils la pillèrent, ils la saccagèrent de fond en comble, ils la brûlèrent et en firent un monceau de ruines.

Lorsque cette rafale brûlante passa sur la grande cité, tout le sol trembla. Les Romains, épargnés par le fer, avaient fui. Ils n'osèrent revenir que le soir, à l'heure où la lune se leva large et brillante, argentant çà et là les décombres. De sourdes rumeurs s'élevaient, bourdonnements indéfinissables, craquements de murailles, bruit d'ailes d'oiseaux de proie effrayés, crépitements de flammes. Puis s'étendit le grand silence des solitudes... Seuls, des tourbillonnements de fumée planèrent longtemps sur ce qui avait été Rome.

Il n'en restait plus pierre sur pierre : ce que la hache ne frappa point, le feu le dévora.

Cependant quelques monuments échappèrent dans l'immense espace que n'entouraient pas les maisons livrées à l'incendie.

Je veux parler du *Champ-de-Mars*.

Vous vous rappelez, ami lecteur, que de la base rocheuse du Capitolin qui regarde le nord-ouest, se déroulait, en ces temps-là, une plaine immense, jadis ponctuée de marécages qui avaient été le

Marais de la Chèvre, domaine des premiers rois, maintenant depuis longtemps disposée pour les exercices militaires des jeunes Romains, et les promenades des citoyens et des matrones. On ne pouvait, en effet, trouver de site plus charmant. Le Tibre bordait le Champ-de-Mars d'une part, et ressemblait de loin à une longue traînée de feu. Partout, au loin, de longues pentes de collines cultivées, fertiles, verdoyantes. Sur les rives du fleuve, des prairies où paissaient et bondissaient en liberté de jeunes chevaux. Au-delà, bornant l'horizon, les sommets du Monte-Mario, du Vatican, du Janicule, vaporeux ici, là étincelants sous les rayons du soleil. De l'autre côté, comme seconde limite, s'acheminait, inflexible, la longue Voie Flaminienne, offrant au voyageur une immense série de portiques, se succédant toujours à mesure qu'on avançait dans la plaine, tous dépendant de quelque temple, ou d'un cirque, ou d'un théâtre, mais laissant toujours aux citoyens la facilité de s'y promener et de passer librement de l'un à l'autre. Les marbres les plus précieux couvraient ces portiques, que supportaient des forêts de colonnes, et que peuplait tout un monde de statues.

C'était, à partir du pied du Capitole, ici la longue galerie de la *Villa-Publica*, sous laquelle, en un jour, le farouche Sylla fit massacrer quatre mille citoyens, dont les cris de détresse s'entendirent dans la ville entière et tout le Champ-de-Mars;

Là, le *portique des Argonautes*, dont il reste encore un lambeau, mais un lambeau admirable, à savoir les onze colonnes de marbre blanc, cannelées, d'ordre corinthien, hautes de quarante pieds sur quatre de diamètre, splendides encore nonobstant leur mutilation, qui décorent la façade de la *Douane*, piazza di Pietra, dans la Via di Bergamaschi.

Plus loin, et servant aux assemblées du peuple et spécialement aux comices par tribus, les *Septa-Julia* :

Enfin, au-delà de la voie, c'était aussi les ***Septa-Trigaria***, sorte de manége où l'on dressait les chevaux;

Le *Diribitorium*, où se faisait la paye des légionnaires;

Et, avec quelques petits temples, le *portique de Pola*, sœur d'Agrippa; le *Nymphée de Jupiter*, etc.

Mais ce qui donnait au Champ-de-Mars le plus de beauté pittoresque et artistique, c'étaient les édifices admirables dont le siècle d'Auguste l'avait doté.

D'abord Pompée y avait construit le premier théâtre en pierre que possédât Rome. Jusque-là, les censeurs n'avaient toléré que des théâtres en bois. Ce *théâtre de Pompée*, peu éloigné du Tibre, était d'une magnificence sans égale encore. Il pouvait contenir vingt-sept mille spectateurs, et cependant il n'était composé que d'un hémicycle. La scène présentait la splendide façade d'un palais décoré d'innombrables statues. Et, en face de ces palais, sur la partie la plus élevée des gradins, se dressait un *temple de Vénus-Victrix*, avec portique, mur d'échiffre, statues, etc. Un immense velarium couvrait le tout, et enveloppait même de son ombre la galerie circulaire à colonnes, qui se détachant du temple, régnait dans le portour des gradins supérieurs.

En outre, à côté du portique, à l'endroit même où se trouve actuellement l'église de San-Carlo-in-Catinari, le vaincu de Pharsale fit élever une salle immense qu'il appela *Curia Pompéïa*, afin d'offrir aux sénateurs la commodité d'y tenir leurs séances les jours de spectacle. Dans cette vaste enceinte fut placée la statue de Pompée. Or, étrange destinée de l'humanité! ce fut aux pieds de cette statue que Brutus et Cassius firent tomber sous leur poignard Jules-César, le vainqueur de la même bataille de Pharsale, à l'une des réunions du sénat.

De ces édifices, hélas! à peine entrevoit-on quelque mur informe du temple de Vénus, dans les caves du palais Pio...

Un peu après Pompée et César, au lieu même où le Marais de la Chèvre avait si longtemps fait étinceler au soleil ses flaques d'eaux stagnantes, on vit surgir peu à peu le plus merveilleux des monuments. C'était un édifice sphérique, à demi colossal, surmonté d'une voûte en coupole, nouveauté architecturale du plus admirable effet, et reposant sur un double podium circulaire, s'appuyant lui-même sur un podium carré. Une large place, dont le travertin avait fourni les larges dalles, précédait cette construction sublime.

Un portique large de cent trois pieds sur soixante-un de profondeur, donnait accès à l'édifice. Il se composait de seize colonnes de granit oriental de trente-huit pieds de hauteur, et de quatorze de circonférence. Leurs chapiteaux et leurs bases étaient en marbre blanc, le plus rare, et partant le plus précieux. On y arrivait par un escalier de sept degrés en marbre, orné sur ses côtés de superbes lions en basalte, — probablement les mêmes que l'on voit au pied du grand escalier à lacets du Capitole. Les larges proportions de ce monument, fièrement élevé au-dessus du sol, et portant vers le ciel son éminente coupole, firent bientôt l'admiration de tous les citoyens. Il y avait lieu d'être en extase. Le tympan de portique d'entrée représentait Jupiter foudroyant les géants. Or, comme ce temple, car c'était un temple, était dédié à Auguste, par Marcus Agrippa, issu de parents obscurs, mais arrivé aux plus hautes dignités de l'Etat, grâce à son mérite, et aussi à la faveur d'Auguste, dont Agrippa était le gendre et l'ami, dans ce bas-relief représentant Jupiter foudroyant les géants, la foule voyait une ingénieuse allégorie de la mort de César, parce qu'elle flattait en même temps Auguste, le vengeur, en l'appelant Jupiter, et les vaincus, en les appelant des géants.

Dans la partie la plus élevée, on voyait encore Jupiter-Tonnant, sur un quadrige, entouré de Mars et Vénus en bronze, métal employé partout à profusion.

Deux niches immenses, placées de chaque côté de la porte, contenaient les statues colossales d'Auguste et d'Agrippa.

La porte était en bronze et d'une hauteur de vingt-six pieds. Le seuil, d'un seul bloc de marbre africain, avait vingt pieds de long.

Pour pénétrer dans le sanctuaire, on descendait quelques marches, ce qui lui donnait encore plus de majesté.

Le premier besoin, alors, était de lever la tête vers la voûte, prodigieusement élevée, cent trente-deux pieds : mais ce qui produisait le plus d'effet, c'était de voir arriver par une ouverture centrale de cette voûte, l'air, la lumière et même les rayons du soleil.

De superbes colonnes cannelées, de jaune antique, alignées sur la circonférence, décoraient sept enfoncements ou édicules, ce que nous appelons *chapelles*, et soutiennent une magnifique corniche, au-dessus de laquelle s'élève un attique ou entablement qui sert d'appui à la voûte, en plein cintre, et à cinq ordres de caissons. Des stucs dorés la décoraient, et chaque caisson était enrichi d'une rosace. La partie inférieure était toute plaquée de marbres précieux de différentes couleurs.

Le toit de la coupole était en bronze doré.

Cette merveille a nom le PANTHÉON, car l'empereur Auguste ayant refusé la dédicace de ce temple, Agrippa le consacra aux dieux de l'Olympe et le légua au peuple romain.

Eh bien! cher lecteur, j'ai la douce jouissance de pouvoir vous dire, cette fois : Réjouissez-vous avec moi, ami, car cette magnificence architecturale, cette merveille de l'art, ce riche et splendide Panthéon n'a pas péri ; il existe. Oui, le Panthéon de Rome fut sauvé, et les Barbares, satisfaits de lui enlever ses bronzes, s'éloignèrent sans le détruire.

Combien j'aurais plaisir à vous raconter mes impressions en présence de ce monument des âges passés! Mais, hélas! l'espace est mesuré, ma plume court trop à l'étroit, et je garde le silence. Mais vous verrez cet édifice, et vous l'admirerez.

Vous prierez sous sa belle voûte, la première coupole qui ait jamais été faite! Elle a maintenant 1869 ans! Oui, vous vous agenouillerez devant ses édicules devenus de vraies chapelles, car les statues des dieux ont fait place à celles des saints, et Jules-César s'est retiré en présence de la croix.

Le Panthéon d'autrefois s'appelle aujourd'hui la *Rotonda* : mais plus généralement on lui garde son vieux nom.

J'y ai entendu la messe, un dimanche, et la pluie tombait par la baie de la coupole. C'était chose curieuse que les assistants, tous agenouillés dans l'église, le parapluie à la main...

On peut monter sur la coupole : un escalier de cent quatre-vingt-dix marches, pris dans l'épaisseur des murs, qui est de dix-neuf pieds, vous y conduit. Quelle vue ! Charles-Quint gravit ce même escalier. Il venait de saccager Rome, lui aussi ! On dit qu'il se hâta de descendre, quand il vit, béante, l'ouverture de la voûte : il craignit qu'il ne prît fantaisie à quelque Romain... de le précipiter dans l'abîme !...

Agrippa fit aussi construire des *thermes*, qu'il adossa au Panthéon, et dont on trouve encore quelques restes. Ce fut le premier édifice de ce genre que l'on vit à Rome, où ils furent ensuite prodigués. Jusque-là les Romains n'avaient que le Tibre pour baignoire. Et, comme il fallait de l'eau pour ses thermes, le généreux Agrippa fit creuser le sol pour créer un lac et un canal qu'il nomma *Euripe,* du détroit qui sépare l'île d'Eubée de la Grèce. Il planta des jardins et un bois à l'entour de ces édifices. Enfin, lui aussi éleva un somptueux portique dans le Champ-de-Mars.

Puisque je vous parle de thermes, je devrais vous faire comprendre la signification de ce mot. Mais, comme la ville de Rome compte bientôt des thermes par centaines, du moment que le siècle d'Auguste les a mis à la mode, quand Caracalla aura créé les siens, je vous en placerai le plan sous les yeux.

Décorer le Champ-de-Mars de monuments extraordinaires devient une mode impérieuse : l'exemple en a été donné de haut, de haut il est suivi. Auguste meurt à Nola. Il veut être inhumé au Champ-de-Mars.

Les lignes courbes font fureur, depuis l'érection du Panthéon : les lignes courbes sont adoptées pour le tombeau ou *mausolée d'Auguste.*

Un énorme édifice circulaire s'élève au Champ-de-Mars, en face du Panthéon. Celui-ci est placé assez près du Tibre; celui-là, non loin de la Voie Flaminienne. Ce mausolée devient petit à petit une haute tour, mais une tour à trois étages concentriques, faisant retrait l'un sur l'autre. Le tout repose sur une base de plus de deux cents pieds de largeur. Le premier étage compte quatre-vingt-dix pieds de diamètre, le second soixante, et trente le troisième. Le plus élevé se termine par un socle supportant la statue colossale de l'empereur défunt. Puis, on remplit de terre végétale l'espace qui existe entre chaque étage du monument, et on y plante des cyprès. Enfin deux obélisques en granit égyptien se dressent à l'entrée du mausolée. En dernier lieu, un bois sacré, servant de promenoir, s'étend jusqu'à la place dite de nos jours *Piazza del Popolo*. Au milieu on réserva une enceinte fermée, entourée de peupliers, appelée *bustum* ou bûcher, car ce fut là, désormais, que l'on décida de brûler les cadavres des empereurs.

Marcellus, le neveu bien-aimé d'Auguste, fils d'Octavie, sœur du monarque, le Marcellus chanté par Virgile : « *Tu, Marcellus eris!...* » occupa, le premier, ce tombeau, et Nerva le dernier...

Inconstance des choses de la terre! Ce mausolée, devenu forteresse au moyen âge, fut ensuite démoli par le peuple. Il n'en resta que l'étage inférieur, de quatre-vingt-dix pieds de haut. On en fit une arène pour combats de taureaux, etc. Actuellement le *cirque Correa* est installé sur cette ruine, qui reçut les cendres du premier des empereurs de Rome. *O vanitas vanitatum, et omnia vanitas!*

Cette même plate-forme du mausolée d'Auguste vit, un jour, en 1354, le cadavre de Cola de Rienzi brûlé par les juifs de Rome, après avoir été mutilé, lorsque ce fils d'un cabaretier romain, dictateur suprême au jour des révolutions d'alors, fut pris en haine par le peuple qui l'avait adoré! Aussi, encore et toujours : *Omnia vanitas!*

Du haut de la pyramide funéraire de marbre, de bronze et de cyprès qui, comme un poème, chantait la gloire d'Auguste, alors que son tombeau était encore intact, de quelles magnifiques perspectives on devait jouir! Car, vous vous le rappelez : Etre inhumé en belle vue !... c'était là le désir suprême des mourants, à Rome. Or, du Champ-de-Mars le regard se promenait avec bonheur sur la vallée du Tibre et de l'Anio, les montagnes ombreuses qui la ferment, le damier cultivé de la campagne, les touffes vertes des bois sacrés, la série mollement recourbée des collines, les teintes charmantes des horizons lointains, et l'infinie transparence du ciel bleu.

Dans les flots de cette brillante lumière nageaient également les silhouettes du *portique d'Octavie*, occupant un large espace entre le massif du Capitolin et les rives du Tibre.

Je vous ai dit que tous les portiques si nombreux de la grande cité n'avaient d'autre but que de mettre les citoyens à l'abri du soleil et de la pluie. Elever ainsi des promenoirs pour la commodité publique, c'était un moyen de plaire à la foule et de se rendre populaire. Mais, en même temps, l'aspect général de la ville ou du Champ-de-Mars y gagnait de magnifiques effets décoratifs, dont la colonnade de Saint-Pierre, seule, peut donner une idée. Généralement les portiques affectaient la forme de longs parallélogrammes. N'étant pas adossés à des murailles, l'air et la lumière circulaient librement à l'entour des colonnes, placées sur deux, trois ou quatre rangs. Mais, le plus souvent, soit au centre, soit aux extrémités, se trouvaient intercalés des temples, avec *atrium* les précédant, entourés de statues en marbre ou en bronze, de dieux, de déesses ou de héros et personnages illustres.

Ainsi en était-il du portique d'Octavie, élevé dans le Champ-de-Mars par Auguste, en l'honneur de sa sœur, portique à double rang de colonnes, comptant cinq cents pieds de façade et sept cent cinquante pieds de profondeur, car cet édifice, formant un carré long, renfermait, dans un vaste *atrium*, deux temples en marbre : *temple de Jupiter* et *temple de Junon*. Le premier était tout en marbre.

Ces temples et le portique se rattachaient au *portique de Philippe*, père de la fière Livie, femme de l'empereur Auguste. Celui-ci comprenait les *temples d'Hercule* et des *Muses.* Dans l'ensemble, c'était un total de deux cent soixante-dix colonnes du plus beau marbre blanc. En outre, dans l'enceinte on admirait en nombre de splendides œuvres d'art, sculpture et peinture, dues aux artistes gréco-latins.

Pour nous faire regretter la magnificence des portiques d'Octavie et de Philippe, les Barbares, dans le sac de Rome, ont laissé debout l'un des propylées, c'est-à-dire des porches de ces monuments. Ainsi, quand on pénètre dans le Ghetto, — le quartier des Juifs, — et qu'on arrive à la place Campitelli actuelle, on a devant soi le *porche occidental du portique d'Octavie.* Pilastres, colonnes cannelées, corniches, frontons, là encore tout est entier, tout est blanc et pur de toute souillure, tout est admirable. Voilà ce qui reste d'une splendeur sans rivale, sauf quelques colonnes debout dans plusieurs des sordides maisons de la Pescheria, — le marché au poisson, — où les dalles sur lesquelles on étale la marchandise ne sont autres que le pavé du portique.

Ce quartier des Juifs occupe l'espace que couvraient jadis d'autres édifices du même genre, les *portiques de Minutius,* où l'on faisait au peuple de Rome la distribution des *tessères* ou cartes en bronze, qui lui faisaient obtenir des rations de blé des greniers publics. Aussi appelait-on ces portiques *Frumentarii.*

C'est dans le voisinage que l'on exhuma, au XVIe siècle, les deux *statues colossales de Castor et Pollux,* qui sont placées au sommet du grand escalier du Capitole.

Je ne vais pas vous montrer, dans le Champ-de-Mars encore, au pied du Capitolin qui se rapproche du Tibre, un chef-d'œuvre pourtant, le chef-d'œuvre de la plus belle époque impériale, mais Rome possédait tant de chefs-d'œuvre! en un mot le *théâtre de Marcellus,* monument unique dans son genre, et que tous les artistes du monde connaissent dans ses moindres détails. Commencé par César, ce théâtre fut achevé par Auguste, qui le dédia à ce fils d'Octavie, son neveu, mort à la fleur de l'âge et chanté par Virgile.

Le théâtre de Marcellus, de forme semi-circulaire, pouvait contenir trente mille spectateurs. La scène, décorée de statues et de colonnes simulant la façade d'un palais, était adossée au Tibre. Le rez-de-chaussée, d'ordre dorique, et le premier étage, d'ordre ionique, étaient composés d'arcades séparées par des colonnes engagées. Le second appartenait à l'ordre corinthien au-dehors, mais au-dedans il se convertissait en un superbe portique couronnant tout le pourtour de l'édifice.

De nos jours, cette gloire du règne d'Auguste nous offre la plus déplorable image des gloires de la terre. Le diadème qui décorait son front est tombé depuis longtemps, et les arcades du rez-de-chaussée sont muées en ignobles échoppes. Hélas! c'est que le moyen âge fit du théâtre de Marcellus une forteresse qu'arrosa le sang des Guelfes et des Gibelins! Eh bien! tout invalide qu'est devenu ce hardi guerrier, il fait encore l'honneur de l'architecture antique, et de tous les points de l'Europe on vient lui demander des conseils et des inspirations.

A quoi bon vous parler du *cirque de Flaminius*, l'auteur de la Voie Flaminienne, le vaincu d'Annibal, la glorieuse victime de la bataille de Trasimène? Tous les cirques ne se ressemblent-ils pas à peu près? Cependant celui de Flaminius, sis dans le Champ-de-Mars, mérite cette mention que, un jour, il vit tuer trente-six crocodiles, amenés à grands frais du Nil, et cela dans un combat naval ou *naumachie*, donné par Auguste pour l'amusement du peuple.

De cet édifice, dont les arcades inférieures du dehors, devenues de sombres boutiques qui donnèrent leur nom à la rue voisine, *Via delle botteghe oscure*, plus rien, absolument rien.

Le Champ-de-Mars avait encore, près du Panthéon, le *cirque Agonal*, du mot *agôné*, jeu, lutte, etc. On l'appelait aussi quelquefois *cirque Alexandrin*, parce qu'il fut édifié par Alexandre Sévère. Cet empereur, pour plaire au peuple, comme tous ceux qui ont le pouvoir en témoignent le souci, jugeant que Rome n'avait pas encore assez de fêtes et de lieux de spectacles, édifia cet immense amphithéâtre, dont la forme se trouve conservée et reproduite dans la place Navone, l'une des plus vastes de la ville actuelle, et j'aurai certainement l'occasion de vous en entretenir.

Oh! l'Empire n'était plus le temps des austères Romains, et le peuple, ennemi du travail, jaloux de la richesse, avide de plaisirs, ne cessait de hurler son fameux refrain :

— *Panem et circenses!* Du pain et des spectacles!...

N'est-ce pas de cette façon et par l'érection incessante de nouveaux endroits de plaisirs et de pernicieux spectacles, que l'on attire peu à peu les peuples vers l'abîme? *Abyssus abyssum, invocat!* C'est contre ces mauvais penchants que nous devons lutter, et nous devons immanquablement atteindre notre but en appelant à notre aide les lumières de l'instruction et la puissance d'une religion bien comprise.

C'est ainsi que Balbus, Cornelius Balbus, grand général et partisan dévoué de César, sur l'invitation d'Auguste avait élevé précédemment le plus somptueux des théâtres d'alors, et cela au Champ-de-Mars encore, assez près du portique d'Octavie. Cet *amphithéâtre de Balbus*, destiné, comme tous les amphithéâtres, aux combats immoraux de gladiateurs, etc., contenait trente mille assistants, qui venaient s'empoisonner l'esprit et le cœur à la vue du sang.

Il avait pour annexe un admirable promenoir, le *portique Corinthien*, de cinq cents pieds de long sur cent cinquante de large, et qui portait ce nom parce que les chapiteaux de ses colonnes engagées étaient en bronze et d'ordre corinthien. Or, cette magnificence se répétait aux deux galeries superposées de ce portique, dont la galerie inférieure, regardant le midi, servait de promenade pendant l'hiver, tandis que la galerie supérieure, s'ouvrant au nord, offrait un promenoir d'été.

De ces splendeurs tout a été détruit : portique, amphithéâtre et dépendances ont été tellement éventrés et saccagés par les Barbares et le temps, qu'il s'en est formé un amas colossal converti en colline artificielle, et que les Romains modernes appellent *Monte-Cenci*, du nom d'une famille cruellement éprouvée, qui avait sa demeure dans le voisinage, et dont je vous conterai l'histoire.

Combien de trésors sont enfouis dans ce quartier de Rome, depuis que les Romains, après l'avalanche des Barbares qui avait tout rasé, eurent transporté, dans le Champ-de-Mars, leurs pénates qu'ils édifièrent avec les pierres des ruines ramassées en tout lieu! Combien de monuments surtout, conservés jusqu'au premier étage, sont ensevelis sous la ville moderne, par l'effet des ruines accumulées, des incendies, des reconstructions hâtives et de l'exhaussement progressif du sol. Depuis le théâtre de Pompée, le portique d'Octavie et le théâtre de Marcellus, jusqu'aux temples de la Fortune-Virile et de Vesta, si l'on démolissait les maisons à Rome, avec la même facilité qu'à Paris, on verrait reparaître la série de monuments qui remplissait cette partie de l'ancien Champ-de-Mars.

Donc, en plus de tous ces théâtres et amphithéâtres, temples appelés *Fanum*, quand l'édifice était consacré, par la formule solennelle des augures, à quelque divinité; *Delubrum*, lorsque l'édicule n'exposait aux regards que l'autel ou la statue du dieu; *Sacellum*, quand ce n'était qu'une petite enceinte ronde ou carrée, contenant un autel, etc.; en plus de tous ces monuments du Champ-de-Mars, dis-je, on citait encore l'*amphithéâtre de Statilius-Taurus*, de vingt mille places seulement, mais dont les dépendances devaient être très considérables également, car leurs ruines, en s'amoncelant, ont produit l'autre colline factice dite *Monte-Giordano*, comme aussi, assez près de là, les décombres d'un grand et vaste portique, le *portique d'Europe*, ainsi nommé à cause des peintures qui le décoraient et représentaient l'enlèvement d'Europe, fille d'Agénor, ont donné origine à la colline artificielle du *Monte-Citorio*.

Il y avait encore, ailleurs dans la ville, non loin du Monte-Pincio, le *cirque de Flora*, une amie du grand Pompée, disons plus nettement, une courtisane qui, pour plaire au peuple de Rome, elle aussi, comme elle plaisait aux *trossuli* et aux personnages interlopes de la *geniry* d'alors, avait consacré cette arène à ses plaisirs.

Ajoutons que cet édifice fut sanctifié par le martyre de saint Sébastien, attaché à un poteau, et percé de flèches tirées à distance.

De ce cirque de Flora rien que le souvenir! On suppose qu'il occupait l'emplacement actuel de la piazza Barberini.

Il y avait encore le *cirque de Salluste,* placé en face du palais opulent et des jardins splendides que possédait cet auteur renommé sur les rampes fleuries du même Monte-Pincio, l'ancienne *colline des Jardins*. La magnificence de ce voluptueux domaine fut telle que Néron, et plus tard Vespasien, en firent leur résidence d'été. Nerva, le vieux et pacifique Nerva, une fois malade, s'y fit transporter et y trépassa.

Puis vint le farouche Alaric et ses hordes plus farouches que leur chef. Oh! alors le vent de la colère du ciel passa sur ces retiros délicieux, et de ce luxe et de cette opulence il ne resta que des pierres et des cendres.

Notez que Salluste, le célèbre critique qui condamne très rudement, dans ses ouvrages, les concussions, spoliations et déprédations des gouverneurs de provinces romaines, fut condamné lui-même à quelque chose comme un million de francs d'amende pour concussions, spoliations et déprédations en Numidie. Eh bien! cette amende ne l'empêcha pas de trouver encore assez de ressources par devers lui, pour élever son palais du Pincio, édifier un cirque et planter des jardins!...

> Sic vos, non vobis, nidificatis, aves!
> Sic vos, non vobis, mellificatis, apes!
> Sic vos, non vobis, vellera fertis, oves!

Il y avait, au sud-est de Rome, l'*amphithéâtre Castrense,* destiné aux exercices des prétoriens, cette turbulente et redoutable milice de l'Empire, qui créait et immolait les empereurs, et qui, sans vergogne, mettait la couronne impériale à l'encan!

Il y avait, quelques pas plus loin, le *cirque d'Héliogabale,* le stupide adorateur de la pierre noire d'Emèse, dont il avait enrichi l'Olympe de Rome.

Il y avait à l'entrée de Rome, sur la Voie Appienne, où nous l'y avons vu, le *cirque de Romulus*, ouvrage de Maxence.

Il y avait enfin le grand *amphithéâtre de Caligula*, que ce prince avait construit sur les bords du Tibre, au milieu des vastes jardins de sa mère, la vénérable Agrippine, tout près des Champs-Quinctiens de Cincinnatus, et où Néron, le monstre des monstres, fit périr tant de chrétiens.

Je n'ai pas besoin de vous rappeler que l'emplacement de cet amphithéâtre est maintenant consacré à la gloire du sang des martyrs, par l'admirable métropole du monde catholique, Saint-Pierre de Rome.

Et si je signalais tous les autres amphithéâtres du voisinage de Rome, où l'on en construisait dans les villas impériales, consulaires, sénatoriales, etc., dans les villes les moins importantes même, et tous ceux dont on trouve les restes superbes dans les villes de l'Italie, dans les cités célèbres de l'Empire, Capoue, Cumes, Pouzzoles, Naples, Pompéïa, Vérone, Nîmes, Nice, Lutèce, etc., comme vous seriez épouvanté, cher lecteur, de la démoralisation toujours croissante, et empiétant chaque jour comme une lèpre hideuse, du peuple romain, n'ayant plus de plaisir que là où l'on répand le sang, où l'on regarde face à face la mort avec ses rictus de douleurs, ses grimaces d'agonie, son œil terne et vitreux, ses tremblements de cadavres et ses râles de dernier soupir!

Qu'un peuple est hideux... quand il en est venu là!

Hélas! arrive aussi l'instant fatal où Dieu l'efface du catalogue des nations!...

Ne doit-il pas suffire de signaler l'écueil pour qu'il soit évité?

Mais je m'aperçois que nous avons quitté le Champ-de-Mars sans signaler le *Gnomon*, c'est-à-dire l'obélisque égyptien dressé par Auguste, pour indiquer aux passants l'heure du moment par la direction de l'ombre marquée par le soleil.

J'ai dû omettre quantité d'autres monuments d'ordre inférieur, et passer sous silence les tombeaux bordant la Voie Flaminienne à sa sortie de la ville.

Maintenant, avant d'en finir avec la partie monumentale de la Rome païenne, quelques mots sur les *thermes*, dont, sous l'empire de la mode, la ville antique se vit largement enrichie, après le règne d'Auguste.

Sans rapporter ici l'exemple de la princesse Nasicaa, cité par le divin Homère, ou celui de la fille de Pharaon, on peut faire comprendre de quelle utilité devait être le bain de propreté, chez les peuples où l'usage du linge de corps était à peu près inconnu, et où la chaussure ne garantissait que la plante des pieds.

Chez les Grecs, il fallait que les bains fussent bien en honneur, puisque l'on y avait consacré une partie des habitations royales. Chez les Perses, les bains étaient d'une telle magnificence, qu'Alexandre-le-Grand, pénétrant dans les galeries balnéaires de Darius, s'écria :

— Est-ce au sein d'une telle mollesse que l'on peut savoir commander aux hommes?

D'abord, les Romains, républicains austères, se lavaient et s'exerçaient à la nage dans les eaux du Tibre. Plus tard, les heureux du siècle consacrèrent à des salles de bains, spacieuses et opulentes, une partie de leur maison. Quand les thermes devinrent tout-à-fait à la mode, on y disposa des piscines immenses dans lesquelles on pouvait nager à l'aise, des pièces fort grandes chauffées à des températures diverses, des étuves sèches et humides, des esclaves pour essuyer et masser, pour oindre et frotter d'onguents parfumés; voilà ce qu'on trouvait non-seulement chez les oisifs fortunés, mais encore chez Pline, chez Cicéron, etc. L'industrie s'empara de cet élément de commerce. Des bains publics furent ouverts à des prix variés, selon le luxe qui y régnait et les soins qu'on y recevait. Mais la licence y pénétra à la suite du luxe, et les thermes, du mot *thermæ*, eaux chaudes, devinrent l'arène des intrigues. Figaro, barbier à Séville, eût été baigneur à Rome.

Toutefois le bas peuple était privé de bains. Alors, au rapport de Dion, le premier bain public fut construit par Mécène, l'ami d'Auguste, le célèbre protecteur des gens de lettres.

Agrippa en fit édifier cent soixante-dix, et l'un des plus importants ce fut les thermes du Panthéon, dont je vous ai parlé.

Néron, Titus, Vespasien, Hadrien, et tous les empereurs qui tinrent à capter la faveur populaire, établirent des thermes. Il y en eut jusqu'à huit cents dans les diverses parties de la ville. Le marbre le plus précieux, sous les mains des plus habiles architectes, décora les salles de ces thermes, salles dignes des vainqueurs du monde, et où, moyennant un *quadrans*, c'est-à-dire un liard, le dernier des prolétaires pouvait se donner la satisfaction de se baigner.

Par les établissements de ce genre qui nous restent et que nous admirons, jugeons de ceux qui ne sont plus, car, à part la richesse de la décoration ou l'immensité des édifices, les thermes étaient construits sur un même plan. Nous commençons par les *thermes de Caracalla*, auxquels on arrive par la rue Saint-Sébastien, qui conduit au cimetière de Calixte et à la Voie Appienne. Un petite rue qui se détache de cette artère principale, conduit à ces thermes célèbres.

Quelle ville que cette Rome impériale! Ce n'était pas assez des théâtres, des amphithéâtres et des cirques contenant à la fois des cent mille spectateurs; voilà un édifice nouveau dont la description passerait pour un rêve de l'imagination, si les ruines que l'on a devant soi ne vous montraient à nu toute la réalité.

C'est en 212 de J.-C. que ces thermes furent construits. Pour vous en donner immédiatement l'image dans l'esprit, sachez que dans son élévation et sa largeur, l'édifice de Caracalla ne tiendrait certes pas dans l'église Notre-Dame de Paris. D'abord on édifia un portique immense dont le pourtour comptait quatre mille sept cent cinquante pieds. Entre cette enceinte et les thermes, on planta un espace vide d'arbres et de plantes de tous les pays. On réserva un vaste espace qui devint un *stade*, destiné aux jeux gymniques, aux courses, au pugilat, aux combats de gladiateurs. Puis l'édifice central, les thermes, présenta une facade de sept cent cinquante pieds de largeur sur cinq cents de profondeur. On y trouve d'abord un *théâtre*, puis des salles, des cours, des portiques, des bassins dans lesquels mille six cents personnes pouvaient se livrer ensemble à l'exercice de la natation; des exèdres, des pinacothèques, des bibliothèques, des *cellæ*, dont les murs sont plaqués en albâtre; un autre réservoir pour trois mille baigneurs, et enfin une galerie intérieure de pourtour qui contenait jusqu'à vingt-cinq mille oisifs se rendant là tout exprès pour voir, être vus, lire des vers, en entendre lire, etc.

Au centre de l'édifice s'ouvre une salle, *cella soliaris*, dont la voûte plate faisait le désespoir des architectes. Les murs en étaient incrustés de porphyre ou de marbres les plus rares, les voûtes étaient dorées et le sol pavé de superbes mosaïques. Là, tout était grand et colossal.

Dans Rome, il est des monuments qu'il faut voir et revoir plusieurs fois, tantôt sous le grand rayonnement du soleil, tantôt à l'*heure de l'effet*, comme disent les artistes, c'est-à-dire alors que s'allongent les ombres du soir. C'est dans de telles conditions que je visitai bien souvent le Colisée, les ruines des palais des Césars, le Forum-Romanum, la Maison d'Or de Néron, les thermes de Titus, et spécialement les thermes de Caracalla.

Quoique dans l'enceinte des murs et au centre de la Rome d'autrefois, ces thermes sont à l'écart de la Rome d'aujourd'hui. Cet isolement leur imprime un indéfinissable caractère de tristesse et de profonde désolation. Dépouillées de leurs marbres, de leurs stucs et de leur peintures, mais couronnées de lentisques et de giroflées, leurs énormes murailles de briques rouges se dressent au milieu d'une forêt de ronces et de plantes parasites, qui croissent à leurs pieds. Le lierre les tapisse, en guise de bronze et d'or : la clématite et le scolopendre s'y balancent en festons gracieux. Une salle, jadis parfumée et donnant carrière à toutes les jouissances de l'esprit et du corps, sert à cette heure d'habitation à un paysan, hâve et décharné, qui, seul, garde ces ruines, comme un fantôme assis sur un tombeau dans le désert. Et c'est là, cependant, en ce même lieu, que le peuple romain venait causer de la conquête du monde, à l'ombre des portiques et parmi les senteurs suaves de bosquets en fleurs, remplacés à présent par les décombres.

J'ai vu de ce point de Rome, occupé par les ruines des thermes de Caracalla, des couchers de soleil magnifiques. Le roi du jour descendait petit à petit de son trône, déroulant après lui un long voile d'or. Le sommet de l'édifice s'embrasait de feux ardents, mais passagers A l'or succédait la pourpre, à la pourpre l'azur, puis tout le firmament était successivement envahi par un gris vaporeux, le gris du crépuscule. Chardonnerets et tourterelles se taisaient; et alors des nuées de chauves-souris, s'élançant des hautes voûtes, s'éparpillaient dans l'air, en poussant de sinistres sifflements. La nuit était venue sur ces entrefaites, et je me hâtais de rentrer dans Rome, si calme, si solitaire le soir, le Corso excepté. Et je rêvais debout, tout en marchant. A quoi pensais-je, alors? Mais à quoi peut-on penser, dans Rome, la nuit, au milieu du Forum, muet et lugubre comme un cimetière, entre le Palatin et l'Esquilin, en présence de tant de grandeurs déchues et de tant de ruines accumulées par la démence d'un peuple?...

« Là, tout était grand et colossal!... » disais-je tout-à-l'heure, en parlant des thermes de Caracalla.

Et cependant les *thermes de Dioclétien* l'emportent encore en richesses architecturales et en immensité sur celles de Caracalla. Ils étaient construits sur un plan carré, et ce qui en reste, c'est-à-dire deux rotondes grandioses, qui en marquaient les deux extrémités, donne la preuve de leur splendeur inouïe.

De l'une de ces rotondes on a fait l'église de San-Bernardo, sur la piazza di Termini, la place des thermes. C'était le *Caldarium* des thermes, comme l'autre rotonde, qui a été détruite, en était le *Tepidarium*.

Entre ces deux édifices circulaires, s'étendaient le *Theatridium*, c'est-à-dire le local renfermant un théâtre, dont la scène en hémicycle est encore visible, un manége, une bibliothèque, des salles de déclamation, des portiques, des bosquets pour la promenade, et une piscine où trois mille deux cents baigneurs pouvaient se livrer aux ébats de la natation.

Alaric, en entrant dans Rome, précipita ses phalanges sauvages sur les thermes de Dioclétien, qui furent mis à sac. Néanmoins le *Theatridium* fut restauré, et, d'après l'ordre de Pie IV, converti en église de Sainte-Marie-des-Anges, l'une des plus belles de Rome. Il y a un cloître magnifique annexé à l'église, à laquelle le grand artiste a donné la forme d'une croix grecque.

La bibliothèque des thermes de Dioclétien était la tant renommée *bibliothèque Ulpienne*.

Ce fut dans les ruines des thermes de Caracalla que, un jour, l'on trouva la *Flora*, puis l'*Hercule*, de Glicon, et le fameux groupe de *Dircé*, liée aux cornes d'un taureau, le célèbre *taureau Farnèse*, que j'ai tant admiré au musée *degli Studi*, à Naples. Et le *torse* du Belvédère donc!... ce torse qui n'a pas son égal dans l'univers entier...

Que dirai-je des *thermes de Titus*?

Mécène, le riche Mécène, l'ami des arts et des poètes, avait son palais et ses jardins sur les rampes occidentales de l'Esquilin. Il y entassait de telles magnificences qu'on venait de loin pour les voir. Ainsi, c'est très probablement des ruines de son palais que furent extraites les admirables *noces Aldobrandines*, qui sont actuellement au Vatican, et que l'on regarde comme le plus beau spécimen de la peinture antique.

Lorsque Néron construisit sa Maison d'Or, il envahit le domaine de Mécène. Mais quand ce misérable prince fut mort, le peuple, dans son ivresse, se jeta sur son palais, et, ne pouvant l'anéantir assez vite, en enleva les toitures et remplit les appartements de décombres. Après quoi on nivela le sol amoncelé à l'entour, et tout disparut.

Titus, à son tour, s'empara d'une partie de l'emplacement de la Maison d'Or, et édifia ses thermes qui, plus tard, furent rasés par les Barbares.

Ainsi, sous un même monceau de ruines se trouvent les palais et jardins de Mécène, et très certainement le tombeau de ce grand homme, aussi bien que celui d'Horace, son plus intime ami, inhumé à ses côtés, comme nous l'apprend Suétone; plus, la Maison d'Or de Néron, que l'on a dégagée récemment, dont j'ai visité plusieurs appartements, et où j'ai avisé de telles peintures, arabesques, etc., que je les comparais naïvement aux fresques des chambres de Raphaël, au Vatican, lorsqu'un peintre de la villa Médicis m'affirma que l'illustre maître avait, en effet, sondé les ruines, qu'il y avait fait profit de ses découvertes, et que, pour dissimuler son plagiat, il les avait de nouveau enfouies sous le sol...

Des ruines des thermes de Titus, peu de choses. On suit seulement les substructions des salles composant les bains :

Apodyterium, la pièce en carré long où l'on se déshabillait et où restaient les vêtements, pendant qu'on se baignait, car toute personne était contrainte par la loi de les retirer avant de passer dans l'intérieur, afin d'empêcher de cacher sur soi les objets volés.

Tepidarium, autre pièce où l'on maintenait une température moyenne, afin de préparer le corps à la violente chaleur du Caldarium ou Sudatorium, bain de vapeur.

Caldarium se composant de trois parties :

Laconicum, c'est-à-dire l'extrémité demi-circulaire de la chambre thermale, échauffée par une fournaise;

Labrum, au centre de la même pièce, bassin plat contenant de l'eau que le baigneur jetait sur lui, pendant qu'il enlevait avec la strigile la transpiration amenée sur sa peau par le laconicum;

Et *Sudatorium*, l'autre extrémité du Caldarium, profondeur ménagée dans le sol, où, sur un siége, le baigneur attendait que la sueur provoquée cessât de se produire.

Frigidarium, chambre qui ne contenait pas de bain, mais qui était simplement tenue à une basse température pour donner du ton au corps, après l'épuisement du laconicum ou bain de vapeur, par un procédé moins violent qu'un bain immédiat d'eau froide.

J'ai dit, et, à présent,

Sicelides Musæ, paulò majora canamus!

XI

Entrée, dans Rome d'un disciple du Christ. — Le pêcheur Pierre. — Arrivée, dans Rome, d'un captif, suivi d'un cortége de soldats et d'amis. — Le tailleur de cuir Paul. — Où l'on prêche la *Bonne-Nouvelle*. — Ce que c'est que l'*Evangile*. — Comment l'on parle des chrétiens. — Inspirations de Paul à ses frères. — L'esclave Phœbé. — Les champs Quinctiens ou de Cincinnatus remplacés par la *Cité Léonine*. Ce que l'on entend par Cité Léonine. — Cirque de Caligula d'abord, puis de Néron, occupé par la basilique Métropolitaine ou les tombeaux de saint Pierre et de saint Paul. — Où l'on voit l'arène du Cirque de Néron rouge du sang des martyrs chrétiens. — Comment la religion nouvelle se fait des adeptes jusque dans le palais des Césars. — Les deux vieillards de la prison Mamertine. — Comme quoi un ange délivre de ses chaînes le premier des apôtres. — Rêve de saint Pierre. — Origine de l'Eglise *Domine, quò vadis ?* — Ce qui se passe dans Rome, à l'heure où Néron croit punir les *séducteurs* du peuple. — Supplice de Paul aux eaux Salviennes. — Crucifixion de Pierre, sur le Montorio. — Adieux des deux frères. — Le courage d'une femme. — La pieuse Lucina. — Les premiers confesseurs du Christ. — Martyre de jeunes filles, d'adolescents et d'esclaves. — Système des empereurs. — Où cacher Dieu ? — Origine de Rome souterraine. — *Arenariæ* ou Catacombes. — Qu'entend-on par Catacombes ? — Description. — *Coimétérion* ou dortoir de la mort. — Quatorze Catacombes. — Dédale gigantesque. — Inscriptions et sarcophages. — *Cryptes, catabatiques* et *cubicula*. — Eglises primitives. — Exquises peintures. — Papes ou souverains Pontifes mis en regard de leurs bourreaux.

Deux ans après la mort de Caligula, l'an 45 de notre ère, un pauvre juif, aux sandales poudreuses, au manteau déchiré, entrait, un soir, dans la *capitale des Nations*, par la porte Capène au sud de Rome. Après avoir essuyé son front chauve ruisselant de sueur, il s'achemina, par le pont Fabricius, vers le quartier de ses co-religionnaires et compatriotes, dans le faubourg du Transtevere, c'est-à-dire d'au-delà du Tibre.

Chaque fois qu'il avait passé devant le temple de quelque divinité païenne, il s'était empressé de tracer sur sa poitrine un signe mystérieux, et alors il courbait le front vers la terre.

Au Transtevere, comme les autres riverains du fleuve, pour la plupart pêcheurs, on le vit, les jours suivants, chercher à substenter sa vie à l'aide du produit de sa pêche, car il jetait fréquemment de lourds filets dans le Tibre.

Ce nouveau-venu n'était autre que Pierre, en hébreu *Céphas*, qui d'abord s'était appelé Simon-Bar-Jone, le disciple que le Seigneur Jésus, fondateur de la religion du Christ, au temps des premiers empereurs de Rome, appela près de lui, en disant :

— Tu es Pierre, et sur cette pierre j'élèverai mon Eglise!

Par ces paroles, le Christ faisait de Pierre non plus seulement le chef de ses disciples, mais le premier de ses Apôtres, c'est-à-dire de ceux qu'il allait envoyer dans le monde pour prêcher son *Evangile*, ou la *Bonne-Nouvelle!*

Alors, pendant huit années, le juif Pierre, le pêcheur de poissons, se fit pêcheur d'hommes, et tout en annonçant la Bonne-Nouvelle, vivait du travail de ses mains, car les apôtres avaient tous recours au travail pour se nourrir.

Beaucoup de ceux qui prêtèrent l'oreille à la parole inspirée de Pierre, crurent en Jésus, et bientôt une petite *Eglise*, ou, selon la signification de ce mot, une *société* se forma, se grossissant rapidement des pauvres, des souffreteux, des esclaves, de tous les misérables déshérités des biens de la terre et aspirant à un meilleur avenir, dans le ciel qu'on leur ouvrait...

Le succès des prédications du pêcheur fut tel, que l'empereur Claude, rendu attentif par les clameurs des pharisiens du Transtevere, s'irrita fort et fit chasser de Rome juifs et chrétiens. Heureusement l'exil ne dura pas. Aussitôt qu'Agrippine eut fait disparaître son époux à l'aide des poisons de Locuste, afin de donner l'empire à son fils Néron, les bannis rentrèrent dans la ville.

Peu après, alors que le nombre des adeptes de la religion chrétienne se multipliait de plus en plus, un matin, on vit entrer dans Rome, par la porte Capène comme avait fait Pierre, tout un cortége de cavaliers et de soldats à pied. Cette troupe armée escortait un homme, jeune encore, mais épuisé déjà par les fatigues de la vie. Chargé de lourdes chaînes, le captif s'avançait non sans efforts. Aussi la foule se pressait sur son passage, curieuse et bavarde.

Ce n'était cependant pas un parricide que l'on conduisait au fleuve, pour le noyer, selon l'usage romain, cousu dans un sac avec un chien, un singe, un coq et un serpent. Ce n'était pas non plus un esclave que l'on menait au supplice de la croix pour avoir désobéi à ses maîtres, ni un voleur ou un meurtrier, qu'on allait enfermer dans le Tullianum.

— C'est un citoyen romain, comme vous et moi, répondait le centurion commandant l'escorte, à ceux qui l'interrogeaient. Cet homme s'appelle Paul, il est tailleur de cuir, mais il se montre forcené prosélyte de la religion des Nazaréens, et cherche à convertir à ses croyances tous ceux qui veulent bien l'écouter.

— Mais, en effet, disait alors, à mi-voix et comme à la dérobée, certain homme du peuple, je le reconnais maintenant. C'est l'apôtre Paul, qui arrive d'Orient. Il nous à été annoncé, dans la dernière assemblée des chrétiens, aux Catacombes, par Phœbé, la belle esclave corinthienne. On nous a lu la lettre qu'elle apportait, de la part de Paul, de Corinthe à nous, ses frères de Rome...

— La voilà elle-même, cette courageuse Phœbé, ajoutait un troisième interlocuteur; et, avec elle, Prisca et Aquila; voilà Marie, Triphose et Tryphème, qui sont si pleines de foi et qui, de loin, nous montrent le signe de la croix, car elles nous reconnaissent... Voilà encore Andronicus et Junia, qui sont les parents de Paul; puis Hérodien, son cousin, Amplias et Grachys, Phisoloque et Hermès, Urbanus et Rufus, ses amis. Ils sont allés tous au-devant de lui, sur la Voie Appienne, jusqu'à la station de *Tres-Tabernœ*, à six ou sept milles de Rome... Et maintenant il va rendre compte de ses actes devant le préteur...

Je vous ai signalé précédemment cette station de Tres-Tabernæ, cher lecteur, au-delà d'Aricie et du lac Némi.

Or, ce fut en effet avec un tel entourage, que Paul, l'apôtre des Nations, fit son entrée à Rome. Conduit devant le préfet du prétoire Burrhus, Paul, tailleur de cuir à Tarse, obtint la faveur de louer un logement dans la ville des empereurs et d'y vivre à sa guise, sous la surveillance d'un licteur, préposé à sa garde. Pendant cette demi-captivité, c'est-à-dire l'espace de deux ans, Paul put recevoir tous ceux qui désiraient l'entendre, et, comme Pierre dans le Transtevere, annoncer le royaume du fils de Dieu.

La parole évangélique germa bientôt dans la Rome païenne, et lorsque les deux disciples du Sauveur purent rejoindre leurs frères de l'Orient, sept églises, toujours pleines des infortunés que les patriciens foulaient aux pieds, s'élevaient, humbles et pauvres, sur les sept collines de la ville.

Mais alors prirent l'alarme et le sénat romain et la nombreuse caste des prêtres des faux dieux.

Dans les amphithéâtres, dans les salles des thermes, dans les cirques, sur le Forum, au Champ-de-Mars, dans les temples, partout, il n'était plus question que de la nouvelle religion et de la démence des Galiléens, c'est-à-dire des disciples de Jésus, né à Galilée.

Ce que l'on disait des chrétiens, le voici :

« Une secte a surgi qui prêche ouvertement le mépris des dieux et le renversement de leurs autels. Ces impies repoussent la religion de Jupiter, de Vénus et d'Apollon. Ils parlent d'un chef appelé *Christ*, avec lequel ils doivent tous régner un jour. C'est une race muette en public, mais pleine de paroles dans les lieux obscurs. Ces imposteurs, ces conteurs de paraboles, ces hommes coupables de tous les crimes, se plongent dans d'inexprimables orgies, et... vivent de chair humaine. Ils se réunissent le soir du Jour du Soleil pour initier les prosélytes à leurs mystères. Un enfant, couvert de pâte faite pour tromper les yeux, est placé devant leur ministre. Le prosélyte, frappant aveuglément, tue cet enfant sans le savoir. Alors, ces tigres altérés boivent le sang et se partagent les membres de la victime.

» Rien n'approche de leurs banquets. Le Jour du Soleil, ils s'assemblent secrètement avec leurs frères, leurs mères, leurs sœurs; et alors, dès que le festin s'échauffe, un chien, attaché au luminaire, est appelé à la curée; il s'agite, la lumière cesse de luire, et l'obscurité la plus impénétrable favorise leur réunion. Voilà pourquoi nous savons qu'ils s'efforcent de cacher avec tant de soin la divinité qu'ils adorent.

» Mais ce n'est pas seulement une idole absurde qui est leur dieu : c'est un mort, un mort qu'ils appellent Jésus-Christ, et dont ils ont fait une divinité, après qu'il a été puni pour ses crimes. Aussi la croix, la croix sur laquelle le criminel a été supplicié, la croix est pour eux un objet sacré, c'est là leur autel. Ajoutant à ces visions les plus insensées des chimères, ces chrétiens disent tous qu'ils ressusciteront après leur mort. Ils ajoutent même que déjà des cadavres sont revenus à la vie par un miracle de leur Jésus!

» Ces chrétiens, tel est le nom de ces hommes flétris, tisserands, cordonniers, apprêteurs de laine, qui vont prier sur les tombes des coupables, qui absolvent leurs criminels en répandant un peu d'eau sur eux, les chrétiens se déclarent audacieusement ennemis de nos dieux, de César, du sénat, des lois de l'empire, du genre humain tout entier... »

Jugez si la société gangrenée de la vieille Rome polythéiste s'émut, comme un seul homme, en lisant les lignes qui précèdent. Elle voua tout son mépris, toute sa haine à ces ennemis de l'espèce humaine, *odium generis humani*. On ne vit dans les chrétiens que les contempteurs des idoles de Rome et de leurs prêtres. Rapidement, d'un seul coup d'œil, les maîtres de la société, l'aristocratie impériale, tous les patriciens, et les ministres de la religion païenne entrevirent les conséquences du christianisme. On comprit que ces idées nouvelles allaient amener l'insurrection des classes serviles et qu'il était urgent de les étouffer au plus tôt.

Une autre cause de l'irritation et de l'inquiétude, en face du péril, c'était que les plébéiens, hommes les plus agrestes, sans lettres, sans études, eussent l'audace de penser autrement que les patriciens.

Le dernier grief, pour le plus grand nombre des personnages haut placés, consistait dans le contraste des mœurs réellement pures des chrétiens, et du sensualisme romain. Et, en effet, cette opposition sera l'éternel honneur du christianisme!

Depuis que les cités de Sodome et de Gomorrhe disparurent dans le lac de soufre qu'entr'ouvrit la colère divine, jamais humaine corruption n'avait tenu de plus licencieuses et sinistres assises que dans la Rome des empereurs. Le palais impérial s'était transformé en un bouge infâme, chaque maison monumentale en une école de vice, chaque esclave en un ministre ou une victime de débordements sans nom. Cet abrutissement bestial devait, tôt ou tard, amener une réaction.

Au spectacle de ces honteux désordres, des milliers d'hommes, rivés à la porte des patriciens par les fers de l'esclavage, finirent par s'indigner. Leur âme se révolta contre cet odieux asservissement de la créature humaine, faite à l'image de Dieu. De sorte que, du moment que les disciples de Jésus-Christ parurent, pauvres et opprimés se jetèrent en masse dans les bras de Pierre et de Paul, frémissant d'espérance à la pensée, sous l'amour d'une religion qui allait renouveler le monde, en opposant l'esprit à la matière...

— Frères, leur disait Paul, nous savons que toute créature soupire après un temps meilleur; mais je vous le dis : Ceux qui vivent pour la chair ne peuvent plaire à Dieu. Pour lui plaire, il faut vivre par l'âme. Si vous respectez l'esprit de Dieu qui est en vous, vous vivrez. Mais si vous vivez selon la chair, vous mourrez sans espoir de résurrection. Tuez par l'âme les actes de la chair, et vous vivrez de la vie éternelle; car tous ceux qui suivent l'esprit sont fils de Dieu et héritiers de Jésus-Christ. Frères, la nuit s'avance, le jour s'approche, dépouillez la robe des ténèbres et prenez l'armure de l'aube... (*Ep. aux Rom.*)

Pendant que les deux apôtres prêchaient ainsi aux hommes le mépris des choses de la matière et la suprématie des biens de l'âme tant dédaignée, si fort oubliée jusque-là, les patriciens de la ville impériale comprenaient parfaitement que les ministres de la nouvelle religion arrachaient les deux gonds antiques sur lesquels tournaient le culte panthéiste et l'empire. Dire que le corps, comme tout ce qui tient à la terre, est de la fange, et que l'âme seule émane des cieux, comme la lumière! Aussi, au premier mot de la doctrine évangélique, sénat, empereur et prêtres de tous les dieux s'unirent à l'instant contre l'ennemi commun, dans le but de l'écraser. — Ecrasons l'infâme! comme le criait Voltaire, dix-huit siècles après les patriciens...

L'incendie de la grande cité de Rome, sous Néron, offrit bientôt un excellent prétexte

On l'attribua aux chrétiens!

Alors cet horrible monstre se donna deux voluptés bien dignes de lui : d'abord le spectacle grandiose de la ville en flammes; et puis les supplices, les tortures, les inimaginables persécutions contre les chrétiens.

Vous savez où se trouve la *cité Léonine*, dans Rome? Au-delà du Tibre, et à l'endroit même où le pape Léon fit construire tout un quartier, dont le centre est occupé par l'admirable église de Saint-Pierre. Ce nom de cité Léonine fut donné à ce quartier, parce que ce fut le souverain pontife *Léon IV* qui l'édifia.

Mais ce même lieu avait jadis appartenu à Cincinnatus, ce Romain de la grande République, qui y avait sa chaumière et les champs qu'il labourait lui-même.

Ce même lieu, consacré déjà par de grandes vertus, était plus tard devenu le domaine de l'empereur Néron, qui y avait fait établir de magnifiques jardins.

Or, dans ces jardins, pendant le jour, les infortunés chrétiens, pour l'amusement et la satisfaction de vengeance de cet exécrable prince, étaient couverts de peaux de bêtes sauvages, et on lançait contre eux des molosses furieux qui les déchiraient à belles dents. Pendant la nuit, on revêtait de pauvres jeunes chrétiennes, des vierges, des adolescents, de tuniques soufrées et enduites de bitume, et alors on mettait le feu à ces candélabres vivants, placés de distance en distance pour éclairer les bosquets et les pelouses.

L'espace ne me permet pas d'entrer dans le détail des épouvantables supplices que firent inventer contre les chrétiens la haine et la rage de ces bourreaux appelés Néron, Héliogabale, Domitien, etc.

Disons seulement ceci : Le visiteur qui parcourt la merveilleuse métropole de Saint-Pierre peut obtenir facilement la permission de descendre dans les souterrains immenses qui s'étendent sous les vastes constructions du temple. Là, il foule aux pieds le sol même de ces jardins de Néron, rougis du sang d'innombrables martyrs. C'est par respect pour cette arène sacrée, que le pape Léon IV fit placer la basilique du prince des Apôtres immédiatement au-dessus de cette terre sanctifiée par la mort et les tortures de tant de victimes saintes.

Aussi quels sentiments, quelles impressions profondes, quelle douleur on ressent quand, arrivé au fond des cryptes de Saint-Pierre, on voit que l'on marche où ont marché, où ont combattu contre les bêtes sauvages, où ont lutté contre des gladiateurs, et des vierges à la fleur de l'âge, et de chastes adolescents, et des femmes, et des prêtres, et des chrétiens de tout rang, comme de tout sexe, pour la gloire et l'amour du Christ, leur Sauveur et leur Dieu !

Rappelés par les gémissements de toutes ces victimes, Pierre et Paul, en toute hâte, revinrent d'Orient à Rome. Sans crainte de la mort qui les attendait, ils élevèrent encore plus haut leur voix d'apôtres, et bientôt firent des prosélytes jusque dans le palais des tyrans. Mais alors, furieux que ses affranchies ne craignissent pas de s'envelopper du voile pudique de la nouvelle religion, Néron fit saisir les deux vieillards et les jeta dans la prison Mamertine, que je vous ai fait connaître.

Là, les deux disciples du Christ continuèrent leur mission. La colonne à laquelle était lié le pêcheur devint une tribune, et la source qui jaillit miraculeusement du rocher offrit l'eau du baptême. Des geôliers même, Processus et Martinianus, y professèrent la foi.

Le premier soin de ces deux néophytes fut de délivrer les deux apôtres, qui s'éloignèrent de ce lieu de captivité, brisés par neuf mois de privations et d'angoisses. A peine purent-ils s'avancer jusqu'à la Voie Appienne. Bientôt Pierre fut saisi par la fatigue et le sommeil. Il eut une vision. Dans cette vision, le Seigneur Jésus entrait dans Rome.

— Où allez-vous donc, Seigneur? lui dit Pierre.

— A Rome, pour y mourir de nouveau sur la croix... répondit l'Homme-Dieu.

A ces mots, l'apôtre se réveille. Il raconte à Paul l'apparition dont il vient d'être favorisé. Aussitôt les deux chefs de la religion chrétienne, interprétant ces mots du Sauveur comme un avertissement du ciel, reprennent le chemin de la ville.

Je ne les laisserai pas s'éloigner, cher lecteur, sans vous dire que, au lieu précis où saint Pierre vit ainsi Notre-Seigneur, on a construit une église qui porte le nom de *Domine, quò vadis?* c'est-à-dire des paroles mêmes que l'apôtre adressa au Seigneur Jésus. On y conserve la copie de la dalle sur laquelle J.-C. laissa l'empreinte de ses pieds. Et comme vous désirez savoir sans doute ce qu'est devenue la véritable dalle, je vous apprendrai qu'elle se trouve à l'église Saint-Sébastien, où je l'ai vénérée.

A la seconde pierre milliaire, qui précisait, comme sur nos routes en France, les distances de la Via Appia, Pierre et Paul rencontrèrent les bourreaux qui les cherchaient, car le bruit de la conversion des gardiens de la prison Mamertine s'était déjà répandu.

Néron avait ordonné le supplice des *séducteurs* et voulait y présider lui-même. En effet, il parut bientôt suivi d'une foule immense.

Mais telle était déjà la puissance de la religion du Christ, qu'il prétendait noyer dans le sang de ses propagateurs, que ces deux vieillards, couverts de tuniques poudreuses et déchirées, attiraient tous les regards de la foule, qui ne s'occupait plus de la pompe impériale, et qui, pour contempler ces captifs chargés de chaînes, oubliait le diadème d'or et le char d'ivoire du César.

Lorsque le voyageur sort de Rome par la porte Saint-Paul, porte qui fut ouverte sous Honorius sous le nom de porte d'Ostie, et restaurée par Bélisaire sous le premier nom, il laisse à sa droite la pyramide sépulcrale de Caïus Cestius. C'est un des monuments les mieux conservés de l'ancienne Rome. Cette pyramide est revêtue de marbre blanc de Carare : il ne lui manque que les statues dont elle était ornée, l'une en bronze et de dimension colossale, les autres en marbre. Le pied de cette statue de bronze, déposé au musée du Capitole, fut trouvé dans les fouilles pratiquées par Alexandre VII à la base du monument, qui ne compte pas moins de quatre-vingt-dix mètres d'altitude. La pyramide de Cestius se trouve enchâssée dans le mur d'enceinte de la ville, et sert de limite au cimetière des protestants. A l'intérieur, on trouve une vaste chambre funéraire, dont les murs en stuc sont ornés de peintures à fresques.

Après avoir traversé l'Almone sur un beau pont romain d'une seule arche, le voyageur passe auprès de la basilique de Saint-Paul, *extra muros*, et rencontre bientôt un vaste rocher rouge, couronné d'un diadème de verdure, le tout d'un effet magique. Il suit ainsi l'ancienne *Via Laurentina*, qui conduisait à *Laurentum*.

La *Via Ostiensis* passait au-devant la même basilique de Saint-Paul. De l'une et de l'autre voies se détachent des embranchements qui conduisent à Ardée, à Lavinium, etc.

A quelque distance on rencontre un petit pont moderne, sur lequel on traverse les *eaux Salviennes*.

Or, ce fut sur ce point que les bourreaux conduisaient les deux victimes de la colère de l'empereur. Mais avant d'arriver aux eaux

Salviennes, les cris de la foule sollicitèrent une faveur de Néron. C'étaient les juifs du Transtevère qui, eux aussi, voulaient un Calvaire, et demandaient à l'empereur de faire crucifier, au-delà du Tibre, le premier disciple de Celui que leurs frères avaient crucifié à Jérusalem.

Néron y consentit, et la joie de mourir ensemble fut enlevée aux deux apôtres. Lorsque les bourreaux les séparèrent, Paul dit à Pierre :

— Paix à toi, fondement des églises du Sauveur et pasteur des brebis du Christ!

— Va en paix, prédicateur des bons, chef des justes et médiateur du salut!... lui répondit le pêcheur.

Après cet adieu, Paul qui, en qualité de citoyen romain, ne pouvait périr d'un supplice infamant, eut la tête tranchée dans la plaine des eaux Salviennes, le 20 juin de l'an 66 de l'ère du Christ. On dit que, en tombant, sa tête fit trois bonds, et que trois sources jaillirent des trois endroits que toucha son chef sacré. J'ai vu ces trois sources dans l'église qui fut érigée sur ce théâtre de son martyre.

Quant à Pierre, il fut attaché à une croix, en effet, mais la tête en bas, selon le désir qu'il exprima par humilité, et cela sur le sommet du Montorio, surnom donné au Janicule, au-dessus des jardins de Néron, dont nous avons parlé, et du cirque que ce misérable empereur y fit ouvrir, pour y torturer les chrétiens, en les livrant aux bêtes féroces et aux supplices de l'huile bouillante, etc.

Je vous ai dit que cirque et jardins ne sont autres que le sol que couvrent maintenant les constructions de la basilique de Saint-Pierre.

Lorsque le chef de la chrétienté, saint Pierre, eut rendu l'âme, un de ses disciples, Marcellus, aidé de deux matrones romaines, Anastasia et Basilissa, auxquelles Néron fit depuis couper les pieds et la langue, détacha son corps et l'embauma ; puis il s'empressa de le cacher dans les cryptes du Vatican, une montagne voisine.

La même nuit, une autre patricienne, la noble et courageuse Lucina, recueillait le cadavre mutilé de saint Paul, et l'ensevelissait pieusement dans les grottes de ses jardins, qui servaient de bordure à la Via Ostiensis, là où se trouve actuellement la basilique de Saint-Paul, *extra muros*.

Deux jours après, la même Lucina suivit, avec toute sa famille, les deux geôliers de la prison Mamertine au tribunal du préteur. Interpellant alors Martinianus et Processus, celui-ci commença par leur demander s'ils étaient devenus assez insensés pour abandonner les dieux que Rome adorait depuis si longtemps. Puis, il leur promit d'oublier ce moment d'erreur, et les pressa de reprendre leurs colliers militaires. Mais Martinianus s'écria :

— Nous avons choisi les colliers de la milice céleste.

— Amis, fit le préteur, renoncez à votre démence, et adorez ces dieux immortels que vous vénérez depuis le berceau.

— Nous sommes chrétiens... répliqua Processus.

Alors on meurtrit le visage des deux nouveaux disciples du Christ; on les frappa à coups de pierres. Des scorpions de fer furent employés pour leur déchirer tous les membres, sans qu'un signe de faiblesse réjouît les païens.

Lucina, étanchant le sang de leurs plaies avec son voile, leur disait à chaque torture :

— Courage, soldats du Christ, soyez fermes! Ne perdez pas le bonheur éternel qui vous attend!...

Ne pouvant triompher de leur constance, le préteur fit trancher la tête à Processus et à Martinianus. Il ordonna en même temps que leurs cadavres fussent livrés aux chiens.

Mais l'intrépide Lucina veillait. Elle s'en empara, et les cacha dans une carrière ouverte sur un terrain qui lui appartenait. Tels furent les premiers confesseurs du Christ.

De 66 à 303, c'est-à-dire pendant 237 ans, la rage des empereurs de Rome, des patriciens et des adorateurs des faux dieux ne s'endormit à de rares intervalles que pour se réveiller plus sanguinaire et plus cruelle. Tout ce que la férocité humaine peut inventer de supplices fut épuisé contre les chrétiens : croix, roues, chevalets, fléchissaient sous le poids des cadavres. Les cirques, les amphithéâtres étaient teints de leur sang. Où le fer s'émoussait à force de frapper, on employait les bûchers ardents, les urnes de plomb fondu, l'huile bouillante. Les uns étaient livrés aux bêtes sauvages amenées à grands frais de toutes les parties du monde; les autres traînés par des chevaux fougueux sur des pointes d'acier et des lames tranchantes. On écorchait et on brûlait vifs ceux-ci; on précipitait ceux-là dans des fournaises. Les plus jeunes, liés à des colonnes, battus de verges ou de fouets plombés, mouraient par la corde ou l'épée : les plus faibles, déchirés avec des peignes et des râteaux de métal, déchiquetés avec des tenailles rougies, souffraient des tortures atroces tant qu'il leur restait un souffle de vie; les plus vigoureux étaient écrasés sous des pressoirs comme le fruit de la vendange, jusqu'à ce que le sang coulât, où coulaient auparavant des flots de vin. On les cousait dans des peaux de taureaux fraîchement tués qui, exposées à l'ardeur du soleil d'Italie, étouffaient lentement la victime en se rétrécissant et en se desséchant. On les rôtissait sur des lits de braise; on les plongeait la tête en bas dans des chaudières où bouillonnaient la poix, la résine. On leur serrait la poitrine et les flancs entre des lames de bronze incandescentes. On les enfermait dans des statues de bœufs d'airain que les bourreaux chauffaient sur des brasiers immenses.

Et Rome païenne tressaillait de joie, car les cris des chrétiens, imitant les mugissements des bêtes fauves, remplissaient l'âme du populaire d'allégresse et donnaient satisfaction à la haine patricienne.

Quant aux femmes, aux jeunes filles, aux esclaves venues de toutes les régions, fustigées jusqu'au sang, lapidées, décapitées, exposées sans voiles dans des filets au milieu du cirque de Néron, sur les arènes du Colisée, partout où l'espace permettait à la foule d'accourir et de se repaître de ces spectacles horribles; livrées à la fureur des vaches furibondes des Maremmes, ou condamnées, comme sainte Agnès, au plus odieux des outrages, sous les sombres arcades des théâtres et de l'amphithéâtre Flavien, quand les gladiateurs leur avaient coupé les mains, la langue, les seins, les pieds, elles étaient éventrées comme les timides brebis, et leurs cadavres remplis d'orge devenaient la pâture des pourceaux.

Après Néron, douze empereurs suivirent cet abominable système de terreur sauvage vis-à-vis des chrétiens.

Domitien l'adopta par orgueil;

Trajan, par déférence pour les prêtres des faux dieux;

Hadrien, par cruauté.

Sous Antonin, Marc-Aurèle et Commode, la persécution devint si ardente, que les chrétiens ne semblaient plus pouvoir trouver un asile sur la terre.

Encore plus impitoyables, Septime-Sévère, Maximin et Décius frappèrent tant de victimes que les fontaines mêmes rougissaient du sang des martyrs.

Gallus en inonda les amphithéâtres pour se rendre Apollon propice;

Valérien, pour se concilier les païens;

Dioclétien, pour plaire à Galérius.

Et, comme si le despotisme impérial eût tenté un effort suprême, les chrétiens furent poursuivis à cette époque avec un tel redoublement de fureur, que toutes les prisons étaient pleines de proscrits et toutes les places de la grande cité couvertes de bûchers en flammes.

— Que devenir?... Où se réfugier? En quel endroit obscur dissimuler les saints Mystères?

— Où cacher Dieu? Quel asile assez ténébreux pour aller l'y adorer en paix et se livrer aux pratiques de la religion nouvelle?

— En quels lieux déposer les restes chéris de tant de martyrs, pour prier sur leurs tombes et vénérer silencieusement leurs restes?

Telles étaient les questions que s'adressaient les chrétiens, et nulle solution ne se trouvait.

En attendant, plus que jamais les persécutions faisaient couler le sang des victimes...

Repoussés par le monde romain, les chrétiens enfin conçurent le projet de chercher un refuge dans les entrailles de la terre. Jadis, aux jours des périls, les fils d'Israël s'enfouissaient dans les cavernes de la Judée. Maints prophètes s'étaient longtemps cachés dans les grottes du mont Horeb. Ce fut dans de tels antres que le grand Elie passa de nombreux mois. Les Apôtres eux-mêmes s'étaient abrités déjà dans les profondeurs d'où jaillissent les sources de Rozel.

Les jardins de Lucina possédaient des carrières; le mont Vatican avait ses cryptes ou souterrains. On imagina de s'y abriter contre la rage des persécuteurs. Mais comme il était dans les destinées du christianisme de voir ses membres se multiplier à mesure qu'on les égorgeait, de même que les forêts repoussent plus épaisses quand elles sont abattues par la cognée du bûcheron, grottes, cryptes, cavernes de la Voie d'Ostie, furent bientôt insuffisantes à contenir la multitude des chrétiens. On eut recours aux carrières creusées sous la ville impériale, carrières appelées *Arenariæ*.

En effet, Rome repose sur un terrain volcanique, avons-nous dit. Ce terrain se compose de pouzzolane. La pouzzolane est une espèce d'argile ferrugineuse, diversement colorée, qui a subi l'action d'une haute température par le feu des volcans. Elle forme avec la chaux et le sable comme un mortier qui durcit rapidement. Or, pour construire l'immense cité de Rome, renfermant jusqu'à près de 2,000,000 d'habitants on avait extrait, des entrailles du sol qui porte la Ville-Eternelle, de telles quantités de pouzzolanes, dont on avait fait le célèbre ciment qui servit aux innombrables maisons, temples, palais, thermes, théâtres, amphithéâtres et fortifications des murs d'enceinte, que sous la Rome gigantesque étalée à fleur de terre et dressant au soleil ses môles, ses monuments et ses îlots de maisons, s'étendaient à des distances infinies, incommensurables, le dédale de souterrains obscurs, et le labyrinthe le plus inextricable qu'il soit possible d'imaginer, une ville souterraine en un mot, une ville morte qui comptait autant de rues, de carrefours, de places, que la cité vivante qui grondait au-dessus.

On appela ces *Arenariæ* ou carrières les *Catacombes*, de *cata*, en bas, et *cumbos*, cavité.

Les chrétiens s'engouffrèrent dans les Catacombes. Mais si les galeries profondes et obscures ne manquaient pas, la sécurité bientôt fit défaut. Ce refuge souterrain ne tarda pas à devenir d'autant plus dangereux que les païens pouvaient aussi les parcourir et en fermer les issues. Alors les nouveaux convertis se mirent à l'œuvre; ils creusèrent des puits dans les Catacombes mêmes, et de là ouvrirent des galeries sous les galeries déjà existantes. Le labeur se faisait dans l'obscurité; on y observait une admirable régularité. Quatre ou cinq voies principales dirigées en forme de croix grecque, formèrent en général les plans de cette cité mystérieuse. Sur ces quatre ou cinq grandes lignes, se croisèrent bientôt, en se rattachant l'une à l'autre, soixante voies secondaires, communiquant toutes ensemble, et occupant une superficie de plusieurs milles.

Lorsque cet asile souterrain fut terminé, on y pratiqua un étroit soupirail, afin de donner passage aux corps des martyrs.

Dès que les bourreaux avaient mis fin au supplice des confesseurs de la foi, aux cirques, au Colisée, ici ou là, et que les cadavres mutilés des victimes demeuraient immobiles au milieu d'une mare de sang, abandonnés aux chiens qui les dévoraient, des chrétiens, futures victimes eux-mêmes, arrivaient cauteleusement, en silence, s'emparaient de la dépouille mortelle de leurs frères en Dieu, et la transportaient dans la ténébreuse nécropole. Là, éclairés à peine par la lueur vacillante d'une lampe de terre cuite, marquée du monogramme du Christ, ils creusaient, dans la paroi d'une galerie, une tombe de la longueur du corps, l'y plaçaient pieusement après l'avoir arrosé de leurs larmes; et fermaient ensuite l'ouverture à l'aide de briques posées sur champ, qu'ils revêtaient de chaux.

Le martyr était distingué du simple catéchumène. Cette distinction se faisait par l'adjonction, près du cadavre, d'un petit vase, le plus simple, rempli du sang du martyr, ou bien d'une palme empreinte sur la chaux.

Ces enterreurs dévoués, ces fossoyeurs primitifs, qui bravaient mille fois la mort pour rendre les derniers honneurs à ces défunts, souvent déjà putréfiés, composèrent alors la première classe des *clercs*. Chaque église en comptait douze. Ils ne voyaient plus la lumière du jour, du moment que commençait une nouvelle persécution. La nuit, ils erraient à l'aventure, et au grand péril de leur vie, au pied des croix élevées sur les voies publiques, à l'entour des bûchers, partout où le supplice des chrétiens était en permanence. Pendant le jour, rentrés dans les Catacombes, leur lampe à la main, en proie aux émanations des cadavres qu'ils avaient rapportés, ils fermaient les galeries désormais remplies des reliques des saints, et ils en creusaient de nouvelles.

Grâce à cet héroïque dévoûment, dont Dieu seul était le témoin, les martyrs et les morts chrétiens trouvèrent enfin un abri contre les profanations du paganisme. Ils reposèrent en paix. Aussi appela-t-on ces secondes Catacombes inférieures du mot grec *cimetières*, qui veut dire *lieu où l'on dort*, de *coimétèrion*, dortoir, qui vient lui-même de *coimaô*, dormir.

Chaque groupe d'églises eut bientôt son cimetière souterrain; car il se trouvait des *arenariæ* ou sablières sur les quatorze voies publiques qui rayonnaient autour de Rome.

Ainsi quatorze cimetières, peu à peu, entre-croisent leurs réseaux sous les Voies Appienne, Ardéatine, Aurélia, Cornélia, Flaminia, Labicane, Latine, Salara, Prénestine, d'Ostie, Portuense, Nomentane, Tiburtine et Valérienne.

Les plus remarquables des soixante-douze régions cimétériales qu' s'étendirent ainsi, comme un gigantesque dédale, sous la ville de Rome, sont d'abord celles appelées *Cryptes du Vatican*. On y trouve un nombre considérable de sarcophages en marbre de Paros. Viennent ensuite les catacombes de la Villa Pamphili, dans lesquelles, ainsi que dans presque toutes, on rencontre des chambres ornées d'autres sarcophages de marbre et de porphyre, des urnes de toutes les formes, des diptyques, des inscriptions grecques et latines, en noir, en rouge, en lettres d'or, et enfin des peintures du plus étrange effet.

De ces inscriptions voici déjà les plus remarquables :

« *Perpetuus, qui a bien mérité du Christ, son Dieu. Il a vécu XXV ans. Léontia, sa mère, l'a déposé ici en paix!* »

« *Julia, en paix, à côté des saints.* »

« *Protus dort en ce lieu dans le Saint-Esprit.* »

« *Pierre, qui vécut XIX ans en Christ, fut déposé là, en paix, sous le consulat de Philippe.* »

Les inscriptions des martyrs n'étaient ni plus longues ni plus pompeuses. On voyait bien sur le marbre ou sur la chaux, ou au-dessus des tombes, des coquilles incrustées, des fioles vermeilles de sang, des colombes, des palmes, de petites couronnes. Mais les caractères, rouges ou noirs, disaient simplement :

« *Primitius, dont la vie fut de XXXIII ans, martyr inébranlable, après avoir enduré plusieurs supplices, repose en paix.* »

« *Les martyrs Simplicius et Faustinus, dont la passion a pris fin dans les eaux du Tibre, ont été déposés dans ce sépulcre.* »

« *Alexandre n'est pas mort; son corps est dans ce tombeau, mais lui vit au-dessus des astres. Il a terminé la vie terrestre sous l'empereur Antonin, que les chrétiens avaient servi, et qui a payé leur fidélité avec sa haine. Ne voulant plier le genou que devant le vrai Dieu, Alexandre a été conduit au supplice. O temps cruels! où l'on ne peut être sauvé, même au fond des cavernes! Quoi de plus misérable que notre vie, et quoi de plus affreux que notre mort, après laquelle nos parents et nos amis ne peuvent même ensevelir nos restes!* »

A ce cri de douleur, succède la résignation évangélique :

« *A Pampinus, mon disciple, qui a bien mérité du Christ!* »

« *Moi, Secunda, j'ai élevé cette* CUPELLA *à la mémoire de ma fille Secundine, qui laissa ce monde pour la Foi, avec son frère Laurentinus. Ils partirent en paix!* »

Sur la rive droite du Tibre, se trouvait le premier cimetière, celui où dormit l'apôtre, le pape saint Pierre, au milieu des martyrs de Néron, et tout près de l'endroit où il fut crucifié la tête en bas. Il y demeura jusqu'au jour où Michel-Ange ayant entrepris d'élever la célèbre métropole, on lui créa un tombeau dit *Confession de Saint-Pierre*, où il gît à cette heure, immédiatement au-dessous de l'admirable coupole.

Un autre cimetière longe le Tibre, du même côté, et unit les Cryptes Vaticanes aux nécropoles du Janicule dites *Catacombes de Saint-Pancrace*, de *Callépode*, de *Saint-Jules*, du *pape Félix*, et des geôliers de la prison Mamertine, Processus et Martinianus, reliées par des galeries, sous la Voie Aurélia, aux *Catacombes du Monte-Verde*, montagne verdoyante voisine de la colline du Vatican.

En face, mais de l'autre côté du Tibre, se déployaient autour du *tombeau de Saint-Paul*, la *tombe de Lucine*, l'illustre patricienne que nous avons déjà nommée souvent ; puis les sépultures de Timothée, son disciple bien-aimé ; de Commodilla, de saint Zénon, de Cyriaque. Ce vaste cimetière de Lucine rayonnait sous les collines des eaux Salviennes, et sous les voies d'Ardée et d'Ostie. Ce fut de ce lieu de repos que fut extrait le *corps de saint Paul*, pour être réuni à celui du prince des Apôtres, dans le lieu dit la Confession de Saint-Pierre, ou *tombeau des Deux-Apôtres*, sous le dôme de la métropole de Michel-Ange.

Pour bien comprendre l'immensité de ce Labyrinthe-Souterrain appelé les *Catacombes de Rome*, il faut savoir ceci : On compte dans les nécropoles romaines, ou les Arenariæ, DOUZE CENTS KILOMÈTRES D'ÉTENDUE!

Dans chacune des soixante-douze régions cimétériales, il y avait place pour *cent mille cadavres!*

Mais les empereurs romains Néron, Domitien et autres, ces épouvantables faucheurs de la vie, travaillaient vite, et ces innombrables ruches de la mort étaient bientôt remplies.

D'autre part, comme les chrétiens refoulés dans ces vastes souterrains par le fer et le feu, n'avaient guère ni d'autres demeures ni d'autres sanctuaires, de chaque galerie on faisait des chapelles, des sanctuaires; on y élevait des autels, on couvrait les murailles de peintures, de sentences, d'*ex-voto;* on y créait des lieux d'assemblées, de réunion, des églises souterraines; et c'était dans ces mystérieuses basiliques de la mort, que l'on offrait le saint Sacrifice, le sacrifice mémorial de l'amour du Sauveur, et que l'on distribuait, avec la parole évangélique, le pain sacré de l'Eucharistie.

Aussi, sur les tombes, dans les inscriptions des sanctuaires, le long des murailles crépies à la chaux, se produisait cette célèbre *charité chrétienne* qui, dans l'Eglise de Dieu et de son Fils, ne voyait que les enfants d'un même père. Ce qui faisait encore dire aux plus engoués de polythéisme parmi les païens :

— Regardez comme ils s'aiment!

Là, tous les rangs étaient confondus, en effet.

Auprès d'un chrétien, riche et noble comme Thrason, on trouvait la place de Donatus, tisseur de lin dans la rue Suburrane, la plus immonde de Rome. A côté des plus fameuses matrones, comme Lucine, comme Plautilla, qui donna son voile à saint Paul pour tenir l'office de bandeau, comme Domitilla, cousine de l'empereur Domitien, dormait en paix la plébéienne Pollecla, marchande d'orge sur la Via Nova. Enfin, la glorieuse palme des martyrs décorait la tombe de la pauvre Antessie, balayeuse de rues…

Ainsi donc, dans cette Rome souterraine, il y avait plusieurs étages de catacombes ou voies taillées dans le tuf ou pouzzolane. C'étaient les rues de la mort et des tombeaux.

Mais elle avait aussi ses cryptes, ses cubicula, ses catabatiques, et aussi ses baptistères et ses églises.

Les *cryptes* ou chapelles étaient des réduits, creusés dans le même tuf que les galeries, arqués à la partie supérieure, tantôt carrés, tantôt hexagones, tantôt octogones, qui présentaient intérieurement trois arcades bien taillées, et qui pouvaient contenir de douze à quinze fidèles.

Sous ces arcades, fermées à la moitié de leur hauteur par un mur naturel, reposaient les corps des martyrs.

Les *catabatiques* avaient une voûte plus surbaissée.

Les *cubicula* étaient exclusivement des chambres funéraires, où reposaient isolément des martyrs plus illustres.

On ne distinguait bien les cryptes ou chapelles, construites par l'église, et les catabatiques, plus petites chapelles, des cabicula ou chambres mortuaires creusées par les fidèles, qu'à la grandeur de la niche circulaire du fond, qui, servant d'autel, s'élevait de trois pieds au-dessus du sol, et souvent aussi deux *ambons* ou petites tribunes grossièrement travaillées, et destinées aux diacres.

Quant aux *églises*, plus longues que larges, et pouvant contenir au moins cent chrétiens, elles se reconnaissaient à leurs chaires de tuf durci, à la hauteur plus considérable de la voûte, aux bancs taillés dans les parois, aux consoles destinées à porter des lampes, et à la lucarne ouverte au-dessus de la porte, afin de donner passage à l'air extérieur.

Les églises n'avaient pas de peintures; mais les cryptes, plus petites, étaient décorées de fresques.

On y voyait, on y voit J.-C. réveillant Lazare à la prière de Marthe; des colombes qui vont manger dans une corbeille de fleurs; les vierges sages, qui symbolisent l'espoir de la vie future.

On y trouvait, on y trouve l'image du Bon Pasteur, ayant une brebis sur les épaules, ou des agneaux à ses pieds; la Croix entourée de perles, de fruits, de guirlandes, où douze colombes figurent les Apôtres.

On y admirait, on y admire des esquisses de la Vierge tenant dans ses bras l'Enfant-Dieu ou agenouillée en présence de l'ange Gabriel; Moïse adolescent; la Samaritaine; les portraits de saint Pierre et de saint Paul.

C'était, c'est encore tout un Panthéon chrétien.

Saint Paul y est représenté le front chauve, avec une longue barbe : il est à droite de saint Pierre, ici; là, à gauche. L'un et l'autre tiennent un rouleau de papyrus. Seul, un monogramme du Christ les sépare.

D'autres peintures représentent le Pêcheur au gouvernail, et le Tailleur de cuir à la poupe, sur une barque soulevée par des flots en fureur.

Nombre de ces peintures sont d'un goût exquis. Il en est d'autres qui sont grossièrement tracées à l'ocre. Beaucoup aussi ne sont qu'ébauchées. On voit que c'est une main hâtive ou tremblante qui a passé là. On devine un travail fait à la lueur d'une lampe fumeuse.

Ici et là, allégories expressives à l'endroit des souffrances des chrétiens, comme aussi à l'endroit de leurs espérances. C'est Abel qui tue Caïn. Ce sont les trois enfants de l'Ecriture jetés dans la fournaise. Voici Daniel au fond de la fosse aux lions. Voilà Jonas englouti dans la baleine. Elie prie dans les cavernes de l'Horeb. Le bras d'Abraham est arrêté par un ange au moment où il va frapper Isaac. Puis viennent des lions, des tigres, des ours, des taureaux sauvages rappelant les combats du Colisée. Se présente aussi le Christ, sous les traits d'Orphée, qui dompte les bêtes féroces et les tient à l'écart.

Telle était Rome souterraine; telle elle est encore.

Aussi je ne saurais vous dire quelle émotion vibrante s'empare du touriste qui a la foi, du voyageur qui passe, mais qui espère en Dieu, de l'indifférent même dont le cœur bat facilement, lorsqu'on pénètre dans ces ténèbres, sous ces voûtes sacrées, une petite lampe à la main, tout comme les premiers chrétiens, et que l'on se reporte à ces cruelles époques des plus épouvantables persécutions, pour se dire :

— C'est ici même, sur ce même sol, près de ces mêmes murailles de pouzzolane, au milieu de ces autels de tuf, que s'opéraient les mystères, que l'on pleurait dans les angoisses des supplices, que se produisaient les espérances des chrétiens proscrits et traqués comme bêtes fauves! Combien de douleurs, que de larmes, quelles brûlantes prières, quels accents touchants de foi, d'espérance et d'amour, n'ont pas vus, n'ont pas entendus ces voûtes, muettes maintenant depuis quinze siècles, mais où l'écho de ces temps de proscriptions redit encore tant de souffrances et tant de vertus chrétiennes! Quelle admirable et lugubre poésie prête à notre divine religion cette grande Rome souterraine, avec son silence solennel, son imposante obscurité ses morts sacrés et ses impérissables souvenirs!

Or, en ces temps-là, de 37 de l'ère nouvelle, c'est-à-dire après J.-C. pendant toute la durée des persécutions contre l'Eglise du Christ,

occupaient l'Empire romain, les empereurs que voici :	et gouvernaient les Chrétiens en qualité de papes, ou vicaires du Christ :
Tibère, 37 après Jésus-Christ	S. Pierre, 34 après Jésus-Christ, crucifié.
Caligula, 41 —	
Claude Ier, 54 —	
Néron, 64 —	S. Lin, 66 —
Galba, 69 —	décapité.
Othon, 69 —	
Vitellius, 79 —	S. Anaclet, 78 —
Vespasien, 79 —	jeté à la mer, avec une ancre au cou.
Titus, 81 —	
Domitien, 96 —	S. Clément, 91
Nerva, 96 —	
Trajan, 98 —	S. Evariste, 100 —

ROME.

Hadrien, 117 après Jésus-Christ;	S. Alexandre, 109 Martyr.	
Antonin-le-Pieux, 138	—	
Marc-Aurèle, 161	S. Sixte Ier, 119	— M.
Vérus	S. Télesphore, 127	— M.
Commode, 180	S. Hygin, 139	— M.
Pertinax, 193	S. Pie Ier, 142	— M.
Septime-Sévère, 193	S. Anicet, 157	— M.
Caracalla, 198	S. Soter, 168	— M.
Macrin, 217	S. Eleuthère, 177	— M.
Héliogabale, 218	S. Victor Ier, 193	— M.
Alexandre-Sévère, 222	S. Zéphirin, 202	—
Maximin, 233	S. Calixte Ier, 219	— M.
Gordien Ier et Gordien II, 237	— S. Urbain, Ier, 223	— M.
Maxime et Albin, 237	S. Pontien, 230 mort de faim.	—
Gordien III, 238		
Philippe, père et fils, 244	S. Anthère, 235	— M.
Décius, 249	S. Fabien, 236	— M.
Gallus et Volusien, 251	—	
Emilien, 253	S. Corneille, 251	— M.
Valérien, 253	S. Luce Ier, 252	— M.
Gallien, 253	S. Etienne Ier, 253	— M.
Claude II, 268	S. Sixte II, 257	— M.
Aurélien, 270	S. Denys, 259	—
Tacite, 274	S. Félix Ier, 269	— M.
Probus, 276	S. Eutychien, 275	— M.
Carus, 282	—	
Carin et Numérien, 283	—	
Dioclétien, 284	S. Caïus, 283	— M.
Maximien-Hercule, 286	—	
Constance-Chlore et Maximilien-Galère, 306	S. Marcellin, 296	—
Constantin-le-Grand, 1er empereur chrétien, 306.	S. Marcel, 308; mort de misère dans une étable.	

Or, il est bon qu'on le sache, de tous ces représentants du Christ sur la terre, quelques-uns exceptés, tous ont donné leur vie et se sont faits martyrs pour attester leur foi au vrai Dieu. Je les signale de la glorieuse lettre M, qui signifie *Martyr !*

XII

Prestiges des ruines de l'ancienne Rome. — Vie du passé, vie du présent. — Impression qui résulte d'un voyage à Rome. — Résumé de ce que l'on a vu dans Rome. — Enceinte. — Population. — Ponts et tombeaux. — Sépulcre de Hadrien transformé en château Saint-Ange — Origine de ce nom. — Portes de Rome. — Les quatorze quartiers tracés par Auguste. — Aspects de Rome moderne. — Ce qu'est devenue la Voie Flaminienne. — Place du Peuple. — *Santa-Maria-in-Via-Lata*. — Maison habitée par saint Paul. — Le Corso. — Eglises et palais. — Ce qu'on rencontre sur le Corso. — Place de Venise. — Place d'*Ara Cœli*. — Ancien et nouveau Capitole. — Hôtel-de-Ville de Rome. — Ce qui reste de la Roche-Tarpéienne. — Excursion dans le Tabularium. — Effet produit par la vue des ruines. — Causes de la chute de Rome et de l'Empire romain. — Comment se perdit la discipline militaire. — Combien était mauvaise l'éducation de la jeunesse. — Pourquoi la foi religieuse alla toujours s'affaiblissant. — De la femme dans les sociétés humaines. — Rôle de la femme, dans Rome et chez les Romains. — Les libres-penseurs romains. — Dangers du luxe et des toilettes. — L'amour de la bonne chère et ses poisons. — Rapports qui existent entre les progrès, la décadence et la chute des peuples.

Bien que depuis des siècles Rome ait été le théâtre de toutes sortes d'événements et de catastrophes, elle est restée la plus intéressante, la plus curieuse à visiter, la plus magnifique de toutes les villes; aussi lui donne-t-on le surnom de *Ville-Eternelle*.

Les ruines de la Rome d'autrefois, aussi bien que les merveilleux monuments de la Rome d'aujourd'hui, sont entourés du prestige d'une admirable beauté, d'une sainte majesté. Les plus brillants souvenirs de tous les temps se rattachent aux édifices qui se présentent en foule aux investigations des voyageurs.

La vie du passé, comme la vie du présent, n'apparaissent nulle part aussi nettement que dans l'enceinte des murs de Rome :

La première, *classique* dans toute la puissance extérieure;

La seconde, se manifestant par un sentiment plus intime, par un charme véritablement *romantique*.

De là l'impression profonde, ineffaçable, que Rome produit sur tout visiteur impartial et sensé : de là le désir éprouvé par tant de touristes, qui ont vu cette cité, d'y revenir encore.

Afin de répondre, autant qu'il est en nous, à l'impression que subissent tous ceux qui ont étudié Rome, et de donner pleine satisfaction à cet étrange besoin de revoir et parcourir encore cette ville sympathique et curieuse, permettez-moi de résumer mon travail sur la grande Souveraine du monde, en résumant ce que j'ai écrit dans cet ouvrage, et en plaçant sous vos yeux la réduction du vaste et splendide panorama que j'ai pris à tâche d'esquisser avec le plus de vérité possible.

N'oubliez pas d'abord que Rome ancienne fut construite sur un certain nombre de collines que, de nos jours, on peut à peine distinguer, si ce n'est à de légères ondulations, à cause des immenses décombres qui ont rempli les vallées intermédiaires. Une autre cause qui a contribué à combler ces vallées, ce fut de fréquentes et terribles inondations produites par le peu d'élévation de la rive orientale du Tibre, souvent grossi par la fonte des neiges de l'Apennin.

Selon les temps, l'enceinte et la population de cette immense capitale furent très diverses.

Ainsi, lors de sa période la plus florissante, Vopiscus, dans la Vie d'Aurélien qu'il a écrite avec soin, donne à l'enceinte de Rome, d'après les derniers agrandissements qu'elle reçut de cet empereur, environ cinquante mille pas, soit huit milles et un tiers. Mais nous croyons qu'il y a là une erreur de chiffres, et qu'il faut lire quinze mille pas. En effet, Pline assigne à cette enceinte, de son temps, treize mille pas, ou douze milles et demi. Or, les données des investigateurs modernes s'accordent avec ce dernier calcul.

La population pouvait s'élever alors à trois millions d'habitants : mais le nombre des citoyens ne dépassait pas trois cent mille.

Nous avons vu Romulus entourant la ville de murs : c'était plutôt un rempart de terre, bordé d'un fossé.

Des quatre portes qu'il avait fait construire, portes Carmentale, Saturnienne ou Pandanique, Romaine et Mugonienne, la porte Carmentale, après lui, fut la seule conservée.

Les murs s'étendaient, à partir du mont Palatin au pied de l'Aventin, jusqu'au Tibre. Puis, ils fermaient l'espace compris entre le Tibre et le Capitolin, sur la rive droite. Sur la riche gauche, ils séparaient le Palatin des monts Cœlius, Esquilin, Viminal et Quirinal, et venaient encore une fois aboutir au Capitolin.

La seconde enceinte, ouvrage de Servius-Tullius, était irrégulière, mais plus étendue, et renfermait en masse les collines que nous venons de nommer, de l'est au sud. Elle allait gagner le Tibre en passant à la base du mont Aventin, traversait le fleuve, se prolongeait en triangle sur la rive occidentale jusqu'à la pointe méridionale du Janicule, qu'elle séparait des autres collines, et se continuait en ligne droite jusqu'à l'extrémité méridionale de l'île du Tibre, en embrassant toute la masse d'habitations située de l'autre côté du fleuve. Du côté septentrional de la ville, on conserva en partie les vieux murs de Romulus. L'ancienne enceinte, l'enceinte primitive, s'arrêtait à la pointe du Quirinal; Servius-Tullius la fit continuer jusqu'à la dernière extrémité de cette colline, et fit envelopper par son *agger* les autres monts de l'est.

La colline du Pincius, le Champ-de-Mars, et le mont Vatican, restèrent donc entièrement en-dehors de cette ligne.

La troisième et dernière enceinte, celle d'Aurélien, qui subsiste encore de nos jours, renferma aussi toutes ces parties : mais, comme en partant de l'extrémité nord-est du Quirinal elle s'étendait encore plus loin, au nord, elle comprit ainsi le Champ-de-Mars, à partir du Pincius, elle alla en-deçà de cette colline jusqu'au Tibre, embrassa, dans un grand arc, de l'autre côté du fleuve, le mont Vatican, et vint rejoindre l'ancien rempart, construit jusqu'à la pointe du Janicule, de sorte que l'île du Tibre appartint également alors à la cité.

Avec une si vaste enceinte, le nombre des portes devint considérable. Pline en compte trente-sept, dont quelques-unes existent encore aujourd'hui, sous d'autres noms.

L'ancienne Rome eut nécessairement un certain nombre de ponts, dont quelques-uns servent encore à la population des deux rives.

Le plus ancien, celui qui se trouvait le plus bas sur le Tibre, était le *Sublicius*, illustré par Horatius Coclès. Il conduisait de l'Aventin à la vallée du Janicule. Il n'existe plus. Mais quand les eaux du fleuve sont basses, on voit encore quelques très intéressants débris de cette vieille ruine.

Le second unissait le Forum-Romanum au Janicule; il avait nom *Pons Senatorius*, parce que le cortége solennel du sénat le traversait, lorsqu'il allait chercher les livres Sibyllins, gardés en dépôt sur le Janicule. Ce fut le premier pont de pierre bâti à Rome. On en voit encore des restes, près du Ponte-Rotto, dont je vous ai parlé, et qui l'a remplacé. On l'appelle aussi pont Sainte-Marie.

On arrivait à l'île du Tibre par deux ponts. Celui de l'est s'appelait *Pons Fabricius*, aujourd'hui Ponte di quattor capi, et celui de l'est, *Pons Cestius*, de nos jours pont de Saint-Barthélemy.

Du Champ-de-Mars au Janicule, en passant près du théâtre de Marcellus, on traversait un autre pont, *Pons Janicularis*, actuellement Ponte Sisto.

Quant au cinquième, *Pons Vaticanus* ou *Triumphalis*, qui établissait la communication du Champ-de-Mars au Vatican, on en voit les ruines près de l'hospice du Saint-Esprit.

Le pont Elien, *Pons OElius*, à présent le magnifique pont *Saint-Ange*, aboutissait au même point, en passant près du Môle Hadrien.

— Qu'est-ce donc ce Môle Hadrien?... allez-vous me dire.

Je vous ai déjà dit que les Romains s'éprirent de la ligne courbe et l'appliquèrent jusqu'à leurs tombeaux.

Ainsi, la *Casa Rotonda*, sur la Voie Appienne, est ronde, comme son nom l'indique;

Ainsi le tombeau de la célèbre Cœcilia Metella, sur la même voie, est rond également.

Vous avez vu que le mausolée d'Auguste, au Champ-de-Mars, affectait aussi cette forme.

Or, l'empereur Hadrien, qui se piquait d'être grand connaisseur en architecture, et qui punit même de mort un artiste dont le goût en fait d'art n'était pas en harmonie avec le sien, dressa le plan du sépulcre destiné à renfermer sa dépouille impériale, et fit élever lui-même son tombeau, dans les champs des Domitiens, sur le bord du Tibre, tout près du Vatican. Ce devint un mausolée merveilleux. Colonnes, statues, marbres et brèches, bronze et or, tout fut employé avec profusion pour orner ce monument. La porte principale regardait le *pont Œlien*, ainsi nommé de la famille *Œlia*, à laquelle appartenait le prince. Dans l'épaisseur du mur on réserva une large montée en spirale permettant d'aller à cheval jusque sur la plate-forme supérieure. Cette massive et grandiose construction circulaire, entourée de colonnes de brèche violette et présentant le plus majestueux aspect, se terminait par une énorme pomme de pin en bronze doré, qui renfermait le cercueil dans lequel devait reposer le fier Hadrien.

L'homme propose et Dieu dispose... dit et répète souvent le proverbe. En effet, vinrent les Barbares, ces armées de terribles démolisseurs; vinrent les effroyables désordres du moyen-âge : alors les cendres impériales furent jetées au vent. Le tombeau de Hadrien, à raison de sa masse colossale et de son inébranlable solidité, devint... une citadelle. De nos jours, dépouillé de toute sa luxueuse ornementation, le mausolée impérial est devenu le *fort* ou *château Saint-Ange*.

Disons ici que la fameuse pomme de pin, en bronze doré, qui renferma le cercueil et les ossements de Hadrien, n'a pas été perdue pour les amateurs d'antiquités. On la trouve et on la voit de près dans les jardins du Vatican; comme dans les jardins Farnèse, on retrouve et on voit le magnifique sarcophage qui renferma longtemps le corps de la belle Cœcilia Metella, sarcophage servant à cette heure de vasque à de splendides fontaines jaillissantes.

Pourquoi château Saint-Ange? Parce que, en l'an 595, le pape saint Grégoire, pendant une procession solennelle ayant pour but d'implorer le secours du ciel contre les calamités dont l'Italie était alors victime, en passant devant le sépulcre devenu le *Môle Hadrien*, entendit une voix qui lui annonçait que la colère de Dieu était apaisée. Le pieux pontife crut même entrevoir un ange qui remettait son épée dans le fourreau. Aussi, dans la pensée de rappeler ce prodige, Grégoire plaça sur le sommet du Môle une statue en l'honneur de saint Michel archange, et le tombeau s'appela désormais *Castel Sant'Angelo*.

Je reviens maintenant au dernier des ponts de Rome, dont j'avais à vous entretenir, à savoir le *Pons Milvius*, aujourd'hui le *Ponte Molle*, construit postérieurement au temps de Sylla, par Marcus Œmilius Scaurus.

Les rues de la grande cité, même après qu'elles eurent été reconstruites par Néron, étaient fort irrégulières. Quant à ses places publiques, très nombreuses, elles étaient distinguées en *areæ*, c'est-à-dire parvis de palais et de temples; en *campi*, soit des places vides et garnies de pelouses, consacrées aux délibérations du peuple, aux cérémonies publiques, ou bien encore aux exercices militaires de la jeunesse et aux funérailles; et enfin en *forums*, places pavées de polygones irréguliers, et qui servaient aussi soit aux réunions populaires, soit à l'accomplissement de cérémonies civiles, soit à la vente de certaines denrées, ou tout simplement à la décoration de la ville.

Je n'ai plus besoin de vous rappeler que les plus remarquables et les plus spacieux de ces forums étaient le Forum-Romanum et le Champ-de-Mars.

Nous avons dit que la plus ancienne division de Rome fut faite par Servius-Tullius. Il avait partagé la cité en quatre quartiers, qu'il avait appelés *Tribus urbanæ*. Leurs noms particuliers étaient :

Tribus Suburana; Tribus Collatina; Tribus Esquilina et *Tribus Palatina*.

Cette division subsista jusqu'au temps d'Auguste, qui, à son tour, partagea la cité en *quatorze Régions*.

Porta Capena; Cœli Montium; Isis et Serapis ou *Moneta; Via Sacra*, et plus tard *Templum Pacis; Esquilina cum colle et turre Viminali; Asta semita; Via lata*, dénomination qui subsiste encore; *Forum-Romanum; Circus Flaminius; Palatium* ou Palatin; *Circus-Maximus; Piscina publica; Aventinus;* et *Trans Tiberium*, le Transtevere actuel.

C'est cette division que l'on suit d'ordinaire dans la description de Rome ancienne.

Nous avons vu que les plus remarquables des monuments étaient le Capitole et le temple de Jupiter-Capitolin, le Panthéon, etc.

Mais en outre, il faut signaler ceci que, en général, la splendeur et la richesse de Rome se manifestaient par la somptuosité des édifices particuliers, et par des œuvres précieuses de l'art, qui n'ornaient pas seulement les places publiques et les rues, mais aussi les demeures et les jardins des grands, et dont quelques débris sont venus jusqu'à nous à travers les révolutions des siècles. Rome ancienne a servi de texte aux travaux d'une foule d'artistes et d'écrivains dont il serait trop long de donner ici la nomenclature, et les musées du Capitole, du Vatican et des palais de la cité sont remplis de ces admirables et très intéressantes épaves.

Actuellement, cher lecteur, vous connaissez la grande et belle Rome d'autrefois. Mais vous n'oubliez pas que cette Rome impériale, splendide, et cependant plus merveilleuse encore après qu'elle eut été livrée aux flammes, puis reconstruite, par Néron, violée, pillée, saccagée, ruinée, brûlée par les Barbares, se transforma petit à petit en la mélancolique et tortueuse Rome d'aujourd'hui, au fur et à mesure qu'on la réédifia dans les vastes emplacements, inoccupés, du Champ-de-Mars.

Permettez-moi, pour compléter notre œuvre, d'esquisser à grands traits cette Rome moderne, pour juger ce que l'on rencontre, ici et là, de la Rome d'autrefois, dans la nouvelle ville.

Pour cela, supposons que nous arrivons par le nord, c'est-à-dire par le Ponte Molle, dans Rome actuelle.

Il nous faut suivre d'abord, entre deux murailles ou deux lignes de maisons sans caractères et de villas sans élégance, un long faubourg insignifiant, qui nous conduit à la lourde Porte du Peuple, *Piazza del Popolo*.

C'est l'ancienne Porte Flaminienne.

En effet, la rue qui lui fait face suit la direction de la *Via Flaminia*, longeant le Champ-de-Mars, maintenant peuplé de rues étroites et sombres, à travers la plaine qui, bornée à l'ouest par le Tibre, s'étend au bas du Pincio, du Quirinal, du Viminal et du Capitolin, en passant entre ces deux dernières collines.

Cette Via Flaminia d'autrefois, c'est le *Corso* d'aujourd'hui.

Que voyons-nous d'abord?

Une grande et belle place qui ne sent en aucune façon la vieille ville. A droite de la porte, *Bâtiment de la Douane*. A gauche, *Santa-Maria del Popolo*, dont le portail n'annonce ni ne vaut le curieux intérieur. En face et au milieu se dresse l'*Obélisque de Rhamsès II*, et une inscription antique nous apprend que *Augustus Maximus Pontifex* l'a fait venir d'Héliopolis, en Egypte, tandis qu'une autre inscription nous dit que Sixte-Quint, *Pontifex Maximus* également, mais d'un autre Dieu, l'a fait transporter là du grand cirque construit en bois par Romulus, comme vous savez, édifié en pierre par Tarquin l'Ancien, et reconstruit par Jules-César.

A gauche de l'obélisque, s'élèvent en terrasse qui se croisent les rampes de la promenade du Pincio, sorte de façade de marbre et de verdure à laquelle correspond, du côté droit, un placage d'architecture et de sculpture qui suffit à la symétrie.

Au fond de la place, en face de l'entrée, s'ouvrent, en patte d'oie régulière, trois rues, les plus belles de Rome.

Celle du milieu, la principale, est le Corso, qui se présente flanqué de deux églises sous l'invocation de la sainte Vierge. Leurs façades, et les coupoles qui les couronnent, se répondent sans se répéter.

Place, églises, promenades de la colline du Pincio, tout est moderne et gai d'aspect si le temps est beau, tout est plein de mouvement et de vie : groupes de nombreux touristes; Anglais par longues files; promeneurs se dirigeant ici et là, en se croisant en tous sens.

Il y a bien au pied du Pincio la *place d'Espagne*, et, sur les rampes de la colline, l'*église de la Trinité du Mont*, avec la villa de Médicis, école française de peinture, etc., pour voisine; mais la Rome habitable, la Rome des voyageurs, la Rome du XIXe siècle, c'est la belle et somptueuse rue du Corso.

Le Corso toutefois n'a rien gardé de la Voie Flaminienne qu'il remplace. Mais il n'en est pas moins la plus longue et la plus large rue de Rome. Cette vaste rue présente l'aspect grandiose de deux immenses files de palais, d'églises, d'édifices privés et publics, de maisons somptueuses avec de riches magasins, de splendides cafés, etc.

On y admire spécialement la charmante façade de *Santa-Maria-in-Via-Lata*. In-Via-Lata, remarquez bien, et là se retrouve cette dénomination de l'un des quatorze quartiers de Rome, sous et par Auguste, dont je vous disais tout-à-l'heure que certains de ces noms d'autrefois étaient venus jusqu'à nos jours. Ce riche monument de Santa-Maria-in-Via-Lata passe pour le chef-d'œuvre de *Pietro di Cortone* : il occupe l'emplacement de la maison où, suivant les *Actes des Apôtres*, saint Paul logea et où il enseignait.

Les palais du Corso ne sont pas les plus beaux de la ville, au point de vue de l'art, et malheureusement, toute large qu'elle soit, la rue est encore trop étroite pour qu'on puisse s'éloigner afin de juger l'effet de perspective de ces lourds édifices. Néanmoins la physionomie du Corso est riche et animée. On reconnaît que l'on s'y trouve dans le quartier des affaires, voire même des plaisirs. La circulation y est des plus actives; les équipages y sont fringants; la foule y exhibe les modes du jour. On y voit même apparaître souvent, sous sa cagoule le frère de pénitent, le masque au front, maint grand personnage qui, sous cet humble travestissement, vous présente sa bourse et réclame votre aumône pour les déshérités de la fortune.

Mais là, rien n'est à remarquer des épaves de la Rome de jadis.

J'en excepte, sur la droite, une rue qui vous conduit droit au *Panthéon*, à quelques mètres seulement.

J'en excepte aussi, également sur la droite, la *place Colonna*, dont le centre est occupé par la *colonne Antonine*, érigée en l'honneur de Marc-Aurèle, et donnant son nom à la place moderne, en même temps qu'elle évoque les grands souvenirs de l'antiquité.

J'en excepte encore le *Forum de Trajan*, et sa merveilleuse *colonne Trajane*, placés sur la gauche, en pénétrant dans une rue tortueuse qui y conduit.

J'en excepte enfin le *tombeau de Publicius Bibulus*, à l'entrée de la Via Marforio, à gauche encore. C'est un sépulcre en travertin, assez bien conservé, qui a sa base ensevelie sous terre. Une inscription fait connaître que le sénat et le peuple romain ont élevé ce monument à la gloire de Bibulus, en reconnaissance des services rendus par cet honnête citoyen.

C'est près de ce mausolée que se trouvait la Porta Ratumena, où commençait précisément la Via Lata, et par laquelle on faisait entrée dans Rome.

A l'extrémité du Corso, *place de Venise*. C'est une des places de Rome, peu nombreuses, qui offrent une physionomie passablement aristocratique. Il est vrai que le palais de Venise, qui la décore, ressemble à une forteresse, position militaire qui sert de demeure à Son Excellence l'ambassadeur d'Autriche.

On passe de là, par un ou deux bouts de rues assez fangeuses, devant la pimpante *église del Gésu*, analogue pour le style à la chapelle du château de Versailles. Ce sanctuaire appartient à l'ordre des Jésuites. Enfin on débouche sur une place ou grande rue, courte et irrégulière, fermée par deux escaliers en perron, soudés obliquement l'un à l'autre.

C'est la *place d'Ara Cœli*.

Un des escaliers monte à l'église de ce nom, et l'autre au *Campo d'oglio* ou Champ d'huile, nom bizarre donné à la *place de l'ancien Capitole*.

Mais alors, en face de cette montée artistique, qui mène le visiteur à la célèbre cime du Capitolin, près du lieu précis où fut l'Arx ou citadelle de Romulus, en face du sanctuaire d'Ara Cœli, jadis temple de Jupiter-Capitolin, commencent les désillusions, les doutes, les perplexités. On a devant soi, à la base de la colline, les ruines de temples nombreux, de superbes édifices, des colonnes, des arcs de triomphe, le Forum-Romanum en un mot, mais le Forum-Romanum entrevu au rebours de ce que nous l'avons parcouru, alors que nous sortions du Colisée, c'est-à-dire du pied de l'Esquilin et du Cœlius. Or, on ne sait trop dans quel sens diriger l'orientation de cette partie de Rome, qui en est le centre et le cœur. Essayons cependant de voir clair dans le chaos.

En atteignant ainsi le sommet du vieux mont Saturnien, on occupe le côté nord-ouest de la colline du Capitolin, colline trois fois plus longue que large, et entre deux files d'édifices qui en cachent les extrémités.

Des deux escaliers que l'on peut gravir, celui de gauche, très large, très haut, très raide, aboutit au portail d'une grande muraille de briques, qui n'est autre que la façade de l'église d'Ara Cœli. Les cent vingt-quatre marches qui le composent ont fait partie des nombreux gradins d'entrée du temple de Jupiter-Capitolin, dont Ara Cœli occupe l'emplacement.

Ce fut là que l'Anglais Gibbon, frappé du contraste, conçut le projet d'écrire l'histoire de la décadence de l'Empire romain.

L'autre escalier, mieux proportionné, plus doux, s'élève lentement par des degrés bas et larges, vulgairement désignés sous l'appellation de *a cordoni*, c'est-à-dire à lacets. C'est à bien dire une rampe ornée de balustrades et de sculptures, qui mène le pérégrinateur à une plate-forme fermée des trois autres côtés par des constructions séparées et symétriques.

Cette plate-forme ou cour, limitée par trois façades de monuments, c'est le *Capitole* moderne.

A droite, palais des conservateurs;

Au fond, palais du sénateur;

A gauche, musée du Capitole.

Appelez le tout Hôtel-de-Ville de Rome, tout bonnement, car, en effet, le sénateur et ses huit conservateurs, qu'est-ce autre chose sinon le maire de la cité et ses adjoints?

Ces trois édifices sont de Michel-Ange qui, cette fois, renonçant au grandiose, a proportionné le nouveau Capitole au nouveau sénat.

Ainsi, le palais du milieu, armé en guerre d'une sorte de donjon, occupe la dépression qui est au centre de la colline, et remplace le fameux *Intermontium* ou Bois de l'Asile de Romulus.

Quant aux deux mamelons du Capitolin, dont l'un portait l'Arx ou citadelle primitive, le temple de Juno Moneta, en un mot le Capitole proprement dit, ce qu'on appelait le *Tarpéïon* que défendit Manlius et qui protégeait Rome du côté du Tibre, et dont l'autre servait de piédestal au temple de Jupiter, leur aspect est soustrait à tous les regards par le palais des conservateurs.

L'escarpement qui tenait lieu de base au premier de ces tertres, au midi, c'est-à-dire la Roche-Tarpéïenne, dont l'altitude à pic est d'environ douze mètres, n'est point apparent, non plus, de la cour du

Capitole. Pour le voir, pour le voir de haut, il est indispensable d'entrer dans les jardins du palais Caffarelli, derrière le palais des conservateurs, ou, pour l'observer d'en bas, il faut descendre sur le Forum-Romanum.

Le grand escalier qui conduit à la cour du Capitole est couronné par deux *statues de Castor et de Pollux*, avec leurs chevaux, et par des trophées appelés *Trophées de Marius*. On estime qu'ils appartiennent plutôt à Alexandre Sévère. Ces marbres, que le temps n'a pas ménagés, avec deux statues de Constantin et de son fils, forment la bordure de cette piazza disposée en terrasse, du côté du Corso.

Au centre se dresse et semble piaffer d'impatience la statue équestre, en bronze doré, de Marc-Aurèle haranguant ses soldats, œuvre admirable dont j'ai eu occasion de parler.

A l'extrémité de la plate-forme, on pénètre chez le sénateur par un perron au pied duquel les deux statues si connues du Nil et du Tibre sont couchées de chaque côté d'une Minerve de marbre blanc, drapée en porphyre, peut-être bien celle que Catulus fit placer au Capitole, après qu'il l'eut reconstruit, à la suite de l'incendie allumé au temps des guerres de Marius et de Sylla.

C'est une maladresse qui a fait placer ainsi, à l'extrémité de cette cour du Capitole, le palais du sénateur. Cette construction fait éventail et cache complètement la vue dont on eût joui, comme d'un balcon, d'abord sur le *Tabularium* antique édifié immédiatement au-dessous, et ensuite et surtout sur l'admirable perspective du Forum-Romanum tout entier, qu'il eût été donné ainsi de contempler à l'aise du haut d'un point culminant.

Supposons que l'on ne craigne pas de frapper à la porte des bureaux du sénateur, et que l'on demande, ce qui nous est arrivé, à descendre dans les galeries à jour et les ruines du vénérable Tabularium, afin de le visiter et de le connaître, aussitôt on vous fera descendre au-dessous des plus bas étages de ces bureaux, et pénétrer dans un portique qui, s'il n'était pas éclairé par les larges ouvertures cintrées de l'antique monument, celles que l'on voit du Forum, le ferait prendre pour une cave large et spacieuse. En effet, sous de fortes voûtes qui supportent tout le poids de la partie antérieure du Capitole administratif, et autour de forts piliers qui leur servent d'appui, s'étend un vaste ensemble de salles et de galeries que Lutatius Catulus fit construire, l'an de Rome 670, et qui tenait lieu d'*atrium publicum* au Capitole antique, dont il était le premier vestibule, et enfin de Tabularium, c'est-à-dire de dépôt des tables d'airain, sur lesquelles les lois romaines étaient gravées.

C'est en entrant dans ce Tabularium que l'on finit par se croire dans la Rome de la république. On peut juger des œuvres colossales de ce peuple célèbre par ce qui reste du gigantesque travail exigé par ce monument fameux. On voit encore la base de ces énormes constructions, à savoir des substructions composées de grands blocs volcaniques, d'où émergent des piliers doriques supportant un second étage de colonnes ioniques dont les restes sont encore dignes de l'admiration des gens de l'art.

A ce sujet, une réflexion qui a son prix.

Aujourd'hui, sur le Palatin, dont nous avons tant parlé, comme sur l'Esquilin, un observateur vulgaire n'aperçoit que les parties indestructibles des ruines de ces habitations impériales que l'on prendrait volontiers pour des palais de géants. Il erre au hasard parmi ces énormes conglomérations de briques ou de poudingues artificiels qui se soutiennent en piliers, en voûtes, en arceaux, ou bien gisent à terre comme des blocs erratiques. De ces palais démantelés on ne saisit que confusément l'ancienne ordonnance. Après avoir vu les monuments du Forum, relativement petits pour la plupart, on se demande comment il fallait tant de place pour loger Livie, Julie, Agrippine, Messaline, Poppée, etc., et pourquoi une cour exige plus d'espace qu'un peuple. Si l'on n'apercevait, çà et là, d'élégantes traces d'un pavage ou d'une voussure en mosaïque; si l'on ne savait que le Méléagre, la Flore, le Laocoon, et bien d'autres trésors des plus célèbres musées, ont été retirés de ces décombres, on se croirait plutôt au milieu des ruines d'une formidable citadelle, qu'au milieu des restes des temples du luxe et de la volupté.

Les empereurs romains, ces hommes démesurés dans la tyrannie, le faste, les plaisirs et la cruauté, les Néron, les Tibère, les Caracalla, les Commode, les Domitien, et d'autres encore, ont laissé des monuments, énormes comme leur puissance, leurs passions et leurs vices. Et, malheureusement pour la raison, pour l'humanité et le goût, l'art asservi des Grecs, l'art corrompu, a jeté sur ces créations gigantesques un dernier reflet de cette beauté suprême qui, dans sa pureté, passait déjà pour antique. On est donc forcé d'admirer encore ces ruines, qui cependant ne réveillent que des souvenirs détestés. En les regardant de sang-froid, on cherche les raisons de cette manière de bâtir, si différente des proportions usitées sous la République, si éloignée surtout du goût hellénique. On voudrait savoir si, indépendamment des variations d'un goût fantasque et blasé, les Romains, réputés si habiles à construire, se fiant à la ténacité de leurs ciments, ne cherchaient pas souvent la solidité dans l'épaisseur des maçonneries, plus que dans la coupe et l'ajustement des pierres, et si les hardiesses et les volumes de tel ou tel de leurs édifices ne proviendraient point d'une certaine inexpérience des procédés les plus simples et les plus sûrs pour réunir l'élégance et la stabilité. A ce point de vue, les ruines impériales excitent la curiosité et font naître la réflexion.

Plus un mot, maintenant, sur la Rome de bois, de pierre ou de marbre, sur Rome monumentale en un mot.

Mais, à cette heure, et après l'examen de tant de drames et de tant de faits, après les sages réflexions que tout cet exposé fait naître, recueillons de tout ce que nous avons dit jusqu'à présent les enseignements qui en découlent. Ils sont d'autant plus précieux et doivent nous inspirer d'autant plus d'intérêt que Rome, ses grandeurs et sa décadence, sa chute et ses ruines, doivent éveiller en nous nombre d'idées graves et sérieuses.

Disons-le : ce qui a perdu Rome et les Romains, ce qui a fait imaginer aux Barbares de venir saccager la reine du monde et faucher les vainqueurs de tant de nations, comme la faux fait tomber l'herbe des prairies,

Ce fut la perte de la discipline militaire;

Ce fut la mauvaise éducation de la jeunesse;

Ce fut l'affaiblissement de la foi religieuse;

Ce fut le débordement d'abord, puis l'envahissement des plus mauvaises passions.

Lorsque la domination de Rome était bornée à l'Italie, la République put facilement subsister. Tout soldat était également citoyen; chaque consul levait une armée; et d'autres citoyens allaient à la guerre sous celui qui succédait. Le nombre de troupes n'était pas excessif; on prenait soin de ne recevoir dans la milice que des gens qui eussent assez de bien pour avoir intérêt à la conservation de la ville (1). D'autre part, le sénat suivait de près la conduite des généraux, et ne laissait pas germer en eux la pensée de rien faire contre leur devoir.

Mais lorsque les légions romaines passèrent les Alpes et la mer, les gens de guerre, qu'on était obligé de laisser pendant plusieurs campagnes dans les pays que l'on soumettait, perdirent peu à peu l'esprit de citoyens; et les généraux, qui disposèrent des armées et des royaumes, sentirent leur force, et ne songèrent plus à obéir.

---

(1) Les affranchis et ceux qu'on appelait *Capite censi*, parce que, ayant très-peu de bien, ils n'étaient taxés que pour leur tête, ne furent point d'abord enrôlés dans la milice de terre, excepté dans les cas pressants. Servius Tullius les avait mis dans la sixième classe, et on ne prenait des soldats que dans les cinq premières. Mais Marius, partant contre Jugurtha, enrôla indifféremment tout le monde. « *Milites scribere*, dit Salluste, *non more majorum, neque classibus, sed uti cujusque libido erat, capite censos plerosque.* Il enrôle des soldats, non dans l'ordre des classes, suivant l'ancienne coutume, mais indistinctement, selon qu'ils se présentaient, et prolétaires la plupart. » (De bello Jugurth.) Remarquez que, dans la division par tribus, ceux qui étaient dans les quatre tribus de la ville étaient à peu près les mêmes que ceux qui, dans la division par centuries, étaient dans la sixième classe.

(*Note des Éditeurs.*)

Les soldats commencèrent bientôt à ne connaître que leur général, à fonder sur lui toutes leurs espérances, et à voir de plus loin la ville, la patrie! Les légions ne furent plus les soldats de la République, mais de Sylla, mais de Marius, mais de Pompée, de César, etc. Il devint difficile à Rome de savoir si celui qui était à la tête d'une armée dans une province était son général ou son ennemi.

Remarquez bien ceci :

Ce qui fait que les Etats libres durent moins que les autres, c'est que les malheurs et les succès qui leur arrivent leur font presque toujours perdre la liberté; au lieu que les succès et les malheurs d'un Etat où le peuple est soumis confirment sa servitude.

Une république sage ne doit rien hasarder qui l'expose à la bonne ou à la mauvaise fortune : telle est la guerre, aux chances toujours incertaines. Le seul bien auquel un Etat doit aspirer, c'est à la perpétuité de cet Etat.

Il n'en fut pas ainsi chez les Romains, où l'armée se mit en insurrection réglée, par manque de discipline, et où le peuple s'insurgea sans fin contre le sénat, de sorte que la grandeur de l'empire perdit la République.

Or, si la grandeur de l'Etat perdit la République, la grandeur de la ville ne la perdit pas moins.

Rome avait soumis tout l'univers avec le secours des nationalités de l'Italie fondues en un seul peuple, et à ces nationalités elle avait donné, en différents temps, divers priviléges. La plupart de ces peuplades, Eques ou Osques, Asculans, Marses, Marruccins, Ferentins, Pompéïens, Lucaniens, Samnites, etc., ne s'étaient pas d'abord souciés bien fort du droit de bourgeoisie chez les Romains, et quelques-uns aimèrent mieux garder leurs usages. Mais lorsque ce droit fut celui de la souveraineté universelle, que l'on ne fut rien dans le monde si l'on n'était citoyen romain, et que, avec ce titre, on était tout, les peuples d'Italie résolurent de périr ou d'être Romains. Ne pouvant en venir à bout par leurs brigues et par leurs prières, ils employèrent la voie des armes. Ils se révoltèrent dans tout le côté de l'Italie qui regarde la mer Ionienne. Les autres nationalités alliées allaient les suivre. Rome, dès-lors, obligée de combattre contre ceux qui étaient, pour ainsi dire, les mains avec lesquelles elle enchaînait l'univers, courait le danger le plus imminent; elle allait être réduite uniquement à ses murailles. Aussi accorda-t-elle ce droit tant désiré à tous ceux qui n'avaient pas encore cessé d'être fidèles. En dernier lieu, tous y eurent part.

Mais de ce moment Rome ne fut plus cette ville dont le peuple n'avait eu qu'un même esprit, un même amour pour la liberté, une même haine pour la tyrannie : elle ne fut plus cette grande cité où la jalousie du pouvoir du sénat et des prérogatives des grands, toujours mêlée de respect, n'était que l'amour de l'égalité. Les nationalités de l'Italie étant devenues romaines, chaque ville utilisa son génie, ses intérêts particuliers, et sa dépendance de quelque grand protecteur. La cité déchirée ne forma plus un tout; et comme on n'en était citoyen que par une sorte de fiction, qu'on n'avait plus les mêmes magistrats, les mêmes murailles, les mêmes dieux, les mêmes temples, les mêmes sépultures, on ne vit plus Rome des mêmes yeux, on n'eut plus le même amour pour la patrie, et les sentiments romains, vraiment romains, s'effacèrent et se perdirent.

Les ambitieux firent venir à Rome des villes et des nationalités entières, dans le but de troubler les suffrages, ou bien, et surtout, pour se les faire donner, ces suffrages. Les assemblées ne furent plus que de véritables conjurations. On appela *comices* quelques misérables bandes de séditieux. L'autorité du peuple, ses lois, lui-même, ne furent plus qu'un vain mot, un nom sans portée, des choses chimériques.

Aussi l'anarchie fut telle qu'il devint impossible de savoir si le peuple avait fait une ordonnance, ou s'il ne l'avait point faite.

Voilà comment Rome se perdit.

Voilà comment les peuples se sont perdus, en tout temps, et dans toutes les contrées.

Voilà pour quels motifs un peuple doit toujours être fidèle aux vrais principes des choses de la patrie : La religion, l'autorité du pouvoir établi, la soumission aux lois et aux institutions qui la régissent.

Une autre cause de ruine amena la décadence de la République romaine : je veux parler de l'éducation, de la mauvaise éducation de la jeunesse. Cicéron, le grand orateur, le profond penseur, reproche à la constitution romaine d'avoir négligé l'instruction publique.

Or, ce reproche est vrai surtout pour l'éducation des femmes.

On a discuté la question de savoir s'il ne vaudrait pas mieux que la femme demeurât absolument étrangère aux choses de la vie publique. On a dit même que la vie de toute femme doit réaliser cet idéal romain : « *Lanam fecit, domum mansit...* »

Elle vécut chez elle et fila de la laine.

Mais qui ne comprend que l'intervention de la femme, dans les affaires humaines, donne un véritable charme et une vie réelle aux drames de l'existence? Donc, puisque Dieu a mis sur la terre, comme compagne de l'homme, cette Eve irrésistible dans sa faiblesse, c'est qu'il veut qu'on la trouve mêlée aux grands événements de l'histoire; inspirant la sagesse et la vertu; sanctifiant, illuminant les âmes de son sourire; réprimant le mal par un froncement de ses sourcils, comme celui du Jupiter antique agitant l'Olympe tout entier; dominant la terre, bravant l'enfer, ouvrant les portes du ciel avec le même sentiment de sa profonde influence; en un mot, paisible ou fiévreuse, jouant dans les choses du monde le rôle formidable d'un élément.

On a beau s'escrimer contre ce fait, au nom d'une philosophie austère, s'armer des axiômes d'anciens législateurs, aussi bien que des principes d'une sagesse triviale, pour condamner l'action évidente ou occulte de la femme dans la marche de la civilisation : cette action est énergique et constante. Le caractère entreprenant, l'imagination active de la femme, sa main douce mais nerveuse, sa volonté qui plie indéfiniment sans jamais se rompre, son cœur profond où palpitent tous les dévouements, tout chez elle la porte à l'action, et son influence n'a pas de limites. Mère, épouse, fille du peuple, grande dame ou souveraine, elle occupe toutes les avenues de la vie.

Par exemple, c'est à une condition! C'est que la femme sera instruite et capable; c'est qu'elle possédera tous les enseignements de la religion et de la morale; c'est qu'elle agira au nom du roi du ciel et de la terre; c'est qu'elle sera l'instrument du Dieu qui a ses croyances et qu'elle adore. Voici ce qui nous a donné les Clotilde, les Geneviève, les Bathilde, les Jeanne d'Arc, les Blanche de Castille, et tant d'autres!

Sans cette condition, la femme pourra bien être la grâce dans les sociétés, mais elle en sera aussi l'effroi; on la verra s'agiter en de certaines clartés, mais aussi en d'épaisses ténèbres; dans les heures où tout sourit, mais encore dans celles où tout épouvante, elle apparaîtra tenant dans les plis de sa robe la paix ou la guerre, tantôt sombre comme une malédiction vivante, tantôt enveloppée d'azur comme un ange couronné d'étoiles.

Dans les sociétés antiques, nonobstant le despotisme des lois et l'oppression plus forte encore des coutumes, on vit certaines individualités éclatantes conquérir un rang égal à celui des hommes illustres. Seulement, le génie de la femme ne se dissémine pas alors, comme plus tard, dans une multitude d'âmes. Il se concentre au contraire, et s'incarne dans un petit nombre de nobles figures.

A Athènes, il s'appelle Aspasie, et rayonne d'une merveilleuse splendeur au milieu même du grand siècle de Périclès.

A Rome, sous la République, il se personnifie dans les austères vertus de Cornélie, préférant aux vanités mondaines l'honneur de donner à ses fils de patriotiques conseils; il se personnifie dans l'énergie de Porcia, la stoïque patricienne.

Mais ces femmes sont instruites, savantes, capables. Aussi sont-elles une exception. D'où nous devons conclure que sans les principes de la sagesse, de la vertu, des croyances, la femme ne peut être un élément de paix et de bonheur parmi les hommes.

Sous l'empire, au milieu des ambitions et des intrigues du palais des Césars, au sein des délices d'un monde où triomphaient, comme dans une gigantesque orgie, les vices de toutes les nations de la terre, peut-on regarder comme de grandes femmes les Livie, les Agrippine, les Messaline et les Poppée? Non, certes!

Au contraire, elles font la honte de leur siècle et sèment dans le peuple des germes d'infamie qui le corrompent et préparent la ruine de l'Etat.

Tandis que, à l'avénement de l'Evangile, la femme prenant un caractère social et l'amour de la sagesse qu'inspire la doctrine du Christ, les illustres Romaines Lucine, Praxède, Pudentienne, Agnès, Perpétue, Félicité, et tant et tant de saintes femmes que je ne puis nommer, répandent par l'éclat de leur piété et le rayonnement de leurs vertus, la sagesse la plus généreuse jusque dans le cœur du bas peuple et des esclaves.

C'est alors que la femme devient l'instrument d'une révolution véritablement prodigieuse. A la femme on doit ainsi l'avénement de toute une race à la lumière. Par l'égalité devant la vertu, les saintes femmes conquièrent pour la postérité l'égalité devant la vie. En tombant dans les cirques, en affirmant leur foi par l'effusion de leur sang, ces grandes et pieuses Romaines léguaient aux autres femmes le droit imprescriptible de n'être plus inférieures aux fils des hommes. Elles commençaient l'histoire de la femme moderne, en atteignant du premier coup la suprême dignité historique, l'héroïsme de l'être dont la conscience ne transige pas.

Donc ce qui manquait à Rome c'était l'instruction, c'était l'éducation morale, et c'est le plus fameux des Romains, Cicéron, qui nous le dit.

Il y eut bien un temps heureux où, dans les maisons riches, jeunes gens et jeunes filles recevaient les leçons d'esclaves lettrés. Ces étudiants, peu nombreux, écoutaient le grammairien lire et commenter les poètes de la Grèce et de Rome. Plébéiens et plébéiennes d'âge tendre, de leur côté étaient envoyés par leurs familles aux écoles publiques qui étaient ouvertes sous les galeries entourant le Forum-Romanum, non loin de ce que l'on appelait *Tabernæ antiquæ*, soit les boutiques vieilles. On y élevait les deux sexes ensemble. Aussi quelles connaissances croyez-vous qu'on leur donnait?... On leur apprenait à... danser!

Et cependant Cicéron disait :

« Il n'y a presque personne qui se permette de danser tant qu'il est à jeun!... »

Aussi Scipion Emilien, un ami de la Grèce pourtant, s'écriait :

« On corrompt notre jeunesse, ô peuple, en lui faisant connaître les arts malhonnêtes!... On lui apprend à chanter, ce que nos aïeux regardaient comme honteux pour un homme libre. Des enfants de bonne maison vont apprendre à danser parmi les baladins. On me l'avait bien dit, mais je ne pouvais pas croire qu'on pût donner une éducation pareille à ses fils et à ses filles quand on porte un nom honorable. On m'a conduit dans une de ces écoles, et, par Hercule! j'y ai vu plus de cinq cents enfants... J'en rougis pour Rome... » (1)

Pendant la République romaine, les citoyens n'éprouvaient pas encore, autant que les Grecs, le besoin de se distraire hors de leurs demeures. Quand ses affaires étaient terminées, le Romain rentrait dans sa maison et y restait volontiers. Il était heureux de se reposer dans

---

(1) A notre avis, Scipion Emilien se montre bien sévère à l'égard de ce que nous appelons aujourd'hui *les Arts d'agrément:* Nous ne pensons pas que ce soit un grand crime que de chanter — à la condition que les chansons ne soient pas immorales, et de danser — pourvu toutefois que les danses soient honnêtes. Le chant et la danse, s'ils fatiguent parfois le gosier et les jambes, reposent l'esprit de l'étude et des pénibles labeurs auxquels il est souvent assujéti, repos nécessaire, qui lui permet de reprendre le lendemain ses travaux avec une ardeur toute nouvelle.

(*Note des Éditeurs.*)

sa famille et parmi les siens de la fatigue de la journée. Moins poète, moins artiste, moins curieux que l'Athénien, le Romain se passait plus facilement des conversations sérieuses ou légères, des fêtes élégantes, des réunions présidées par des gens de goût et d'esprit. Mais quand Clodia, quand Sempronia, deux femmes dont Salluste fait peu l'éloge, eurent mis à la mode le chant des vers, les danses grecques, et que l'on ne parla plus que des poésies de Callimaque et de Sapho, de Catulle et de Tibulle; quand Cythéris répandit l'usage de jouer elle-même la comédie, les hommes graves eurent peur... Ce ne fut pas sans raison, car alors le Romain ne vint plus se reposer, le soir, au foyer de sa femme et de ses enfants. Il alla courir de taverne en taverne, de spectacle en spectacle, et il n'y eut pas jusqu'à certains personnages, sérieux jusqu'alors, qui se firent une jouissance d'aller souper et passer les nuits dans des réunions d'où étaient bannis et les dieux, et la morale, et la sagesse antique.

Ce mouvement de décadence accéléra bientôt la chute de l'Etat. Pendant les guerres de César et de Pompée, d'Octave et d'Antoine, alors qu'il n'y avait déjà plus d'autre autorité que la force brutale, et qu'on se contentait de vivre au jour le jour, on perdit le respect des traditions, on cessa de croire à la divinité, on ne fréquenta plus les temples, on cessa d'assister aux sacrifices, femmes et enfants furent abandonnés en la demeure, et tout chacun se crut tout permis.

Ce fut alors qu'un personnage politique, un personnage consulaire, Plancus, fit courir toute la ville pour le contempler sur les tréteaux d'une salle de spectacle. Il osa s'adapter une queue de poisson, se peindre le corps en bleu de mer, et, la tête couronnée de roseaux, il ne rougit pas d'exécuter, sous les yeux d'une foule hébétée, la danse du dieu marin Glaucus...

A dater de cette monstrueuse folie, on voit les gens du meilleur monde romain jouer de la lyre, danser, chanter.

Horace, le poète Horace célèbre même, dans une de ses odes à Licymnia, la femme de son ami Mécène qui chante en public.

Le délire va plus loin. Stace (1), un autre poète, compte sur les talents de sa fille pour la marier. Elle dansait avec tant d'élégance !...

Et de la religion des Romains, que dirai-je ?

Il n'en était pas de la religion, dans les sociétés antiques, comme dans la nôtre. Les Grecs et les Romains ne se souciaient pas de donner à leurs enfants aucune instruction religieuse. Chez eux, la religion ne s'apprenait pas : elle ne pouvait pas s'enseigner, en effet.

Les cultes des peuples d'autrefois n'avaient pas de dogmes. Ils ne fournissaient à l'esprit et au cœur aucun enseignement moral. On ne possédait pas de livres religieux, en ces temps-là. La religion se composait d'une série de pratiques que l'usage faisait connaître, et de prières indéfinissables, dont un prêtre récitait la formule. Le suppliant, sans les savoir par cœur, pouvait les répéter, phrase par phrase, sans y rien changer, et très-probablement sans les bien comprendre.

Quant aux légendes interiopes ayant trait aux dieux et aux déesses, pour les connaître il suffisait d'étudier les murailles des temples, les vestibules des théâtres, les galeries des maisons, les venereums, et toutes les peintures innombrables que les artistes prenaient plaisir à produire. On apprenait ces légendes dans les récits des nourrices et de la bouche des matrones. Comme chez nous les contes de Perrault, c'étaient là les plus charmants passe-temps de l'enfance, chez les Romains. D'ailleurs, à peine les yeux étaient-ils ouverts que tableaux et statues retraçant les étranges scènes de l'antique mythologie, les frappaient de leurs personnages et de leurs vives couleurs, de sorte que

---

(1) Stace (Papinius Statius), célèbre poète latin, né à Naples l'an 60, vint à Rome avec son père, et s'attira la faveur de Domitien, à qui il prodigua les faveurs les plus basses dans ses ouvrages. Stace avait une grande facilité pour improviser des vers sur toutes sortes de sujets, et les déclamait avec un très-grand talent. On a de lui les *Sylves*, recueil de divers poèmes, la *Thébaïde*, poème en douze chants sur la guerre des Thébains et des Argiens, et les deux premiers chants de *l'Achilléide*, que la mort l'empêcha de terminer. Ce poète a du feu, de l'imagination, un style noble et correct. [*Note des Éditeurs.*]

nul n'était étranger aux événements ainsi préconisés par le burin et le pinceau.

D'autre part, ne retrouvait-on pas ces fables merveilleuses dans les œuvres des littérateurs? Etait-il possible d'oublier Ovide et Virgile, quand une fois on les avait lus?

Mais un danger se présentait, et ce péril était si réel, qu'il ne manquait pas son effet. A Rome, comme un peu partout, les femmes avaient plus de croyance que les hommes. Il advenait donc que, un jeune homme, souvent rendu croyant par sa mère, était poussé, par son père, vers l'étude de la philosophie grecque. Or, il subissait bien vite, dans ces rapports de libres-penseurs, des impressions tout-à-fait opposées à la religion de son enfance. Il arrivait même rapidement à s'en passer, car la philosophie lui fournissait à souhait des solutions commodes sur la nature de l'homme et de Dieu. Les femmes même, que piquait la couleuvre bleue de la curiosité, devenaient ainsi des esprits-forts, et l'Olympe y perdait toute sa clientèle.

C'est ainsi que Cœrellia, l'amie de Cicéron, voulut être la première à lire son *Traité du Souverain Bien*.

Et quand Livie, épouse de l'empereur Auguste, eut perdu son fils Drusus, elle appela, pour la consoler, le sage Arcus, qui était le philosophe de son mari.

Ce fut même comme une mode, chez les femmes de cette époque, qui vivaient peu philosophiquement, de vouloir paraître avoir de l'attrait pour ces sortes d'études, encore mal définies.

Toutefois la constitution antique de la famille romaine ne faisait pas de la religion domestique un privilége exclusif pour l'homme. La femme partageait avec son mari le soin de prier les dieux, et les enfants aidaient leurs parents. Ainsi, le fils apportait les objets du sacrifice. La fille entretenait le feu du foyer, qui est une image sacrée de la famille, qu'on ne doit jamais laisser éteindre.

Dans l'Etat, — qui n'était qu'une famille agrandie, — les mêmes institutions se retrouvaient. La plupart des prêtres, ceux surtout dont l'origine était la plus ancienne, étaient assistés par leur femme, dans leur ministère sacré.

Le prêtre était le *Flamen*, la femme la *Flaminica*.

La Flaminica remplissait des devoirs presque aussi délicats que le Flamen, son mari. Quant à la jeune fille, à laquelle appartenait un rôle important dans la religion du foyer, elle était remplacée par les vestales dans la religion de l'Etat.

Ainsi la situation de la femme était égale à celle de l'homme : seulement, plus tard, les hommes se firent la meilleure part.

Il y avait toutefois certaines cérémonies du culte exclusivement réservées aux femmes, par exemple les vœux adressés à Diane, dans son temple du lac Némi, *Diana Nemorensis*, temple dont je vous ai dit quelques mots à l'occasion des prêtres de Diane.

Ce temple occupait un site ravissant, sur les rampes du mont Albain, tout-à-fait sur les bords de ce lac délicieux et si pittoresque, qu'on l'admire encore : en ces temps-là, on le surnommait le *Miroir de Diane*. Des bois sacrés formaient sa ceinture, et les arbres étaient reliés entre eux par des guirlandes de fleurs et des bandelettes que lutinait la brise. On se rendait en pompe à ce temple, le soir, le front ceint d'une couronne et la main chargée d'un flambeau. Là, on invoquait la déesse, et le feu des torches faisait ruisseler de flammes la forêt d'Aricie. Aussi était-ce une promenade favorite des grandes dames de Rome, le trajet d'ailleurs, par la Voie Appienne, étant fort court et pouvant avoir lieu facilement en litière dorée.

Il y a quelques années à peine, en sondant les profondeurs de ce lac Némi, la sonde amena tout-à-coup à la surface des eaux des débris magnifiquement sculptés et encore couverts de peintures et d'or, ces reliques avaient évidemment appartenu à la galère sacrée, laquelle servait à promener sur le lac la statue de Diane, sous les yeux des pieuses matrones de Rome et du voisinage.

Que de choses intéressantes et curieuses l'on trouverait ainsi, des fouilles sérieuses étant faites dans les boues du Tibre, et partout où se présentent des ruines dans la banlieue de la grande cité qui fut la reine du monde!

Ajoutons encore que la loi rendait inférieure la position de la femme, mais que la religion romaine réparait ce tort. Elle cherchait à rendre le mariage le plus solennel possible, afin de rendre ses liens plus étroits. Ainsi, avant de se marier, les deux fiancés offraient ensemble un sacrifice dans un temple; mais le lendemain des noces, l'épouse sacrifiait de ses propres mains dans la maison de son mari. Cette cérémonie avait pour but de la mettre en possession de la demeure qu'elle allait habiter désormais, et de se faire agréer par les dieux de sa nouvelle famille. Accompli de cette façon sous l'influence de la religion, l'acte du mariage tendait à devenir indissoluble.

Malheureusement l'abandon des enseignements sérieux, dans les familles, et les mauvais exemples, venus de haut, sous l'empire, effacèrent bientôt ce qu'avait de sacré l'antique usage des vieux temps de la République. Aussi la *Pudeur Patricienne*, que l'on vénérait dans un temple spécial qui lui était consacré, et la *Pudeur Plébéienne*, que l'on honorait dans un autre sanctuaire, se relâchèrent peu à peu, et les mœurs se perdirent.

Puis surgit presque tout-à-coup un amour excessif du plaisir. Les femmes, mal instruites de leurs devoirs, portées insensiblement à dédaigner l'antique vertu des matrones et à rire des sages usages d'autrefois, se livrèrent à un amour immodéré de la toilette. On en vint à faire de telles dépenses pour les robes et les manteaux, les peplums et les stoles; on prit des manières si étranges d'attirer les yeux dans les promenades, que la modestie primitive s'évanouit et fut remplacée par le vice le plus apparent, dont on ne rougit plus. De leur côté, les hommes se livrèrent à de telles somptuosités dans leurs festins, que la loi fut impuissante à les réprimer. On fit bien des lois somptuaires; les censeurs usèrent bien de toute leur autorité pour mettre des limites à la démence de certains personnages dont toute la vie put se résumer par ces mots : Jouir, boire et manger ! Mais le torrent avait rompu ses digues, et le peuple, suivant le mouvement et l'impulsion donnée, de désordre en désordre on en vint à ne plus vivre que pour les festins.

Dès-lors la vertu replia ses ailes et s'enfuit pour remonter vers de hautes régions.

On cessa de croire aux dieux, et un peuple qui ne croit plus est un peuple mort ! (1)

A Rome, le mal de l'impiété fit de tels progrès qu'il y eut un moment où fut à tout jamais perdue la croyance d'une vie future.

Cependant la croyance que la vie persiste, après la mort, n'est pas une de celles qui naissent tard chez un peuple et qui sont le fruit de l'étude et de la réflexion. Au contraire, les anciens avaient remarqué que cette croyance était plus profondément enracinée chez certaines nations barbares.

Les Gaulois nos pères, par exemple, n'hésitaient pas à prêter de l'argent à la seule condition qu'on le leur rendrait dans l'autre vie, tant ils étaient assurés de s'y rencontrer.

Les Romains des premiers temps non plus n'avaient pas attendu de connaître les livres de philosophie pour être certains que l'homme ne meurt pas tout entier. Cicéron ne dit-il pas qu'aussi haut que l'on remonte dans l'histoire de Rome, on trouve des traces de cette croyance ?

(1) Aux causes de la ruine de Rome que j'ai énumérées on pourrait en ajouter beaucoup d'autres. Rome, épuisée par tant de guerres civiles et étrangères, se fit tant de nouveaux citoyens, ou par la brigue ou par raison, qu'à peine pouvait-elle se reconnaître elle-même parmi tant d'étrangers qu'elle avait naturalisés. Le Sénat se remplissait de barbares ; le sang romain se mêlait ; l'amour de la Patrie, pour lequel Rome s'était élevée au-dessus de tous les peuples du monde, n'était pas naturel à ces citoyens venus du dehors, et les autres se gâtaient par le mélange. Les partialités se multipliaient avec cette prodigieuse multiplicité de citoyens nouveaux : et les esprits turbulents y trouvaient de nouveaux moyens de brouiller et d'entreprendre. (Bossuet, *disc. sur l'Hist. univ., troisième partie, ch. VII.*)

(*Note des Éditeurs.*)

L'origine en est la même dans toutes les contrées et chez tous les peuples. La croyance à l'immortalité de l'âme naît partout de la répugnance qui saisit l'homme à la pensée d'un anéantissement absolu.

Achille, le bouillant Achille, après avoir vengé Patrocle, nous dit Homère, s'endort sur le rivage, près des flots retentissants; il est envahi par l'amertume et la douleur. Mais voici que, pendant son sommeil, il entrevoit l'ombre de son ami. Patrocle s'adresse à lui et réclame un tombeau...

— Dieux immortels! s'écrie le guerrier en se réveillant, quelque reste de vie subsiste donc jusque dans les demeures du Hadès?...

L'antiquité tout entière a cru fermement à l'immortalité de l'âme, et les grands hommes de Rome, qui tous ont partagé cette croyance, sont un bon exemple que nous devons suivre.

Ne voyons-nous pas les mères de ces hardis légionnaires qui ont conquis le monde, désirer, chercher comme un moyen de se rapprocher, un seul moment, des êtres chéris qu'elles ont perdus?... Ne demandent-ils pas, ces pères, ces fils, ces jeunes filles, aux mânes de leurs amis, de leurs femmes, de leurs frères, de venir visiter les vivants qu'ils ont aimés?

Des gens qui croyaient avec cette assurance que les morts pouvaient venir s'entretenir avec eux, n'avaient pas besoin qu'on leur démontrât l'immortalité de l'âme, car, pour ainsi dire, ils la voyaient, cette âme. Combien ils avaient peine à se figurer qu'on n'en fût pas convaincu, comme eux!

— Toi qui lis cette inscription, fait-on dire à deux jeunes filles sur leur tombe romaine, toi qui doutes de l'existence des mânes, invoque-nous après avoir fait un vœu, et tu comprendras!

Seulement, comme l'esprit de l'homme ne pouvait séparer de prime-saut l'âme du corps, on supposait qu'ils demeuraient ensemble dans le tombeau. Telle fut, dans Rome, la croyance primitive à l'immortalité de l'âme. Aussi saluait-on toujours le mort en lui disant trois fois : « Porte-toi bien! » Aussi ne manquait-on pas, lorsqu'on passait près d'un tombeau, de se servir de l'antique formule : « Que la terre te soit légère! » Aussi, à certains jours, venait-on, en famille, près du sépulcre d'un défunt aimé, célébrer des repas dont on se figurait que le mort prenait sa part. Je vous ai dit, quelque part dans ce livre, avec quel soin les Romains s'occupaient d'édifier et d'orner cette dernière demeure qui devait contenir l'homme tout entier. Les moins superstitieux ne pouvaient s'empêcher de craindre que, si la sépulture leur faisait défaut, ou si leurs funérailles manquaient des rites consacrés par l'usage, leur âme ne demeurât errante et qu'elle ne pût jouir du repos éternel.

Heureusement, avec le temps, cette croyance naïve se modifia. Quand se fit l'habitude de brûler les cadavres, au lieu de les inhumer, l'esprit humain se prit à concevoir que l'homme est composé de plusieurs parties, qui se séparent... quand on meurt. La poignée de cendres qu'on recueillait sur le bûcher ne pouvant contenir l'âme et le corps, on eut la pensée qu'il devait rester quelque part autre chose de lui. Ce quelque chose fut ce qu'on appela son *ombre*, ses *mânes*, son simulacre, son AME...

Cicéron s'écrie : « Ce n'est qu'après être morts que nous vivrons véritablement... » Et il représente Scipion, qui, à la vue du bonheur dont jouissent dans le ciel les âmes vertueuses, s'écrie : « Puisque c'est ici le séjour de la vie, que fais-je donc plus longtemps sur la terre?... »

Ces idées sont devenues chrétiennes.

Virgile les avait adoptées, et, dans son *Enéide*, lorsqu'il fait descendre Enée aux Enfers, le poète nous fait toucher le point où l'esprit antique, parvenu à sa maturité, éclairé par l'expérience, épuré par la saine philosophie, plein du sentiment des instincts et des besoins de l'humanité, donne la main à l'esprit des temps modernes et conduit au christianisme.

Aussi, je le répète, ces idées sont devenues chrétiennes.

Mais avant qu'il en fût ainsi, quels désordres apportèrent dans les âmes les déportements impériaux !

Dans Rome, l'autorité impériale fit disparaître, par les semences empoisonnées qu'elle répandit dans les esprits et dans la révolution sinistre qu'elle amena dans les mœurs, toutes ces sages croyances, et Rome la grande, la superbe Rome, fut à jamais perdue !.....

FIN.

www.ingramcontent.com/pod-product-compliance
Lightning Source LLC
Chambersburg PA
CBHW071502180426
43194CB00051B/1172